华章科技
HZBOOKS | Science & Technology

微商手记

39位成功微商的经验谈

MICROBOSS'S NOTES

39 MICROBOSS'S SUCCESSFUL EXPERIENCE

张海航（笔名：海乘风）◎著

机械工业出版社
China Machine Press

图书在版编目（CIP）数据

微商手记：39 位成功微商的经验谈 / 张海航著 . —北京：机械工业出版社，2015.7
（2015.11 重印）

ISBN 978-7-111-50763-5

I. 微… II. 张… III. 网络营销 IV. F713.36

中国版本图书馆 CIP 数据核字（2015）第 135387 号

微商手记：39 位成功微商的经验谈

出版发行：机械工业出版社（北京市西城区百万庄大街 22 号 邮政编码：100037）

责任编辑：孙海亮　　责任校对：董纪丽

印　刷：三河市宏图印务有限公司　　版　次：2015 年 11 月第 1 版第 3 次印刷

开　本：170mm×242mm 1/16　　印　张：16

书　号：ISBN 978-7-111-50763-5　　定　价：59.00 元

凡购本书，如有缺页、倒页、脱页，由本社发行部调换

客服热线：（010）88379426 88361066　　投稿热线：（010）88379604

购书热线：（010）68326294 88379649 68995259　　读者信箱：hzit@hzbook.com

序

微商的产生其实是一种偶然中的必然，它开始于偶然的接触、偶然的成功，比如俏十岁，它是朋友间偶然的分享才触动了其微商模式的产生并最终推动了整个品牌的发展。但是这背后实际上是一种必然，是移动互联网发展的大趋势，让微商有了今天的这块土壤。短期内微商变化如此之快，大家都没来得及进行更多的思考。微商从最开始到现在，伴随着各种乱象快速发展，2014年达到爆发式的风口期，我想以后会有更多主流品牌进入微商，微商也会获得更多主流人群的关注。同时，现在国家的监管机构也在关注微商。微商以后会走向更加理性化的发展道路，很有可能会发展成为90后的一种简单纯粹的卖货行为，发展成为销售的一种极致模式。微商创业，需要投入更多的精力，组建更大的团队。企业微商创业需要更多的参与，投入更多的品牌建设。将来整个微商业界会更加快速、理性地发展，门槛会逐步提高。其实任何一个行业的发展都有类似的规律。

从具体的方向来说，2014年微商几乎是化妆品的天下。我觉得未来这个格局会发生大的变化，会向两个方向发展。第一，在化妆品之外会有更多优秀的品类，成为微商中的黑马。现在其实已经有很多迹象了，比如说保健类的产品，比如说有机食品，再比如说母婴类的产品，我想这都是微商将来新的增长点。第二，人群基数会逐步扩大，真正响应李总理的“全民创业、万众创新”的号召。微商的创业者，现在大概为1000万的规模，我们预计未来可能会达到3000万以上，甚至达到4000万到5000万。这个庞大的人群，不可能人人都去做省代、做大区、做代理，那么这个时候另外一个增长风向标出来了——出现更多真正把事业、生活结合在一起的微商。不一定要很大的团队，不一定追求一年要做几个亿或几千万的营业额，我会说：你做我的粉丝跟着我一起做，你会得到快乐。因为我有一定的理论基础，而且我把微商当成生活的一部分。

对微商来说，创业是没有门槛的，拥有一部手机就可以成为微商，微商打破了传统的创业门槛。我觉得当下的生活和自己的兴趣是两条直线，最初这两条直线是平行的：小时候的兴趣班是父母报的，并不是自己自由选择的；读书，是因为家长和老师觉得这是必经之路；大学的专业是家长帮着选的。到最后才会发现自己想要的生活和自己的兴趣是平行的。但是微商，也就是我们说的未来社会关系电商，让这两条直线偏了一点儿，从而产生结合点。这个结合点的未来发展可能就是自明星、自品牌。

因为移动互联网是无边界的，所以因移动互联网而产生的微商也是无边界的，所有人都可以自由进入。原来创业需要 5 到 10 年的沉淀才有可能成功，但是今天只需要一个决心。移动互联网是全新的事物，所有人的起点都是一样的。对年轻人来说，做微商绝对不仅仅是赚钱，还是通过社交积累下来大量的人脉，这样的资源会对生活有更多的帮助。

经常会有人说自己没有资源。其实每个人都有资源，我们生下来有什么资源呢？“物以类聚，人以群分”，任何一个人都有他的磁场，都会聚集一批跟他有共同兴趣爱好的人，只是需要我们去发掘。那怎么去做微商？每个人都需要社交，以往的社交行为中需要花成本去维护，大部分人没有意识到社交可以转化为财富，现在只要采取一些行为和动作就可以把原来以娱乐为主的社交变得更有价值。

我最早也是因为兴趣进入微商行业的。从资源这块来说，我做了 15 年的营销，但微商有自己的专业领域基础，所以我从最基层做起，最后做到了职业经理。我用 7 年的时间创业，把汽车礼品做得不错，在行业细分领域做到了第一名。但是，帮助更多的人成功创业，一直以来都是我人生的一个梦想。移动互联网来临的时候，我开始做讲师，主要是讲移动电商、微营销。但是我发现，今天不管是快滴打车、河狸家，还是我们自己的“三个爸爸”的互联网项目，都是有互联网基因的。PC 时代成就了电商，移动互联网时代也一定有更多的商业机会。当然，现在我们已经知道了它叫微商，于是我选择了移动电商，我要全力以赴，所以不得不把原来的讲师工作放下，专心做移动电商。

做了那么久微商，感触最深的就是要克服自己的贪欲。因为微商的迭代很快，一批人消失一批人又起来，你会发现：能最终走到今天的，都是那些能克服自己欲望的人。克服贪欲是对服务的坚守，是对产品品质的坚守，是不可复制、不可代替的。

很多人沉溺在自己就是天下第一的幻想中，他会觉得自己左右着时代，却忽略了时代是主导，会推着他走，这些人慢慢都消失了。现在微商充满了诱惑跟欲望，但是我建议微商创业者、微商团队量力而行，适合自己的才是最好的。

有些大学生也做得非常好，95后也有出类拔萃的一群人，当然我也看到过60岁的微商。所以我认为真的微商，是一个无边界、不分男女、不分老幼、也不分经验高低的行业，关键还是得找到适合自己的，克制自己的欲望。

《微商手记：39位成功微商的经验谈》这本书中的很多关于微商的观点和我不谋而合，所以我想做微商的人都应该看看，看看别人是怎么成功的，找优点，找可借鉴的点，在当下微商这个风口期，创造出属于你的神话。

凌教头

“中国微商创业大赛”总教头，畅销书《微商创业者手册》作者

前　言

人生在于不断挑战自我，我一直在遵循这一法则，试图让“事情”变得更有趣一些。

我们的第一次创业是在“在线教育”市场。我和合伙人把做贸易淘到的第一桶金投到新公司里面。公司开设的课程中，涉及互联网的有两个：第一个是如何确定产品的好坏，第二个是如何进行营销。恰恰是因为这两个课程让我们成为了最早接触微商的一批人。

刚开始创业的时候确实很难，那时微博已经开始走向没落，移动互联网新媒体正在崛起。最初，我们把很多英语学习者的 QQ 筛选了出来，然后将他们加为微信好友。最多的时候，我们维护了 80 万的微信朋友圈，100 个 500 人 QQ 群，当时我们发现 QQ 群的活跃程度远低于微信群。所以我们把重点慢慢转向了微信。

我们受惠于微信，算得上早期的微商，也正是由于微信，我们在残酷的市场上活了下来。后来，结交了很多做微商和微营销的朋友，受到他们的影响，我们开始对微商做数据研究。最初在做微信大数据的时候还有另外的一个团队和我们一起钻研算法和推广方法。最后，我们坚持了下来，做了前期的微商数据准备工作，通过不断的努力，我们在微商渠道成功操盘了很多品牌。

而另外那个团队的微商切入点是销售各种日用爆款和食品，可是好景不长，最后以失败告终。现在总结起来发现，他们最初的方向与现在的市场发展方向有很大的偏差。

在 2014 年，作为一线从业人员，我们真正感受到了微商给我们带来的变化，所以我们快速转型并正式进入微商渠道。2014 年我们成立了自己的微商渠道操盘团队——Yesakor 意莎蔻。

微商风口来临了，但是似乎这个风口的风刮得太大了，如果时间点不对或起飞后方向把握不准确，都会摔得支离破碎。幸运的是，我的团队起飞前有了前期的数据支持，但是很多人不会像我一样幸运。为了帮助更多准备起飞的微商，我决定专门出版一本书。我希望通过这本书能让更多的人了解微商，帮助更多的微商团队和准备布局微商渠道的品牌商真正认清微商，从而把握好起飞的时间点和起飞后的方向。我希望通过这本书告诉大家，微商不单单是微信电商，更多的是全网营销、O2O 布局、新型电商，微商这个高性价比的平台和渠道，可以和运营、推广甚至品牌本身相结合。我希望通过这本书尽可能多地把我的操盘经验、落地经验及几十位一线微商的成功经验分享给大家，以解答更多微商从业者的疑惑。

如果你属于下面某一类人群，那我相信这本书一定会在某些方面帮到你。

- ❑ 打算进入或已经进入微商渠道的品牌商
- ❑ 欲转型的传统企业家
- ❑ 选择创业路的小微创业者
- ❑ 开拓新渠道的自有品牌供应商
- ❑ 进军移动互联网的新锐微商
- ❑ 勇于展示自我的企业白领
- ❑ 脚踏实地、仰望星空的当代大学生
- ❑ 相夫教子不得不放弃原有事业的家庭主妇
- ❑ 所有的微商团队
- ❑ 开设相关课程的院校师生

写书是一件很辛苦的事，写一本能真正帮到读者的书更是苦上加苦，再加上时间较为仓促，所以书中难免会有一些错误，希望发现不妥之处的读者能与我联系，大家一起交流、探讨，一起进步。我的微信号为 hai19890916，我将尽快为你提供最满意的答案。如果你有更多的宝贵意见或建议，请发送邮件至516689935@qq.com，期待能得到你的真挚反馈。

我的团队中的小伙伴陪伴我走过了很多年，我由衷地感谢他们，是他们在我最困难的时候陪我一起奋斗。

感谢欧歌会发起人欧阳耀、黄增炎在微商沟通力营销和培训方面的倾囊相授，他们给予了我很多帮助。

黄玉明帮助我们采访了很多微商从业人员，加快了本书完成。感谢他的付出。

另外，很多朋友帮助我梳理了本书的思路，并给予了很多中肯的建议，在这里我对他们真诚地说一声谢谢（排名不分先后）：微博易 CEO 徐扬，风投女王徐新，微商导师、知名自媒体人凌教头，欧歌会、无界沟通体系创始人欧阳耀、黄增炎，长虹资本合伙人陈昕，叶子母婴创始人叶子，资深新媒体运营者和实践者王易，女王城堡创始人陈彬彬，微商幕后操盘手珊瑚，Aigele 创始人张双双，天下财富董事长、天使投资人张国南，简爱珠宝创始人杨玲，机械工业出版社策划编辑杨福川和孙海亮。

最后感谢所有配合我们采访的微商们，你们是真正奋斗在一线的创业者，是我们的榜样，从你们身上我感受到了“生命不息，折腾不止”的真谛。

目 录

第一篇

干货分享篇

Part 1

01 无微不商，我们这样看微商

你怎么看微商？如何对趋势进行把握？微商会不会是最早的淘宝、最早的天猫？现在人人都觉得微商是红海，可是微商真的是红海吗？能不能顺势而为？带着这些疑问我们看看社会化媒体营销专家、媒体人、风险投资机构、品牌操盘手、品牌运营人和创业者的回答。

1.1 大咖看微商

陈昕：首先单打独斗型的微商会越来越难生存，仅靠转发上级代理的图片文字就想在微商中取得成功已经非常困难了。事实证明采用这种方式经营的微商，都是靠代理囤货来达到量的要求的，这是不行的。我更看好一些有个人独立标签的产品和服务在微商这个渠道取得成绩，比如说一些独立的服装设计师和品牌设计师。虽然微商这个形式具有不少优点，但产品本身依然是最重要的。我个人认为，个性化的、非标准化的产品容易通过这个方式建立自身的社群并获得成功。

陈昕　原链资本合伙人，曾供职于华硕科技和暴风影音，曾创立长融资本转型投资，现专注于泛 TMT 行业的天使期投资。

徐扬：微商未来几年，会是发展非常快的一个商业模式，它简单、直接、信任度高。在微商发展过程中，我们看到现在很多化妆品的品牌非常火，但是在微商里面，还有很多其他的品牌也非常火。化妆品之所以现在非常火，是因为这类微商善于折腾，他们折腾出来很多很犀利的案例。但是如果我们把这个观察的角度再放大、放远些，会发现在微商里有很大的交易额是产生在保健品、房产、生鲜及一些其他的奢侈品上，比如红酒、翡翠一类的。

徐扬　百度首个搜索关键字卖出者，社会化媒体精准广告投放平台——微播易联合创始人，现任微播易CEO。

叶子：微商中的“微”代表独立的自商体，微信只是其中一个载体而已。个人认为今后一段时间，微商会快速发展。但曾经粗放式、粗暴式的发展方式已不可取，少数妄想骗点代理费就拍屁股走人的微商注定会被淘汰。今后的微商运作注定需要规范化、正规化、专业化。完善的供应链、高品质产品、科学培训体系、售后及客户关系维护缺一不可。思埠面膜的成功，就是很好的例子。2015，各路专家、学者对微商寄予厚望，再加上越来越开放、越来越公平的市场大势，切实给众多认真做产品、认真经营团队的伙伴提供了很好的发展机会。同样，众多传统企业列强虎视眈眈，正紧锣密鼓大举进入该领域，所谓机遇、挑战并存，微商一刻马虎不得。

叶子　叶子母婴创始人、母婴整合营销专家。

王易：我们已经看到越来越多的微商团队进行公司化、团队化运营。散兵作战的时代已经过去，我们需要更专业化的运作。我们看到传统电商时代需要运营、策划、文案和美工等人员，微商也一样需要这些人员，而且缺一不可。我看到目前微商的趋势有：微商自明星化、社群微商崛起、微商商品全品类扩展、实体转型微商。

王易　毕业于武汉大学，青年作家，资深新媒体运营者和实践者。第五届中国图书势力榜获奖者，著有畅销书《微信，这么玩才赚钱！》、《微信营销与运营：策略、方法、技巧与实践》、《微商，这么做才赚钱！》等。

陈彬彬：微商团队现在要更加关注传统品牌，将来品牌价值也会在微商渠道得以体现。当传统型品牌进来的时候，不管是他们的品牌力还是广告力，都是小微商、小品牌不可抵挡的，这个优势是非常明显的。这场战争会持续很久，只有这样，未来才会有小而美的存在空间。

陈彬彬　杭州彬小沫网络科技有限公司CEO，女王城堡微商联盟创始人。

王珊瑚：微商并不是一蹴而就的事情，技艺的练成（以年计）> 社区强关系建立（以月计）> 微信盈利（以天计）；最让人渴望的微信盈利，实则只是最不经意的无心插柳，或是“貌似”最不经意的无心插柳，前面的强关系的建立与积累是需要机智与耐心的。目前看来，做微商是一件高收益值、长半衰期的事。随着时间推移，技艺会越来越精湛，朋友圈辐射范围可以更广，对于微商推荐的商品就更容易接受。

王珊瑚　曾任韩恩售后总监，化妆品和微商资深达人，曾参与百雀羚微商渠道的运营和实施。

张双双：创造有个性化的品牌价值并不是仅把微商作为一个销售渠道，更多是为购买产品的客户服务，这是我们将来要做的事情。通过微商渠道锁定我们的精准客户，让我们的代理商生活得更美好，用我们的品位和特色产品慢慢地经营品牌，我相信即使走的是小众路线也可以走出一条拥有自己特色的品牌道路。另外就是以后也会有三分天下之势，通过个人魅力经营的微商、有独立品牌特色的微商和经营传统大品牌的微商。

张双双　香港艾季丽国际集团有限公司董事，上海怡馨化妆品有限公司总经理，法国 Aigele 品牌中华区总代理，AI 女神团队创始人。

凌教头：大家可以关注一下主流媒体，现在都在给予微商越来越多的正面报道和关注。从原来的怀疑到现在的正面报道，我相信这跟现在越来越多的品牌进入微商也是有关的。我觉得对于一个渠道得到国家的支持、平台方的认可，主流品牌、主流媒体和主流人群的参与，它未来成为主要渠道是水到渠成的事。

凌教头　国内知名自媒体人、“三微”营销系统讲师、新媒体策略及微营销落地专家、微电商商业模式专家，中国 V 数据联盟微商学院院长，著有畅销书《微商创业者手册》。

张国南：很多品牌商、微商团队在微商上的发展已经得到了市场的验证，产生了巨大的商业价值。微商不单单是趋势，现在已经非常成熟，进入拓展期，已经到了风口。微商主要卖增值服务，而且微商的优势正在于增值服务，实现高复购率。

例如简爱和辣妈帮合作发起的活动，目的就是为用户提供更多附加价值。

张国南　北京天下财富管理投资董事长，天使投资人。

1.2 我眼中的微商

我记忆最深刻的是2014年年初资本并不看好微商领域，但到了2014年中旬有些资本已经转变态度开始对微商刮目相看，后来有创投的朋友公开表示只投微商，例如拍拍进行了重构微店拿到了腾讯的融资，大V店也拿到了俞敏洪的投资。起初有一批自媒体觉得微商档次太低了，但是现在我们已经看到主流媒体也切入了微商市场。出现这种情况笔者也在反思、在疑惑，为什么当初大家不看好微商，现在却觉得微商已经变成了风口？后来笔者总结出了几点刚开始大家对微商有抵触情绪的原因：微商只会刷朋友圈；微信是做服务的，腾讯不会容忍微商胡作非为，而微商离了微信就活不了；微商不能打造闭环，所以用户不忠诚；微商都是三无产品，没有信誉；微商像传销；微商的产品没有品牌效应卖不出去……大家的担心都是有道理的，笔者也相信若无法给出这些疑问答案，很多人会一直持怀疑态度。

为了进一步搞清楚到底是怎么回事，我们来看一组数据：《2013白领手机指数调研》显示，手机不仅是白领的通信工具，而且已经替代了闹钟、相机、游戏设备、音乐设备甚至电视和电脑，手机占据了白领生活的方方面面。根据对全国28个省会城市的调查结果，全国白领日平均使用手机时长为3.93小时，北京更是达到了6.72小时，几乎占据了上班和睡觉外的所有时间。常言道，人在哪里，生意就在哪里。我想这组数据足以说明上边的现象了。

那么到底什么是微商呢？

1.2.1 到底什么是微商

“移动端”、“社交网络”、“售卖产品”和“小商家”这几个关键词是我给出的微商的基本组成元素。所谓微商，就是**通过移动端社交网络售卖产品的小商家，通过社交关系产生买卖关系是微商的本质**。微商是因为微信才得以爆发的，微信也是最早拿到移动互联网船票的产品。由于移动互联网有碎片化、移动化的属性，可以让信息传播无处不在，也可以让商业买卖更加透明便捷化。所以现在咱们所说的微商起源于移动端，而移动社交网络的属性让信息传播更加快速。PC 时代 IM 软件以 QQ 为代表，有很多人以 QQ 作为营销平台，但是我们却没有看到一个高爆发点。可是在移动社交微信平台，微商得到了高速发展。

徐新说："在移动互联网时代，用户购买习惯改变了。在中心化的电商时代（PC 互联网时代）主打关键词搜索；而去中心化的电商时代（移动互联网时代）则是被动地浏览和接受各种信息。PC 时代到移动互联网时代，消费者从理性消费变成了冲动性消费，而且购买频次提高很多。移动互联网上时间变得非常的碎片化，我们可以随时随地做交易。"

徐新　拥有在中国 10 年以上风险投资经验。被美国《商业周刊》杂志评为"亚洲 25 位最具影响力的人"；被《投资与合作》杂志评选为中国最具影响力的十大风险投资家之一。

人的时间正在跟随移动互联网和社交网络变化，当微信成了一种日常生活方式，你会发现，生活在移动社交网络里的用户，时间越来越碎片化，购物也越来越碎片化。

1.2.2 微商与微信的关系

微商其实很早就已经出现了，只是在互联网时代淘宝一家独大。而到了移动互联网时代各种流量入口开始分散了，APP 是入口，手机也是入口，没有了统一的标准，特别是微信的出现极大地推动了微商发展。

那微商是只在微信上吗？仅仅是微信电商吗？这需要把微商划分为广义微商和狭义微商。狭义微商是指仅在微信平台进行交易买卖的、去中心化的微信电商。广义微商是指全网多平台营销、有移动互联网属性的去中心化的电商。首先，只理解狭义的微商就会进入一个怪诞——"微信是微商的发源地，所以微信对微商有绝对的控制权。腾讯注资微店，微店一定是将来的趋势，拍拍作为腾讯的干儿子可能也不甘寂寞。"这个怪诞就是延续了淘宝的影响。淘宝把流量全控制起来，所有的 C 店必须要入驻平台，所有的 T 店必须打广告才会产生销量。我们为什么要有这样的固有思维把微商将来的发展硬生生地套在淘宝的历史上、这本来就是错误的。因为微商是一个新兴的全新的商业模式、渠道或者平台。既然是全新的事物，那么就不应该用固有的思维模式来推敲甚至思考。广义地理解微商好似又很飘忽不定，其实当微信拿到移动互联网第一张门票的时候，各种微字头的称号如雨后春笋般涌现。微商也就应运而生了，因为微商有移动互联网碎片化、移动化的属性才使得微商蓬勃发展，从“微”字可以看出来，微小商家都可以称为微商。从近三年来看，微商的绝大部分是纯粹的微信电商。如果用以后十年甚至更长远的眼光来看，只要不离开“商”字，微商会在其他的平台、以其他的方式来进行传播，也有可能那时候不会再叫微商而称为“设商”“话商”“VOIP 电商”“家居电商”。这本书所涵盖的“微商”，只讨论有移动互联网属性的微商。

我非常认可张国南董事长所说的以后的时代会是“人人都是微商：每个人都可以产生商业价值”这一观点，现在每个人都有营销需求，因为简爱品牌得力于微商通过与微商社群的合作，确实大幅度提升了销售额。俏十岁和思埠都受惠于微商，因为微商才有了今天的发展。我想既然市场已经验证了微商模式的可行性，为什么我们还要观察？不如尽快加入进来体验一把。

1.2.3 三个阶段看微商

微商有三个阶段：微信电商、微电商和微商。

微信电商：微商始于互联网，发展和爆发于移动互联网，更确切地说是因为微信才有了现在的微商。

微电商：微商没有交易落地的平台，只有信息传播的平台。随着资本对微商平台的注入，微店、有赞、大 V 店、拍拍、微盟，我们看得到一段时间内平台方会对微商的发展起到一定的作用。但是目前看来，不同平台所理解的去中心化是不同，故真正的做法和商业玩法也大相径庭。

微商：我们看到，微商做得好的，口碑都是不错的。这些人并不是每天在刷屏、打广告。商品最终需要销售到终端客户手中，每个品类在微商渠道的属性也会不同。比如传统化妆品有三层代理政策，通常是品牌商授权化妆品公司运营，目前来看微商渠道很难完全颠覆现有商业模式。珠宝类和文玩类受众人群较少，需要微商通过社会关系进行产品买卖，产品本身的属性在微商渠道就会显得很弱。而食品类复购率极高，非常适合朋友圈卖货，供应商只需提供分销渠道无需代理渠道。所以，每个品类在微商的运营手法不尽相同，不能以偏概全。

1.3 线上社交关系也能产生商业价值

前边我们说过，**通过社交关系产生买卖交易是微商的本质**。

通过微信、通过社交关系去购物这可能吗？不少人有这样的疑问。2004 年刚开始所有人都质疑如何在网络上卖东西，怎么可能相信没有实体店的卖家？2007 年天猫刚出现的时候很多人想，怎么可能在淘宝来做品牌？当时有人说，网络上最好卖的是书，最不好卖的是服装。因为书是标准化的产品，而衣服会产生方方面面的问题，例如无法试穿、不合适也没办法换货。可是现在大家看到了，书并不是在互联网上最好卖的东西，服装是淘宝销售额最大的品类。现在我们看到的微商可能还是很原始的，未来通过社交关系买卖商品会成为一个主流模式。

1.3.1 人脉圈体现的核心价值

你在刷微博的时候，无意间看到边栏广告，此时的你不带有任何情感，所以购物欲望基本是零。而在微信朋友圈里，一个朋友推荐了一款运动手环，你基于对“这位朋友”天然的信任和共同文化的背书，甚至不会看价格就完成了购买，且前后不到三分钟。每个人都有自己的朋友圈，朋友圈的人脉就好比一座无形的金矿，拥有了这座金矿，就掌握了取之不尽的财富。做微商更是如此，有了人脉你可以省去推广的烦琐，经营得当可以直接形成转化。传统人脉和移动互联网的人脉本质上是相同的，只是产生的方式稍有不同。传统意义的人脉圈是以自己或某些事情为中心，不断地产生联系进而扩大人脉，所以产生之初已经是强关系的连接。移动互联网的人脉很多时候是由弱关系展开的，再通过重构和迭代变成强关系。

建立自己的朋友圈有两方面的要素，**一是朋友圈扩大，二是朋友圈经营**。扩大自己的朋友圈首先要有一个基本的朋友平台，需要明确知道扩大朋友圈的目的是什么。朋友平台帮助我们与社群或者个人缔结更多的联系，进而从弱关系变化成强关系。例如：如果一个微商想扩大自己的朋友圈，可以先认识所经营的产品属性，由产品作为一个切入点打通各种社群进行朋友圈的扩大。若朋友与你本身属于强关系，可以由朋友拉动其他的弱关系进而扩大人脉。可以通过自己的朋友扩大朋友圈，因为朋友之间的信任感最强，也是最容易形成买卖的群体。大多数个人微信里的好友是线下的朋友和亲人转化而来，是一种熟人文化，是强关系的发源地。

我们的人脉圈终究是由弱关系和强关系组成的，如何把弱关系变成强关系才是人脉圈经营的真谛。无论是线上还是线下，关系的建立都基于多种因素：职业、生活、商品、商业、兴趣等。而人脉圈的经营策略可以遵循“**礼尚往来　利己利他**”的原则，人与人的关系是维系出来的，再好的关系如果一段时间不互动也会慢慢变淡，再普通的关系经过持续培养也会变成紧密的关系。礼尚往来需要**高频互动**，线上的礼尚往来并不是真正送一些东西，而是需要时刻关注并进行言语互动、朋友圈点赞即可，并且高频互动是经营人脉圈的基本也是关系由弱变强最有效的手段。通过微信可以进行高频互动，微信也是目前为止把弱关系转变为强关系的最好平台。

前段时间天听到一个故事。有一位女士一开始是在别墅区教别人打网球，跟她学习网球的人都会成为她的朋友加她微信，她在这个基础上开始隔几天推荐一个欧米伽3，三天时间卖出去十几万。她告诉这些学员和朋友，运动之前喝一勺，有助于打网球时候身体新陈代谢。她是懂体育的，围绕着体育这条主线，通过打网球，开始卖欧米伽3，甚至卖一些其他的运动器械。围绕这个她做了非常大的生意。这就是非常漂亮的去中心化。在她的几百个好友里面，体育就是中心，她懂体育，她可以围绕这个中心，把这个圈子经营好，然后把她的微商做好。她一年的销售额为500万～800万的样子。而创造出这么大的一个销售额的，只是一个普通的网球教练。

微信的沟通是多元化的，除了对话、朋友圈之外社群可以极大弥补营销可能性和信息层面的缺失。社群也是微商需要学习和关注的重点。

对话尤其是移动互联网的语音 IM 是微商可以发展的重要原因。做营销的都知道文字聊天不如电话沟通，电话沟通又不如登门拜访。语音 IM 可以快速拉近人的感情，可作为高频互动的催化剂，而且移动互联网设备是时刻在线的，这样信息的传达会高效得多。

朋友圈是一个重要的沟通场所，我们可以利用碎片化的时间释放自己的影响力，也可以通过朋友留言进行互动主动维护和巩固关系。朋友圈是一个充分展现自我的平台，通过朋友圈维系的不仅是关系，更重要的是可以时刻关注身边的每一位朋友身上发生的事情：开心、悲伤、欢快等，充分弥补了其他沟通方式信息不对称而产生的遗憾。我们如果把某个人某段时间内所发的朋友圈信息全拼凑在一起就可以了解到这个人的生活脉络，所以朋友圈也有“个人日记本”一说。

1.3.2　社群的作用

腾讯对社群一直持有很谨慎的态度，最早的微信群是 40 人，微信 5.1 新版本可以由群主升级到 100 人。当时部分参与内测的微信用户拥有 150、200、300、400、500 人的权限。150 人群权限需要绑定微信沃卡，每个人可以拥有 4 个 150 人的群。微信 5.3，腾讯彻底放宽了社群的限制，任何人都可以建 500 人的微信群。

从最早的企业内部测试、大 V 测试到现在的全民参与，社群的力量也造就了多个微商经典案例：三个爸爸、闺密、俏十岁、Aigele、百雀羚等。大多数情况下，社群是线下人脉的一种延伸，我们通过线上社群可以对线下人脉进行重构。社群是一个完成的全体生态系统，它可以帮助我们打通朋友之间的壁垒，弥补弱关系好友之间的障碍，通过朋友圈的展示，可以把基于爱好、生活、工作等不同受众的人群聚集起来形成一个群体。通过线上社群搭建，再配合线下活动进行重构或者通过线下社群、活动导入线上，最终扩大自己的人脉圈，这目前社群得以验证的非常好的模式。

相关统计数据显示，中国社交媒体用户好友 70% 以上是来自于同学，近 60% 来自于同事，40%~50% 是家人、亲戚、朋友，这些熟人会有一种天然的信任关系，而微信作为一个定位熟人关系的社交平台，是一个私人网络，相比微博或者其他平台，更加具有信任感。在中国整个商业诚信体系不健全的环境下，好评、点赞、销量都可以造假，现实中朋友、家人的意见和口碑更能左右购物决策。

1.3.3　强服务、弱营销是微商的核心

大家都乐意分享有趣的文章和新奇的事物，之所以如此，是因为这些东西给我们带来价值和乐趣，不仅如此，还希望身边的朋友也能够看到、感受到。有价值才是分享和推荐的关键，未来将是信息产品透明化的时代，同样的产品大家为什么要

买你的？除去朋友之间相互帮助，微商还剩下什么？微商需要对产品进行延伸，把营销弱化以真实的服务告诉客户告诉代理、告诉分销，我能为你们带来什么，我所推荐的产品能为大家带来什么。

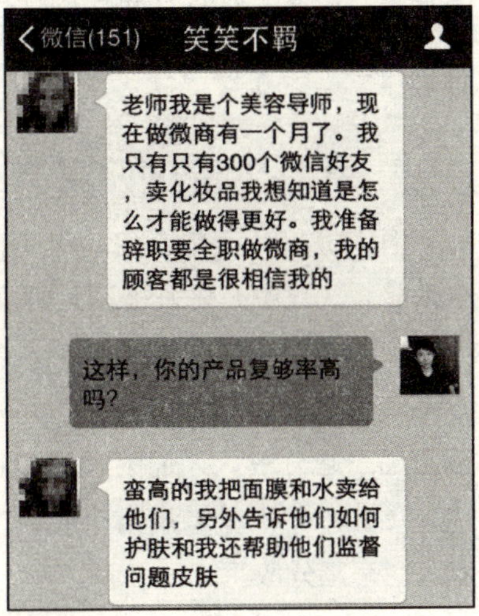

微商笑笑的疑问

2014 年 7 月份的时候微商笑笑来问我，如何才能把微商做好。我当时给出的回答是把朋友圈扩大到自己可以完全经营的范围内就好了。当时笑笑有 300 个微信好友，她的月流水有 1 万多，并且她从来不招代理商，所有的化妆产品都销售给终端客户。她有天然的优势：了解产品属性、沟通能力强，再加上有产品以外的增值服务，确实为顾客解决了很多刚需。下面我们就来结合笑笑的来谈谈服务和营销。

1. 笑笑销售的是服务

笑笑有做美容导师的经验，很了解产品，并且她在销售化妆品的时候，会为客户详细讲解使用方法和注意事项。产生交易后，笑笑还做了大量的回访和跟踪调查，根据客户的不同反应推荐不同的护肤品，并且对使用频次和使用方法做了进一步的改进。有一位客户是敏感皮肤，笑笑得知他是因为经常去角质并不是“激素脸”，就推荐了一款精油和修复面膜，这位顾客的皮肤慢慢得以改善。笑笑推荐的产品也是大众产品，而且价格比市面上的要贵一些，可是到了 9 月份她告诉我，她的固定客户已经有近 100 人，每个月流水超过了 10 万。

2. 笑笑的弱营销策略

这两个月中，笑笑发动朋友对化妆品进行了试用，并把试用结果给大家做了一个基础分享。她从来没有在朋友圈推荐过产品，也很少发用户的聊天信息，而且通过案例分享的形式，为大家提供各种肌肤问题的解答。她会很诚恳地帮助向她咨询的顾客，比如她会告诉顾客：不是所有肌肤都适合某某产品，如果你的肌肤是问题肌肤最好用某某品牌。因此她在顾客中形成了很好的口碑传播。上边提到的 100 个固定顾客就是经过 10 名种子客户的介绍才认识了笑笑并产生购买的。最近这两个月的统计显示，笑笑客户每月的复购率在 80% 左右。

以前去淘宝购物追求的是便宜，而现在随着人们物质水平的提高，人们追求的是便捷、服务、体验。笑笑从服务入手完善了用户体验，使客户购物不但物有所值甚至超出了预期。

1.3.4 去（泛）中心化的电商未来

有人提出了泛中心化才是电商的未来趋势，也有人指出去中心化才是电商的未来趋势。泛中心化是指没有明确的中心，但是有很多小中心；去中心化指没有中心。中心多了，每个人所关注的点就不相同了，中心的形态就会弱化，这个阶段，去中心化的特征非常适合移动互联网的本质。再往未来发展，中心会越来越多，流量会越来越分散，人们的关注度也会变得非常分散，这个时候就是泛中心化的时代。泛中心化不单单是指中心越来越多而是指信息源和信息传播的渠道越来越丰富、越来越分散。

现阶段无论是去中心化还是泛中心花都符合这个时代的特点，移动互联网时代的个体化特征得到了丰富的展现。每个个体不会仅从一个信息源接受信息，每个个体会有一些独特的见解，并不会盲目从众，他们有可能把自身变为一个信息源，通过分享进行再次传播，这样就会产生多个中心。去中心化在 90 后身上表现极其突出，移动互联网也是由 90 后主导，慢慢具有了非常明显的时代特征。微商是移动电商最先得到市场验证的模式，并且 90 后微商创业的案例数不胜数，相信在不久的将来微商会被 90 后占据半壁江山。去平台化、去中心化、去品牌化、去流量化和去产品化是去中心化电商主要特点，也是目前微商的主要特点。

1. 去平台化

最早互联网加速了传统行业的变革，使得很多传统行业开始了电商之路，纷纷在淘宝、天猫开起了线上零售店。淘宝天猫和互联网传统电商属于中心化电商，此类电商所有的信息和规则都是由中心来管控，在传统电商上开店需要遵守规则。然而传统行业开始电子商务之后，却没有想象中的美好，大部分卖家在淘宝、天猫生存困难。据统计，淘宝卖家有 55%~60% 不挣钱，30% 可以勉强维持生计，真正挣到钱的仅为 3%。淘宝天猫曾一度出现关店潮。昔日的淘宝村已不复存在，曾经的淘品牌也不再辉煌。用苏宁云商副董事长孙为民的话来说：“传统行业电子商务业务不做等死，做了找死”。商家今天有的平台资源可能明天就会消失，商家今天的战略性亏损可明天可能会变成持续性亏损，因为消费者在这个广泛的平台上根本就不记得你。另外，形成传统电商不赚钱的原因之一就是房租太贵，另外还有流量很贵，免费流量有限，规则又太苛刻。可是微商目前可以做到不用付一分房租钱，就可以同时拥有多个房东：微信、比邻、知乎、陌陌等等。微商讲究的是全网营销，并不会局限于某一个平台，而去平台化就是商家不再依赖淘宝、天猫等大平台继而自己生存。

2. 去品牌化

随着“小而美”的产品越来越多，个性化品牌、精准受众群体变得越来越重要。我们也认识到消费者不再是专注于某一种品牌，购物就成了一种可随时随地享用的喜好和兴趣。品牌建设一直是品牌商的核心工作之一，我们发现传统电商品牌的力量还是非常大的，现在还有不少人会去淘宝搜索品牌名，然后再通过比价选择旗舰店、专卖店或专营店，最后进行购买。另外一种情况是我们记住了商品，记得是去淘宝、天猫进行了购物，但却不记得商品背后的卖家，以至于下一次再想买同类商品的时候，还是只会去搜商品名，不会去搜品牌名，更不会去搜商家店铺名称，这就是中心化电商给卖家带来最大的痛点，商家与客户永远没有沟通连接的通道，商家只能不断地通过买流量带来新客。而客户只会登录淘宝输入想要买的产品或者品牌名称就可以比价来选择价格最低且信誉最高的商家。现在淘宝个性化的小众品牌却得到了用户的衷心，用户会把店铺收藏起来并定时去查看有没有新品，这其实符合了很多人的购物习惯。

陈昕：我们更加看重有独立产品和服务的人。比如独立的设计师，通过对自己生活和设计品味的宣传，聚集了一帮认可的人以形成了强关系，然后产生了销售。我们比较喜欢内容的生产者，我们喜欢这方面的投资，但是这仅仅是卖货渠道，其实风险蛮大的。

在移动端还没有统一的搜索入口，而且移动互联网的入口都是分散的，流量也是分散的。另外手机比 PC 屏幕小，不方便比价。手机端屏幕变小，广告位置也变少，商家有广告预算也花不出去，因为拥有超级用户的 App 是不会去投硬广的，在微信上看到一个硬广是一个会让人感觉很不爽。我们发现，在朋友圈卖得火的品牌都不是知名品牌，因为受到商业环境的左右，好评、销量可以造假，亲朋好友的推荐我相信更值得信任，这也就是微商为什么能快速雄起的原因。

徐杨：我的朋友有时候给我推荐产品，即使并不是知名品牌，但因为他是我的好朋友，我知道这个人是靠谱的，他告诉“这个东西值得你买，对你有哪些方面的好处”，你就会毫不犹豫去买。这时候我关注的不是品牌，但有没有明星代言，因为这些都不重要，重要的是这个朋友是不是可靠，我有没有这个需求。

3. 去流量化

传统商业模式中，由于商家的客户永远无法沉淀，所以流量成了商家赖以生存的条件，随着传统企业大量入驻淘宝，淘宝卖家也越来越多，竞争越来越大，导致淘宝卖家获取流量成本越来越高。然而商家流量成本越来越高的根本原因是由淘宝天猫的核心商业模式所决定的。现在，可通过去流量化的方式把社会化媒体聚合起来，一键分发商品，把互联网的流量入口控制在微商自己手中。互联网入口，是指人们在进行上网行为时，最常或较常选择的途径之始，入口决定用户的需求、上网习惯和行为模式。互联网和移动互联网都是微商的入口，有了入口即有了流量。和众筹的玩法一样，微商想要销售产品需要自己找流量，而并不是平台引流。

4. 去产品化

传统电商的商家在销售的时候多是以经营同一品类为主，所以天猫会有旗舰店、专营店和专卖店。可是到了微商时代，可能会恰好相反。很多微商不单做化妆品，还做母婴用品或减肥产品，而且购买这些产品的都是会是同一个人。微商销售产品的时候需要先把自己推销出去，把线上朋友从弱关系变成信任你的强关系，销售转换也就自然而然地形成了。这也是去平台化的延伸，因为初期客户买东西买的是信任买的是商家本人，而不是买的品牌和产品。产生一次购买后说明已经成功取得了用户的信任，接下来就是不断地维护好信任关系，跟客户做朋友，让他们对你更加信任。

1.4 微商的产品定位

目前来看微商在未来几年，会是发展非常快的一种商业模式，它简单、直接、信任度高。在微商发展过程中，我们看到现在很多化妆品的品牌非常火。化妆品占到了整个微商行业的 30% 左右，之所以会出现这样的情况，是有它的潜在原因的。传统化妆品日化线会有三层代理关系——省级代理、市级代理和更下一层的代理，然后才会到终端消费者手中。在微商的发展初期和现阶段，我们发现化妆品也沿用了这三层的代理关系。这样的好处是可以把微商团队快速做大，如果品牌商的扶持政策、鼓励政策和售后服务可以跟上，这会是一股非常强大的力量。有了代理关系，一般品牌商是不收加盟费的，只需要一定的起订量。所以代理手里会有一定量的产品，有了产品代理就会有较大的自主权，可以通过各种方式去推广产品、去销售产品。

经过对 10 000 名微商用户的数据采集，朋友圈出售商品种类占比情况如下：面膜类 31%，其他类 30%，化妆品 26%，服装（含鞋、包、衣服）类 26%，食品类 12%，珠宝玉器类 6%，减肥类 3%，文玩类 2%。这些数据基本符合市场的预期：微商的受众群体以女性为主，所以朋友圈出售的商品种类大都以女性产品为主。

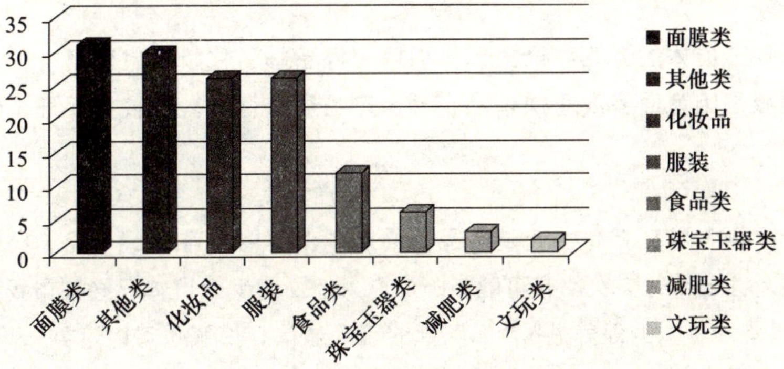

朋友圈出售的商品种类

注：有的商家会同时出售多种商品，所以各商品种类比例和不是 100%。

上述数据并不是年度数据，只是 2014 年 11 月份采集到的结果，因为微商行业内变化太快。从月度数据依然可以看到整个微商行业的趋势，使用并参考月度数据有以下几个理由。

1.4.1 微商行业发展速度

很多微商用了 3 个月的时间就从小白起步成功打造了一只自己的微商团队，再以微商团队作为基础 6 个月开了自己的公司。2014 年 7 月份，韩恩化妆品新品发布，做完分享笔者与听众进行了互动。因为笔者想知道现场 100 多人中月流水能做到 50 万以上的微商有多少人，没想到当时只有 1 个人举手。而到了 11 月份的时候，笔者通过跟踪这些微商发现，已有 20 多个人已经做到月流水在 50 万上下，并且先前月 50 万流水的那个微商现在最高单月已经达到 200 万，平均月流水 100 万。2015 年 1 月的百雀羚气韵招商大会结束时回款 3000 万，仅 1 个月时间招商代理上百人。2014 年年初，微商创业者费劲口舌来告诉资本市场，微商虽然现在还是蓝海，但是风口已经显现出来了，但依然鲜有人问津。但是到了 2015 年，资本市场已经开始追着微商团队和品牌商要注资，因为同样是电商的范畴，微商仅仅 10 人团队毛利和流水就能赶超天猫店 50 人的运营团队。何况在天猫店需要投入百万的广告费用才能换取基本的红利，而在微商完全是去品牌化的，只要能形成好的口碑传播就能带来持久的现金流。

1.4.2 高复购率："产品为王"

1. 面膜

通过现有群体的调查结果显示，面膜已经超越了化妆品位居第一位。大家都来选择面膜是因为面膜属于快消品范畴、产品质量可以得到较好保证、使用效果明显。

快消品顾名思义就是快速消耗品。面膜的使用周期可以是一周 1 次也可以是一周 3 次，甚至一周 7 次都有可能。除此之外，面膜受众群体已经被市场教育了多次，"面膜是最基本的保养品" "买不起轻奢化妆品，面膜也可以达到一样的功效"等等。故当面膜的质量和使用效果明显时，极易产生复购。可能一款产品在淘宝有 20% 的复购率就算很高了，但是在微商全品类的调查报告显示，老客户复购率高达 52%。

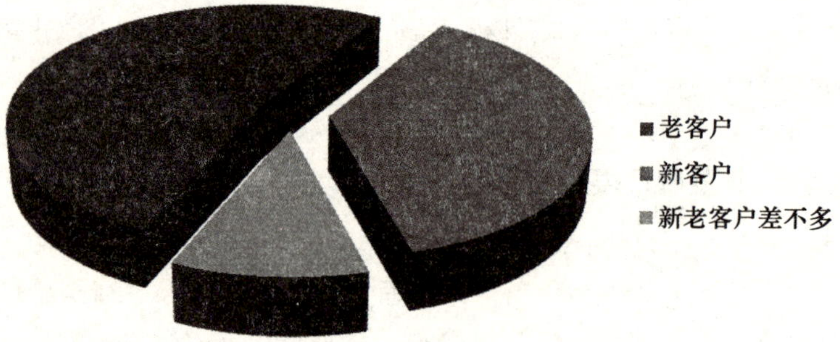

微商复购率调查

微商的销售理念是通过朋友圈把自己觉得好的产品推荐分享给自己的朋友。不仅是把微商作为一个商业渠道，也不仅是从中谋取利润，更是用自己的专业知识去帮助朋友和客户。用自己的信用背书来影响朋友和客户对产品的认识，从而达到销售转换的目的。至于能不能把东西卖出去，甚至产生复购率就要看是否能先把自己推销出去了。在微商领域，微商本人和产品同样重要，它们是相辅相成的关系。

另外新客户占到37%，也说明了微商还是属于蓝海阶段，还有很多人不知道、不了解微商。

2. 服装类

服装类（男女装、鞋、包等）在淘宝是销售额占比非常大的类目，目前微商也有很多人在做此类目的销售。微商在移动端对信息的传播和产品的销售转换最为倚重。服装类做微商与化妆品类做微商有很多不同点，主要表现在终端销售方式、产品多样化、复购率等方面。

化妆品品牌商会有旗下的三层代理关系，代理有较大的自主权，通常化妆品品牌商不会代发货。服装类的产品则与化妆品正好相反，有很多的品牌商只需要旗下的分销渠道进行销售，代理无需囤货，售后服务和真正物流环节都有品牌商解决，这种模式类似淘宝客模式。当然，也有一些品牌商采取代理加分销的策略，品牌商负责解决代理的库存压力，比如给他们一些激励措施、调换货等，代理可建立自己的分销渠道，由自己负责发货。化妆品通常会先划分为系列，然后在系列里面会有限定数量的单品，而服装则是有很多款式虽然也会分为系列但是单品的数量会远远多于化妆品。选择化妆品的时候多数会选择适合自己肌肤的护肤品或者是有需求的彩妆类产品，而对于服装类则是需要知道这款服装适合不适合我，需要大量的真实模特曝光才能让终端客户做款式上的对比，看到明确的购买需求。

目前，服装的复购率低于化妆品，这主要是由于现阶段服装微商多数还是采取刷朋友圈的方式。如果自己对穿衣有一定的心得，通过朋友圈分享，会产生极大的粉丝效应。淘女郎的威力大家耳熟能详，太多的C店和T店受惠于淘女郎。很多淘宝店的老板兼职“淘女郎”，并不是因为做模特风光靓丽，而是实在没办法：模特一旦被人挖走，辛苦经营的业绩就可能“一夜回到解放前”。为了保证销量，很多淘宝“红人馆”店主兼职模特。美丽说和蘑菇街的穿衣达人也是大家热捧的对象，达人们分享的穿衣心得和真实的穿衣效果图，为淘宝店带来了大量的流量和可观的效益。成为一个穿衣达人，或者有穿衣达人作为品牌商或者代理商的代言人，从市场角度来看会比简单粗暴地刷朋友圈效果好很多。

3. 食品类

食品类也属于快消品范畴，做食品类产品只需要喜欢吃，乐于吃并且善于吃即可，并不需要非常强的个人明星化或者对产品有深入的认识，食品微商就是手到擒来的活。

徐杨：我的朋友潘定国运营的五格客栈只做一个产品——车厘子，他不断去演讲，就有了5万个粉丝，大概有2万个粉丝帮助产生年销售额1000万。他能精准定位自己的客户，他去各大论坛去讲课。他没有服务号，因为车厘子怎么吃没法写出来。他就去找了5万个吃货，别人成为他的好友，他在圈子里面推的每个产品粉丝都会喜欢，而且他推的一直是单品。单品加上精准的人群粉丝，加上很好的经营就可以变成一个极大的生意。这就是一个非常极致的去中心化的产品（一个模式）。

食品的单品品类有很多，真正做得好的微商都具备以下特点：产品品质保证（好吃），价格保障（客单价适合）和用户黏性（复购率高）。微商食品类目可分为标准化食品产品、自产产品、国外进口产品。标准化食品品牌有固定的产品体系，单品通常成系列推出。农产品是自产产品的一种，代表健康、原生态、有机等，这是现代人所缺乏同时又在形成的观念。我们看到土蜂蜜、新疆坚果甚至是热带的水果，若再加上文化和深层次的概念就可以在微商渠道销售非常火爆。

自产产品比较典型的代表有阿胶、鸭脖、燕窝等，运营这些产品的微商通常以产品取胜，经过口碑传播直接对C端客户进行销售。

国外进口产品目前也算得上食品品类的佼佼者，通常进口食品的客单价会比较高。这样微商的毛利就可以得到有效的保障，团队也可以进行快速扩张。

4. 珠宝玉器和文玩类

对于珠宝玉器和文玩类产品，只需锁定小众人群。每个女孩子都要用首饰来做点缀，受众也会相对较广。但是，复购率相比化妆品、食品和其他快消品类就低很多了，微商如何找到有消费能力的客户就显的至关重要了。但是，珠宝玉器和文玩类产品是微商流水最大的品类。对于这类微商，绝大部分流水还很少，只有 11% 的人月流水超 10 万，过百万的更是只有 3%。珠宝玉器和文玩需要微商本人有非常强的产品知识，销售的时候这个品类通常没有代发或者代理发货，都是从供货商处购买或由供应商直接发货。除了对产品的了解，对精准客户的定位把握也需要有较强的意识。

5. 减肥类产品

减肥类产品曾有一段时间完全霸占了朋友圈，但现在，先前在朋友圈看到的中药减肥贴和舌底减肥液也销声匿迹了。减肥产品属于功效性产品，第一次没效果，第二次没效果，客户就不会再次购买，没有重复购买客户，就无法形成口碑传播。大多数减肥类产品有很强的个体差异化，并不能说完全没有效果。同样的产品，A 使用有效果 B 就可能没有效果，有效果的 A 能带来很好的口碑传播，没有效果的 B 很有可能会带来差评。微商渠道的口碑传播要比其他平台快得多，我们发现 2014 年很多互联网推火的产品微商一跟风后就消失不见了。

1.4.3 消灭假货从我做起

当大家都开始努力经营自己圈子的时候，微商会逐渐远离那些假货和伪劣产品。之前是见钱就卖，但是总是卖一些假货的人，他的朋友会越来越少，因为微商是做朋友生意的。朋友越来越少，生意越来越差，生意就会越来越做不下去。真正经营好的产品，兢兢业业经营自己粉丝的微商会逐渐活得更好。我们看到，现在微商比较乱的情况是趋势造成的，因为未来没有人知道什么样的路子是正确的。但是如果回归本质，那么将来每个微商只能经营自己的圈子，通过社会关系形成销售转换，因为是在用信用经营所以无法刷单无法复制。现在做得很大的微商，从来不会去销售假货，即便有 200% 的毛利他还是不用卖，因为只要卖一件假货，朋友就有可能走 30%，下一次就没有办法继续经营了。所以随着政府的管控和市场的介入，微商会自然进入一个大家都非常珍惜重视自己的朋友圈的情况，假货会逐渐减少，真品和一些好的产品则会形成小众的圈子文化、有些人喜欢玉石，有些人喜欢翡翠，有些人喜欢旅游，这些小圈子里面的消化量是非常非常大的，微商完全没必要卖假货。

1.5 微商仍处于蓝海阶段

来自微信官方数据

我们看到 20 ~ 29 岁的人在微信使用人群中比重最大，因为再小的没有支付能力，年纪大的难以接受新的交易方式；品牌商可以根据这部分用户的年龄和性别特征，有针对性地定制商品。另外 35 岁是一个非常明显的分水岭。有的 35 岁朋友对互联网、移动互联网甚至可穿戴设备都是非常地了解，有的甚至没有进行过淘宝网购。

通过微商购物经验

我们对 5000 名年龄介于 20 ~ 39 岁的微信用户调查显示，有 67% 的用户从来没有通过微商购买过产品。经常购买微商产品的有一半左右自己也在从事微商，这就说明凡事购买过微商产品的人大部分认可微商的模式，并且有兴趣参与到微商里面来。也就是说，这 67% 的人基本都对微商略知一二，他们都在窥视微商是否可靠是否能改变我们的生活。

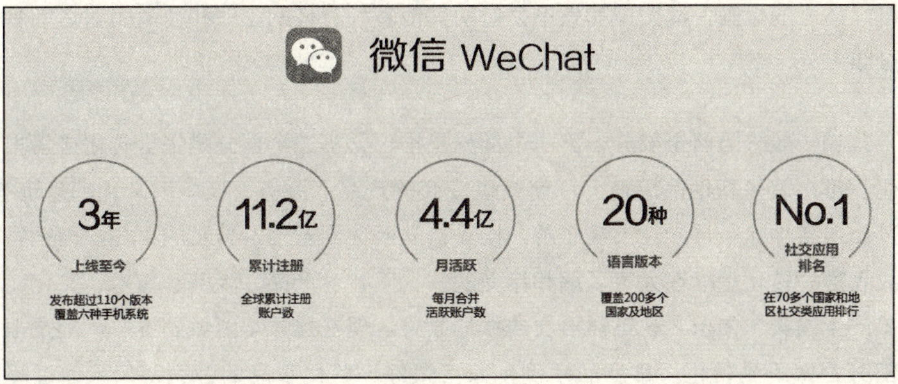

来自微信官方数据

微商的本质是通过社交关系产生买卖交易，那也就是说有一定社会关系的人都会成为微商。我们从另外一个角度来看买卖交易，当一个刚毕业的大学生要去找工作，他的第一件事就是要把自己介绍个 HR，然后再通过笔试、面试最终找到工作。这就是个人行为的营销事件，这个营销事件也可以产生在移动社交网络，只不过是应聘者需要把自己销售出去罢了。我们知道，做微商最多的是女性，其中一半都是宝妈，微商成就了她们，也给她们提供了极大的想象空间。另外就是白领和大学生，这些人群都有非常显著的时代特征。

1.5.1 微商风口也是风口

1. 媒体左右了风口的开始

2014 下半年笔者拜访了一些媒体朋友，他们都很好奇为什么微商可以做得这么好，会发展得这么快。媒体的核心是对信息的分发，而自媒体产生的主要是原创的内容。通常自媒体手中有很多的粉丝资源，这些粉丝资源都是精准的信息受众。但是自媒体是媒体，媒体讲的是腔调和情怀，把自己提上去以后很难再降下来。那就出现了一个很大的问题，自媒体怎么变现？难道还是靠广告收入？现在各个行业都在被互联网甚至是移动互联网业冲击，媒体行业也不例外。可是一直给大的公司做品牌推广，在各大平台上不断地写自己的言论又不接地气。这时候就出现了两极分化，有些自媒体就重新定位了自己——入手草根群体。我这里说的草根群体就是微商。2014 年韩恩当时找到了龚文详达成了合作，现在韩恩全国的代理商已经招满，并且龚文详在大家心目中树立起了微商早期自媒体人的形象。我在想，如果像其他媒体人一样，龚文详当时断然拒绝了与韩恩微商的合作，现在他可能就不会贴上自媒体人的标签，龚文详就更不会帮助其他各种各样的企业和微商团队达到今天的量级。

营销一般分为两个部分，第一个部分是推广，第二个部分是销售转化或者推广转化。推广就是帮助品牌商、厂商或供应商的产品、服务、技术、文化、事迹等，通过使用各种途径曝光让大家了解、接受，从而达到宣传、普及的目的。而销售转化或者推广转化是指在大家了解和接受的情况下，对产品、服务、技术、文化、事迹等产生购买、使用、认可和再次传播的效果。现在媒体都能做到推广，但是很大一部分都做不到转化。拿产品举例，如何做好一款化妆品的营销？如果通过曝光的形式得到了有效的推广，那么受众人群会了解它。了解它以后，就会产生销售转化。但是这种纯曝光产生的转化通常会落地在传统的电商平台。也就是说这种转化并不是微商会做的，这还是传统的做法。

上面所说的是浅层的营销，如果需要达到像大可乐和三个爸爸的效果就需要好好策划一番了。现在很多媒体的营收还是靠企业级用户的大单来支撑，这些大单通常来自银行、地产、金融。媒体手里有大量的受众人群，这些受众人群就是媒体或者自媒体的订阅用户。有千万级别的订阅用户通常一个大单的价值都是百万级别以上。这种商业方式短时间内消失，但是受到新兴媒体和移动互联网的冲击，这种媒体的日子会一天比一天难过。首先，现在虽然赚钱，但是每年依靠企业级大单的媒体收入在下降，或者增速在下降。其次，企业级是需要公关的，少有企业用户会主动上门来找到媒体。最后，媒体做广告都是只管推广，少有保转化率的，因为一提到转化那涉及的方面就很多了。

那媒体该怎么办？是不是需要“降低身价”来做微商或者协助微商？笔者觉得这个需要从三方面说起。

第一，认可趋势。

很多微商在卖面膜，他们不停地刷屏，做着类似传销的活动。这样做微商肯定是不对的，但是也不能全盘否定。因为我们看到即使是最简单粗暴的刷屏行为也能带来一定的经济效益。还有一种微商相对于中间化，他们只小范围刷屏，而且晒得更多的是自己的进步和生活的感悟。最后是那些兢兢业业认真做服务、认真经营自己人脉圈的人，他们根本不刷屏，但流水都很高。

对于媒体人来说，最重要的就是你是否认可微商，我这里说的微商是广义的微商，即是通过社会关系进行商品买卖的小商家，而不是仅仅只会刷屏的微商。若你认可微商，并意识到微商是必然趋势，你才可能在微商、在未来取得成功。

第二，从众心理。

现在媒体会觉得微商不正规，太混乱。虽然说大部分媒体知道微商已经变得透明化，而且微商已经被市场验证，正走在规划的道路上，但是相对于传统的企业级用户的量级微商还是有一定的差距。现阶段他们不好把自己降下来，来和微商合作。但如果很多传统媒体和新兴媒体能循序渐进来和微商合作，那这势必是一个潮流。人们都认可微商的时候，媒体也会加入到这个行列之中。当大家都在追赶潮流而你还在原地踏步的时候，危险也会接踵而至。目前来看，已经有很多传统媒体和新兴媒体（自媒体为代表）参与到微商的蜕变进程中来了。

可能有些媒体又抱怨了，微商最多的还是化妆品类，距离汽车、金融和房产太远了。2014 年 3 月在杭州有一个做房产的朋友，他用微信 1 个月卖出去了 8 套房产。媒体拥有众多的资源为什么每个方案仅仅只有推广曝光，不可以通过微商的形式提高产品的转化率？另外一个案例发生在厦门，这个案例的主人公通过微信销售出限量版的法拉利。所以说，就目前的形势来说媒体业介入微商是势在必行。

第三，利己利他。

微商是社群的一种，通过社群的商业价值聚集起来的一群人。除去了商业价值，好的微商团队很有人情味，大家除了商业上的联系更多的是生活上的朋友。比如 Aigele 的微商团队，就秉承“信仰”“关怀”“家庭”的价值观走到了现在，第一年的销售额达到了 1000 万。所以我在想，如果只用商业是否可以聚集起来一群人，大家共同帮助品牌，共同找更多的小伙伴加入到团队里？微商团队或者品牌商本身自己就具备做媒体的一些条件。因为微商有社群的属性在，每个微商团队少则几百人，多则上万人，这么多人不单单可以做到信息的传播而且可以参与到事件。微商社群每次在推广信息的时候又会加上媒体背书，媒体也会相应的得到曝光，这样双方就会相互呼应，像滚雪球一样形成共赢。正因如此，媒体可推翻之前一直采用的先付费后服务的模式。很多进入微商领域的媒体都是不收费就开始推品牌，在媒体业内这是疯狂之举。但是从资源整合的角度来说这是一件双赢的好事，因为媒体在推广微商的时候也不断地在给自己增加背书。

2. 品牌商助力微商市场

15 年前，我们获得信息的途径主要是电视；10 年前是网站；5 年前是搜索引擎，包括视频网站；3 年前是微博。大家的生活习惯在发生改变，在哪获得信息，在哪消耗的时间长，哪里的影响力就大，作为品牌方就应该把注意力放到那里。

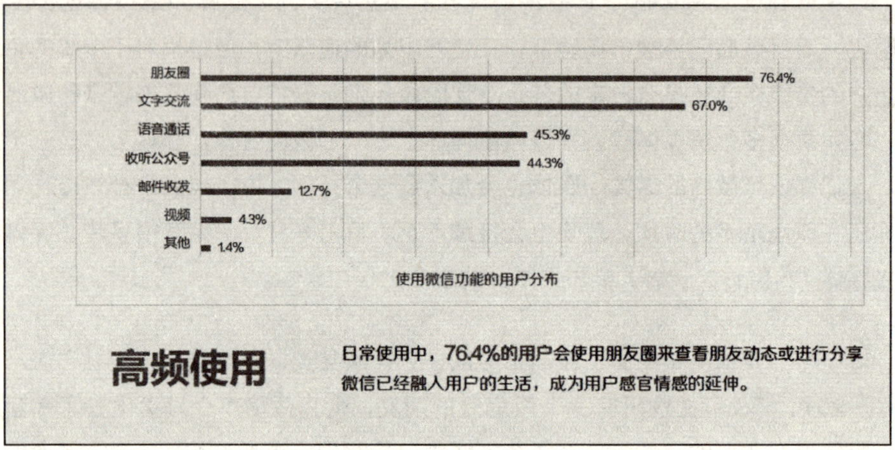

微信官方数据

现在的趋势可理解为“产品销售带动品牌价值”，而不是之前的投放大量的广告；不停地为品牌造势就可以带来极高的转换率。在微商领域，产品销售出去了，得到了客户的认可，客户每次使用产品的时都会为产品进行一次推广，可以做到推广和销售结合。微商的推广阵地主要是朋友圈，以图片加心情的方式。目前来看，朋友圈要比公众号的图文消息更有优势。当微商销售厂家的产品时，微商自身会对产品有非常深刻的认识，每次销售完成后会晒评论、晒反馈。微商在不断销售产品的同时，也不断地对品牌进行推广。

现阶段的微商主要还是依靠微信，微商的分享为品牌本身带来了源源不断的价值。微商属于社群的一种，微商社群可浅层理解为商业的集合体，一群有相同信念、相互关怀帮扶的人走在了一起。基于以上几点，微商社群的力量很容易在同一时间内对某件事进行大范围曝光，导致的结果是极易产生热点事件。

王易：品牌商的代理模式要非常完善，我们最近比较流行一方面解决囤货的问题，一方面解决终端销售的问题。总体来说，品牌商如果要切入微商就需要投入

100% 的精力，一定要把思维转换过来。另外一方面是一定要选择品类，因为传统品牌通常有很多品种，所以一定要选择适合微商销售的产品然后去造势营销，然后将其引爆。

微信官方数据

在淘宝和天猫时代，我们看到很多企业入驻。传统企业都很有信心，也非常愿意在电商方面进行投放。但是现在看很多传统企业做微商的时候，并不具备微商的思维。企业不懂得流量的含义，也不懂得去流量化的含义，其实在微商里面流量的核心就是人。但是传统商业的思维非常固化，所以品牌商在做微商的时候一定要找到合适的人和团队去做。

1.5.2 微商团队造就风口

微商团队通常是分为两种：微商创业团队和传统企业转型微商团队。

1. 微商创业团队

微商创业团队通常是以个人形式较早进入微商领域，然后从组建微商团队向规模化公司化运作发展。

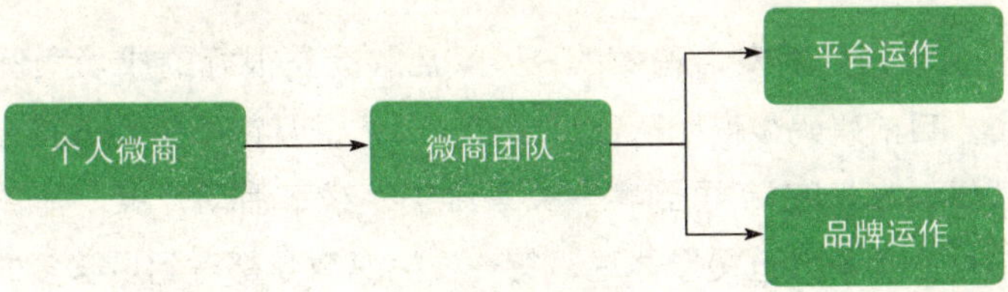

微商创业发展趋势

创业的微商大多数是弱势群体，有主妇群体、妈妈群体、学生群体、白领兼职创业群体。因为进入易、门槛低和周期短的特点，微商创业给大家提供了大量的机遇。很多小微商都是从一个人开始做的，然后招来上百人的代理或组建分销团队。有了可观的流水和完善的商业模式后，通常微商就会向平台化发展。第一种平台化的方向是渠道扩展，比如只做代理的化妆品公司通常只有运营和销售团队。另一种平台化发展一般会和互联网相结合，衍生出像大V店、微店类的平台。

渠道在自己手中并且市场的消费模式也可以把握得非常好，所以品牌化运作是大多数微商团队选择的方向。

王易：我们看到很多时候微商团队喜欢找大品牌合作去做一个代理，然后去大品牌匹配资源来推广自己的产品。团队企业化是我们看到的趋势，经营团队像经营一家公司一样，我们会看到大家的成长会非常快。企业团队化：企业在做微商的时候一定要有规划转型成有微商性质的团队，核心在于快、在于扶持政策到位。

通过大品牌助力，快速扩充自己的团队是短时期内有效的手段。微商可以借助大品牌商的力量，因为当你拿一些级别比较高的代理权时。品牌商通常会为代理商匹配资源，当资源拿到手里了通过不断的维护“确实能赚到第一桶金”。有些微商团队只是不断的代理品牌，然后把厂商配置的资源不断在自己手中置换、互换从而使自己的团队越做越大。

2. 传统企业转型微商团队

通常第三方运营公司、第三方销售公司或者电商公司等传统企业会转型微商团队。

微商创业成功的案例现在有很多，在很多微商从业者看来，品牌事小平台事大。微店、拍拍、有赞等平台的崛起会不会冲击微商团队，冲击微商手中的产品？

叶子母婴：我的好朋友哈爸做的“大V店”就是很好的成功案例，新东方俞敏洪先生投资。目前妈妈微商团队已经超过一万人。从前段供应链整合到微店营销培训（筹建了妈妈商学院）、再到客户关系维护、线下活动开展，环环相扣。他们在这个过程中核心竞争力也慢慢体现，每一位妈妈微商都得到足够多的尊重、足够大的舞台，还认识足够靠谱的妈妈朋友，上万妈妈凝心聚力，在微商圈刮起一阵旋风，B 轮目前正在谈，足见市场对其的认可。

1.6 自媒体到自明星到自品牌

媒体是传播的渠道，用于传播思想和信息。自媒体就是个人建立的传播信息的渠道；自明星即个人通过自媒体成为让大众熟知的某个领域的名人。自媒体是渠道，自明星是个人。自明星可以说是个人品牌的表现形式，现在要做自明星不需要原来那么多的套路，你只要有绝活，能够掌握自媒体工具，就能够把自己打造成自明星。随着微商红利的褪去，仅仅依靠自媒体是远远不够的，成为自明星是微商的必然趋势。形成自明星的第一要素就是要有粉丝，有了粉丝就可以延伸到粉丝经济，粉丝经济比经营朋友圈要更加快速。粉丝经济通常没有弱关系，所以也就不用向强弱关系转换。自明星另外的一个要素就是要有自己的社群，而社群的中心就是明星本人。

当然，最终极的目标是自品牌的建立。自品牌分为方面：**个人品牌的建立和商品品牌的建立**。微商做大做强都需要有一个团队、有一个社群在背后进行支持，个人品牌的建立可以带动整个团队的发展，团队也可以不断地对个人品牌进行推送从而相辅相成。现在是用产品销售来提升品牌价值的时代，而且微商拥有去平台化、去流量化的特殊渠道，微商团队可以打造自己的商品品牌。

02
社群时代

2.1 社群是什么？

社群行为是指同种动物间或异种动物间的集体合作行为，这种合作可以仅表现为暂时的和松散的集群现象。另外一种社群的发展趋势是由松散的集群变更成一个有结构的永久性集群。永久性的社群多数由强关系组成，并且其中有分工和组织。现在在微信社群中我们得到了人际关系和学习的机会，我们也付出了很多时间。应该说微信社群正在改变人们的生活。

首先，社群不是一个新事物，从以前的互联网论坛、QQ 社群到现在的微信社群，之间有很多相像的地方。自从有了微信之后，社群的性质有了改变。以前 QQ 以 PC 端为主，我们不能随身携带电脑满街跑，但是现在移动端可以随时在线。另外，朋友圈可以分享自己的信息也可以转发其他人的信息。朋友圈操作很方便，只需要简单点击就可以和朋友们分享。这两个性质，使社群的社会关系发展效率、知识性和分享性得到了极大的提升。目前，可以看到微信社群是社群的主流形式，很多线上线下的社群都以微信社群为载体和交流工具。

2.1.1 社群的人际关系特征

1. 中心化产生社群

有很多人把社群称为自主去中心化，笔者之前也认为一个社群没有组织，每个人都是中心。后来，使用了一段时间社群后，发现并不是这样的。因为社群是无法完全去中心化的，如果完全去中心化，社群就变成一盘散沙而非社群体，只要是有社群体，就一定有它的结构、有它的中心。

社群的中心化体现在两方面：**社群的主题定位、社群的分工和组织**。

（1）社群的主题定位

社群是需要有主题的，如果没有明确的主题这个社群很难维系。大部分人做社群是为了商业化，在选择社群商业化的时候，我们要明确社群的主题。进入其他社群也要了解这个社群的主题。

（2）社群的分工和组织

社群和大多数的社会结构一样，社群成员的组成是具备多元化的特征，有领导者、运营者、推广者、活跃分子、潜水者和搅局者。一个社群的产生和运营是一定有中心的，它通常有一个或多个发起人。有时候发起人并不是这个社群的直接管理者和运营者，发起人往往会由于种种原因不能长期管理运营发起的社群，或者可能一段时间后脱离这个社群。现在看来有些社群是由强关系组成的，所以其有明确的中心，有些社群体现一定的组织特性。社群是多中心的，在不同的时间点这几个中心本身之间又有联合。如果没有中心，这个社群将会名存实亡。

2. 人际关系重构

社群里面的人际关系和通常的社会关系会有稍许不同。在创业家黑马会里我们可以看到，每个社群里都会有一名大咖，大咖是本社群的精神领袖和标志人物，但是他们往往不是中心。因为大咖的时间非常宝贵，他们在某一个社群里停留的时间非常有限，他们也不可能把时间花在琐碎的互动上面，所以大咖仅仅是一个精神领袖，而非管理者和发起人。

社群里的中心前期是发起人：比如创业家黑马会的社群，运营人员是社群其中的一个中心，还有一个中心就是连接更多资源的人。连接大咖的人会是社群的真正中心，他是大咖的代言人，除此之外他还能连接社群里的其他人，把各种资源汇聚在一起。连接越丰富的人，社群里的地位就越高。加入一个社群，我们可以去跟大咖联系，也可以跟社群里的群友联系。有时候，成员在社群里的地位会高于社会上的地位。在社群里，通过不断地连接变成社群里的中心就可以获取社群更高的背书，可以把社群里的背书反馈到社会上去来提升你的社会地位。

3. 社群的中心在改变

社群的中心具有可变性，比如社群的发起人会离开，之后会有新的活跃分子、运营人员加入。一个社群的核心会由几个中心人员构成，核心也有可能会被替换成其他人。社群是以人为中心的，真正做到不以人为中心的社群暂时还没有看到。由于核心的变动、中心人员的流失，很多社群渐渐脱离了主题，去除了组织结构，慢慢失去了活性。当社区失去活性的时候，其价值也就不存在了。

2.1.2 社群的价值

社群说到底是人与人的集合，当社群活跃的时候其价值体现得最为淋漓尽致。

1. 提升人际关系

没有微信的时候，我们在某些场合与人结识，会留一个电话号码。但是没有什么事由我们也不可能总是打电话。而要从弱关系发展为强关系，需要多接触。有了微信就不一样了，我们可以在线上进行高频次的交流。

多在社群里交流，哪怕一起学习分享或者去朋友圈点一个赞，参与朋友的一次小活动，跟朋友互动，这些都能把关系进一步加强。线上这种多频次的互动，结合线下的见面，可以使人际关系的连接度不断加强，见到线上的朋友会像多年不见的朋友一样熟悉和了解。

通过社群，人们的人际关系链得到了极大丰富和提升。加入一些社群，在社群中认识的人是日常生活中的社交关系难以接触的。社群把大家连接在一起，一起共享背后的资源，这种方式对扩展资源是非常有好处的。

2. 资源配置的效率提高

（1）人力资源配置的效率提高

关于传统的社交关系，有个“六度分离理论”，即你和任何一个陌生人之间所间隔的人不会超过五个，也就是说，最多通过五个人你就能够认识任何一个陌生人。理论上讲，一个人可以通过五个朋友的关系认识到美国总统。但是在那个时代，人与人交往的频次过低，所以这种连接难以强化。通过社群和朋友圈的扩散，现在资源配置的效率会得到极大的提高。你想找个什么人，干个什么事，在社群里喊一声，以前根本无法做到的事，现在来说轻而易举。现在很多人在朋友圈发问、求助，发现以往感觉束手无策的问题，在朋友圈都能得到朋友们迅速有效的帮助。对于创业者来说，找人找资金，通过社群都会有很大的帮助。

（2）市场资源配置的效率提高

移动互联网出现，它真正实现了人与人信息的无缝交流。信息传播速度的加快，使得市场得到了快速的发展。移动互联网之所以能够给我们带来种种便利，原因是它在某些领域，对市场配置资源起到了极大的促进作用。通过社群可以把大量的闲置资源挖掘出来，通过移动端交流可以让社群里的人员进行互动、营销从而产生热点事件。现在看来，微信社群有取之不尽的资源，最早的时候我们的推广途径在百度、QQ，后来到了 SNS 社区、论坛，现在推广的途径都在微信平台上。社群里产生的经典案例数不胜数，为太多的企业提供了营销的渠道，社群的自传播性、易形成热点等特质越来越受到市场的青睐。

3. 社群为真实生活带来的影响

线下人们会受到资源条件及其他方方面面的影响，社群给了大家一个重置资源的机会。通过和大咖、群友的连接，在社群里面慢慢变成核心任务，社群里的资源又可以强化大家的线下资源。现在看到有很多人在社群里成名，在创业路上获得了很多的帮助。

2.1.3 社群的玩法

社群是松散关系的集合，少了亲情、友情等线下关系的强力约束，人们往往会更多展现出人性的本质：贪、嗔、痴。

1. 强参与感（贪）

在社群里，无论是为了自己获得影响力，还是为了商业化的传播，我们都需要利用社群里面人的贪念，所以发红包就成了非常好的方法。我们没必要来计算这个红包的金额有多大。一个社群我们发现不活跃，只要扔一个红包就能看到很多潜水的人出来抢了，其实不在乎钱的多少。2014 年春节有一个正和岛的企业家身家资产几十亿，春节七天却都在用手机抢 50 块的红包。通过红包还可以加一些附加值，如赢取奖品、赢得机会。

2. 虚荣渴望（嗔）

我们在社群里看到很多商家搞活动，集赞排名。微商想传播商品就需要把全社群的人都发动起来，让所有人去转发、去求赞，前几名设立奖品。参与积攒排名的人很多时候不是因为奖品，而是为了脸面。社群的活跃度非常重要，把嗔运用到极致是我们非常必要的手段。让大家觉得这个事刚开始是为你干的，后来干着干着是为了证明自己的脸面。他要是输了，就丢脸了，他就会无所不用其极。另外一种方式是不断地在社群内进行评选，先评选一个最美名媛，那些评不上的就会不服输，于是就可以顺势开始评最有气质名媛、最有女人味名媛、最性感名媛，五百人的社群恨不得其中一百人都有头衔，一周社群评选就两次，评选一个头衔社群就可以活跃好几周。

3. 主动强化关系（痴）

社群里面正式找人拜师非常盛行。大多数社群本来是弱关系形成的，但是形成师徒关系后就是强关系了。拿笔者来说吧，收个徒弟非常严格、严肃，好多人要拜笔者为师都被拒绝了，因为收一个人为徒，笔者就得对他负责，所以笔者只收合适的，只收少量的徒弟，因为多了照顾不过来。

后来我发现社群里面师徒的玩儿法，跟正式的师徒不一样。有的人一下收了几百个弟子，有的甚至是弟子、兄弟满天下，出现这种情况你就没法把他当真了。所以社群里面的强连接、强关系是一种痴的表现。就是你必须要让你的这个社群中的成员变成你的粉丝，至少让一部分变成粉丝，成为粉丝的就是强关系，有了强关系才能把这个社群维护好。所以说，通过师徒也好通过兄弟也罢，都是给社群加上了“钢筋水泥”。

4. 娱乐性

玩一般指娱乐，比如游戏。我刚才讲到了师徒，社群中的师徒其实是有很强的娱乐性的，不用别太当真，不能以为社群里的徒弟真的是你的徒弟，很多师傅连徒弟都不认识，打起招呼来“徒弟啊你好你好”，其实你是谁他都不知道。很多徒弟也会一撇嘴说：“当时怎么拜他为师了？”所以呢，这有很强的娱乐性。

在社群里面，大家除了要获取知识，或者说有一些商业目的之外，还希望获得休闲娱乐，所以不能太当真。如果一个事情不好玩儿，完全都是商业化的，那社群就会非常难推动，所以这一点要特别注意。

5. 从众

就社群本身来讲，其是一个松散的集合。今天你不高兴，就可以不去，也可把社群关了甚至完全退出，这里进出是自由的。所以呢，在社群里要想做好任何一件事情，一定要形成一个从众效应。

比如 88 众筹社群和 SM 的众筹社群的玩法，就是中心人物说一句话，每个人都要把那句话进行一次转发。这是为了形成习惯，只要中心人物说一句话就会被转，无数人转发以后就会变成风潮和真理。表面上这是仪式化的，但是深入思考就会发现这种玩法会推动社群的发展，形成风潮。所以在社群里无论做什么事情一定要掌握从众效应的玩法，如果大家都来参与活动，都来转发并且积极互动，那些潜水和不参与的人也会被吸引进来，因为他们会觉得大家都在做而我没有做这不太正常。如果能做到这件事，那么你就算成功了。

6. 热点与共赢

社群和当代社会传播特点一样，热点一旦形成，跟风的人也会受益。最典型的例子是，去哪和去啊的公关大战。

案例 “去啊”借势营销

原淘宝旅行 28 日举行新闻发布会，推出新独立品牌“去啊”，及独立域名 alitrip.com。据阿里的介绍，“去啊”的品牌意涵是：“只要决定出发，最困难的部分就已结束。那么，就去啊！”浓缩成发布会现场的一页 PPT 则是：“去哪里不重要，重要的是…去啊”。

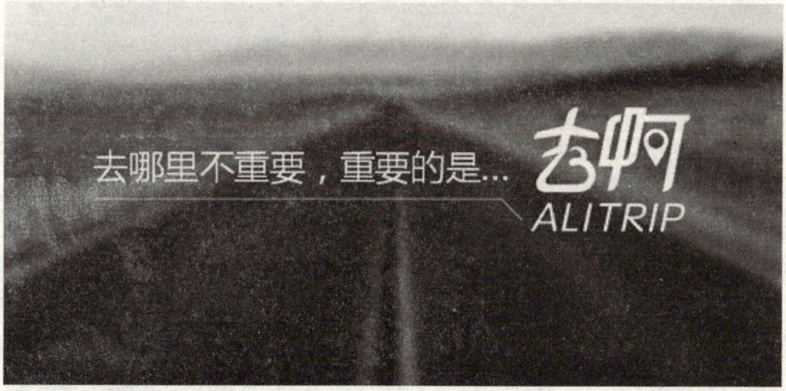

一、去哪儿的有力回击：成熟的态度。

无心插柳柳成荫，没想到这款海报触到了敏感的“去哪儿”，于是“去哪儿”立即召集公关团队，发布如下海报，意图为自己正名。

二、去哪儿？去啊！携手成就精彩旅程。

紧接着，旅游业的其他小伙伴也纷纷加入，一场拼“公关＋营销创意水平”的战役打响了。携程看着另外两家在玩，自己也想参与。

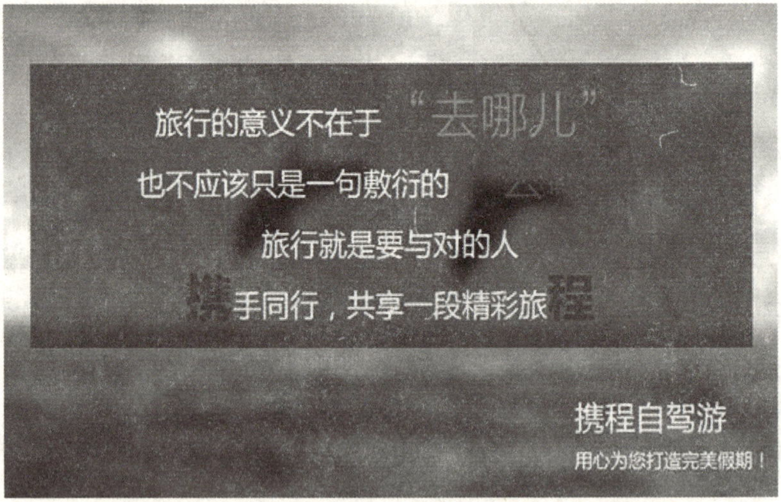

三、途家，去哪都是家！

相比有竞争关系的去哪儿与携程，途家的心态就放松很多。他们的公关负责人唐挺大方地向环球旅讯记者表示，下图是自己的即兴原创作品。

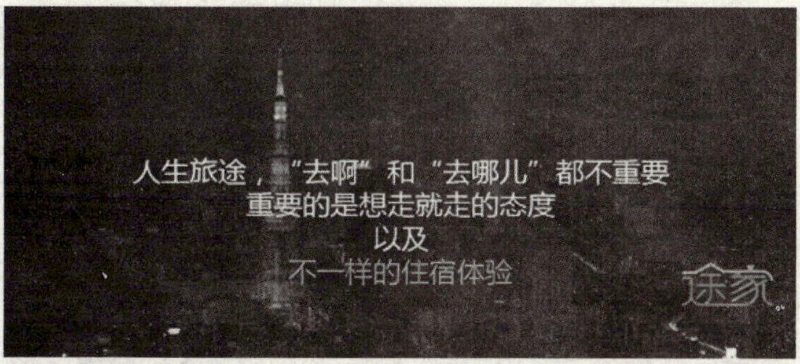

后来，越来越多的网商、互联网行业品牌加入。

四、租车公司也杀进来了。

五、情趣避孕套也来了。

积极布局国内电商的进口情趣避孕套第一品牌（OneTopeak）1号巅峰也是嗅觉灵敏，不仅凑上了这次的热闹，还故意引人邪恶了一番。

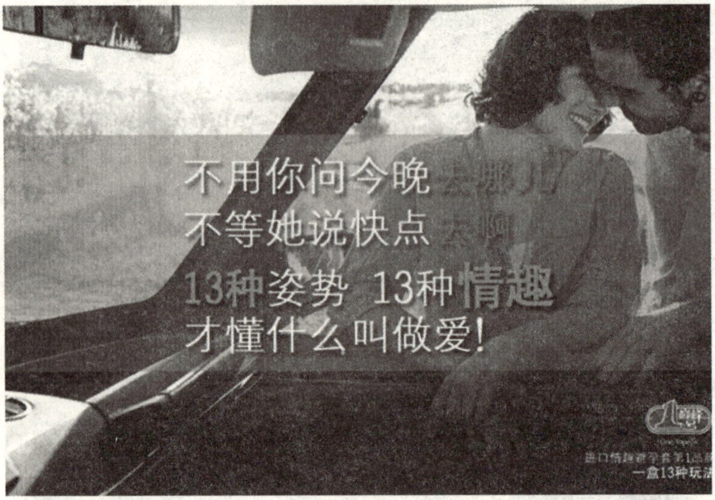

六、中国移动竟然也参加了。

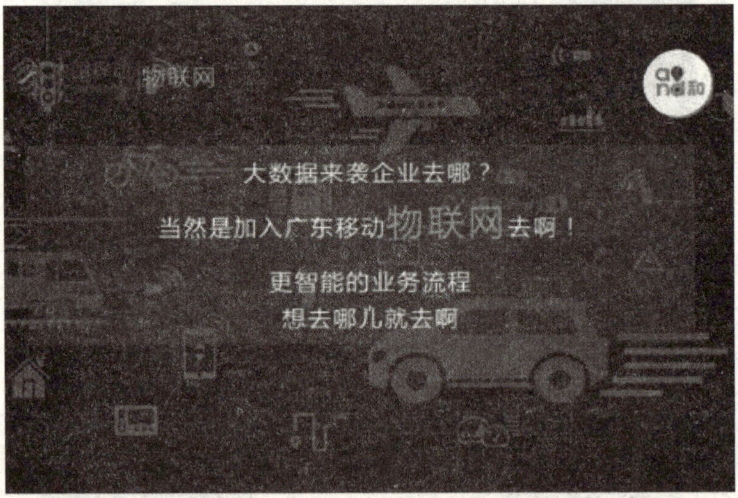

2.2 社群的商业化之路

2.2.1 社群商业化的三个方向

1. 众筹

众筹就是很多人一起来支持同一个梦想，社群的人从弱关系转变为强关系后会对众筹起到非常大的帮助。社群是半松散关系，社群有自己的结构和中心，并且进入和退出门槛较低，我们还看到社群有裂变的性质，另外通过线上的社群可以连接各方面的资源。当然在做社群的时候需要符合一些特点。

（1）低门槛

京东众筹很多产品都设置成了1块钱，“1块钱，进来可以抽奖”，降低门槛让更多的人参与，这样活动的传播力度才会大。

（2）低投入

如果股权众筹要求每个人几十万上百万的投入，那么我相信是没有人去参与的，大规模的股权众筹一般在一万以下，小规模的股权众筹一般不会超过十万。因为线上社群弱的关系占了很大一部分，股权众筹不会达到太高的投入。如果投入太高大家会相对比较理性地考虑事情，所以哪怕是相对高的众筹额度也要低投入。

（3）高背书

众筹成功的项目要么投入很少，因为很多人抱着“无所谓，大不了丢了就丢了”的态度参与，要么就是有明星达人效应。这个明星不一定是真实的明星，可能是社群的明星、名人。如果没有明星、名人的背书，社群众筹很难成功。创业家旗下的社群应该是小额股权众筹最成功的案例之一。

案例　牛投“微天使”

所谓“微天使”就是低至2000元就可投资优质项目。

以前，如果你一年有5万元的可投资资金，你可以天使投资1家企业，可能占股5%。——把鸡蛋放在一个篮子里。

现在，如果你一年有5万元的可投资资金，你可以“微天使”投资10家企业，各占股0.5%。——把鸡蛋放在不同的篮子里。

创业股权融资平台“牛投”，筛选出好项目特供给“微天使”，您可以拿出全年收入的1%，占有项目总股本的0.1%。

“微天使”实质是股权众筹投资人，比天使投资人的责任轻，比VC回报快。

目前牛投的微天使阵容里，既有徐小平这样的超级天使投资人，和周鸿祎、姚劲波、王长田、赵文权等这样的明星创业家，还有更多的如在路上刘亮、优个网刘焕杰这样的黑马创始人。

据介绍，牛投是创业家杂志继“爱代言”之后推出的又一个移动互联网产品。为什么牛投“微天使”活动一经推出就被追捧？

首先是找准了创业者的痛点。创业家传媒董事长牛文文表示：“创业者找到人生的第一笔钱总是很难。找天使看缘分，找 VC 往往被拖死。所以，对于早期创业者来讲，快速融到钱就能救命。我们为什么不从创业者角度颠覆投资这个行业呢？如果你需要 200 万，自己站出来，1000 个创始人每人出 2000 块就能帮到你。帮助最终目标是让创业者很快融到钱，让投资的人尽可能早退出。”

其次牛投作为社群股权众筹玩法的开创者，曾在 2014 年 12 月 22 日的创业家年会上，筛选出来的两大优质项目当天超募！其中无人船项目是中国唯一的水面机器人的研发和供应商，当晚在牛投平台上股权众筹超募 300%! 另一家指静脉项目是中国领先的商业化指静脉生物识别核心产品及解决方案提供商，当晚在牛投平台上股权也超募 215%! 徐小平、周鸿祎、姚劲波等 50 多位“微天使”集体众筹投资，激发了现场 2000 多位黑马参与。

知名自媒体人王冠雄也参加了本次“招募 1000 名微天使”活动。他认为：“这次牛投的活动说明，创业家转型高人一筹，一是因为能将传统资源打碎，真正用互联网思维架构性重组并产品化。二是精准定位，长期和大公司与小创业者捆绑一起成长。三是敢于大胆使用互联网人才。”

按照规则，这一批 1000 名“微天使”已经在 1 个小时内被抢注一空，为了鼓励参与创始人的积极性，牛投已经上线预备“微天使”报名通道，48 小时内经严格审核才能成为认证“微天使”。（来源：i 黑马）

（4）强关系拉动弱关系

发动社群的力量，其实就是发动弱关系的力量。发动弱关系的力量首先要有强关系的推动。想做好众筹或者发动社会力量，一定要有强关系来摇旗呐喊。强关系可以把前期的声势造出来，然后弱关系的跟随才能让事件就变成热点。

2. 传播

通过传播去曝光、去告知信息，就目前来看是非常强大的一个手段。

（1）社群可以快速传播信息

当社群的人员被调动起来的时候，大家会帮助事件发起人传播信息，整个社群参与进来会快速对事件的曝光进行推动。但是在做传播的时候需要注意一点，使用社群传播信息这个办法的人会比较多，所以在传播信息的时候信息本身要非常新颖。如果是纯粹的商业信息，很有可能被传播者的朋友当成干扰信息给屏蔽掉。

（2）高转化率

回归本质，如果信息的内容能触动受众的心，那受众会自发去做这件事，甚至会形成二次转发。这也就是为什么，“呆萌长颈鹿”、“脸盟”和“围住神经猫”能在朋友圈刷屏的缘故。目前，社群众筹最有杀伤力的一次信息传播是“大可乐的手机众筹”。

案例　大可乐手机的一场众筹营销

众筹本来是缺钱的来筹钱，但现在看上去，其延展性远不止如此。大可乐手机在3代产品发布会上宣布了自己的众筹方案，“10 000个名额，1499元获得大可乐3一部，并终身免费换新手机。”这个方案的结果是，25分钟之内众筹就完成了，刷新了中国的最快众筹时间，也刷新了中国最高众筹金额纪录。

这么快就完成众筹显然很容易理解，因为这实在是太大的一个优惠了，只要付出1499就可以终身每年更换一次手机，对于消费者来说当然划算，但对于企业来说，肯定是赔本的。那么这次众筹的意义何在呢？当然也就不是为了筹钱了，而是为了营销。这种营销的尝试是令人耳目一新的，其中蕴含的趋势，也是值得我们关注的。

首先我不认为这是硬件免费的开端，因为目前看来，硬件免费只是一个幻想，用户在手机上的平均消费一年时间目前还很难超过手机的几倍（超过几倍才能赚回成本），所以除了运营商的合约机看似是通过话费冲抵、看似硬件免费之外，是没有成功的可能的。其实就算是苹果也无法靠服务收入支撑，核心利润还是来自于销售硬件。小米之类的相关收入更是可以忽略不计。

所以我们来分析一下这场众筹的意义和价值，看看表面下的真相。这次众筹可以收到1500万的现金，然后卖出一万部手机，从现金流的角度讲，已经有了一个打底。虽然以后每年都要付出这么多的手机，那也不过是不超过1500万的成本，这个数量对于手机行业来说其实并不算太多。实际上，如果当成是营销费用，就非常好理解了，其实就是等于预支了每年1500万的营销费用。而这1500万换来的是什么呢？是一万个超预期的客户，这一万个人差不多就是你的忠实用户和宣传员了。

分析到这里，其实你会发现，这不就是一个社群吗？这么来看，基本就转到了我说的社群经济上了，至于说一万人的社群可以创造什么样的价值，那还真是值得预期的。这恐怕是中国第一众筹营销，用未来的预期和投入，换回了今天的用户，而接下来的事情就是如何通过对这些用户的运营，获得更大的提升了。

大可乐的定价非常讲究，最近出的几款机器价格区间都在1500左右，这说明了大家在这个价位的空当都有所察觉。

就在前两天，有一个视频做的很有意思，大概意思是说苹果出了6s，用的苹果发布会的桥段重新配音，其实里面的手机却是大可乐，升级的主要部分自然就是蓝宝石屏幕，3G内存，以及一些设计上的缺点，比如强度不够容易掰弯、摄像头凸出等。这个视频就是大可乐的粉丝而非公司做的，众筹还未结束，就已经看到了非常好的粉丝参与的效果。所以大可乐自己也说，众筹筹的不是钱，而是人和智，相信类似的原创内容会越来越多，最后的效果可能会让大家出乎意料。

这种方法其实还是非常值得借鉴的，把营销费用让利给用户，然后通过众筹的方式募集，最终形成粉丝营销社群，如果这条路走成功了，可能会成为未来碎片化世界的营销模板。(来源：速途网)

3. 微商

微商的本质是通过社会关系来产生买卖行为，有些社群既是微商聚集的地方，也是微商去拓展线上社会关系的落地点。社会关系购物是未来电商的一种模式，因为品牌在这个时代的力量其实正在衰落，所有的事物都在变迁。以前消费者选择产品时，品牌背书会是重要的参考标准。现在消费者选择产品时看得最多的是淘宝、亚马逊的购买评论。有了评论，大家才会放心购买。而微商是先产生关系再产生购买行为，他们相信的是朋友，朋友推荐的产品比参考陌生人的评论所占的权重更高。通常消费者认可一款产品可以说明这款产品的可信度很强，当社群的成员作为分享嘉宾给大家分享产品的时候因为这个人也是消费者，即便社群的成员不认识分享嘉宾，但是也极有可能产生购买。

微商是大家一定要去提早尝试、去学习的一个模式。至于说今天它被很多人不看好，并不代表未来它不好，因为社交关系的真谛并不是每天在朋友圈里刷屏。我们可以去先尝试，可以先做实验，拿出来一小部分的人力或者物力去参与。当它慢慢变成主流的时候，我们才会因为今天的早参与来获取到机会。**社群也是微商的一个非常重要的支撑，微商也是社群商业化的重要环节。**

2.2.2 社群商业化运作方法

1. 社群自明星

当你想在一个社群里做一些事情并且发挥它的商业价值的时候，你可想方设法变成社群的中心人物。如果一直在潜水，或每天只是闲聊，那是没有办法成为社群的中心人物的，无法成为中心人物就无法发挥社群的价值。所以在社群里想发挥价值就要成为明星、中心人物。

在社群中如何能够做到个人的明星化呢？可以尝试傍大咖。每个社群里都有大咖，大咖也需要有人来帮助他和社群建立联系。成为大咖与社群的连接点，让大咖满意。当他有事情要在社群里推送的时候，你作为代言人帮助他做推送事件的运营和推广。即使大咖不会经常来，但是社群成员也会感到满意，因为代言人经常会把大咖的资讯传递给大家，大家会因为大咖的存在有一个精神凝聚的核心。

傍上大咖，变成他与社群的连接点，也会让你连接到更多的资源。在社群里，各个层次连接越多，在社群里的价值也就越高，就会逐渐变成社群里面的明星人物。除了傍大咖以外还有一个需要注意的，就是利他和付出。

社群并不是一个有明确上下级层级的组织机构，社群是一个松散的组合。在松散的组织里，如果想变成一个明星人物就需要不断地付出。只有为社群付出自己的时间和精力，才能让大家觉得你的存在有价值，才会让社群的人认识你，这样大家才会尊重你。人际关系会按照对社群的贡献和价值来进行重构，哪怕在真实社会的地位不高，也不会影响社群中的地位。

大家不可能在每个社群都付出巨大的精力和成本成为明星，但是可以在自己认为有可能成为明星的社群和有价值的社群里成为明星。如果你有很多社群，但是每个社群都没有变成明星或者说社群地位不够，那对你来说社群的价值就很难发挥出来。

2. 信息任务化

如果有信息资讯需要传播，首先要把传播的产品、信息和事件变成任务。信息任务化主要是增加社群人员的参与度和任务传播者对信息的认识，常见的任务有集赞、投票等。当任务开始传播的时候，参与任务传播的人本身就会对这件事产生深刻的认识，他们有了认识之后才有很强的参与感，这样传播人就会变成去中心化的信息点，然后再次进行传播，同时传播者也有可能变成消费者。

信息任务化目前是社群推广非常重要的一种方式。比如集赞排名有奖，集赞的前几名有奖品有封号。在社群里一定不要赤裸裸地打广告，需要把信息包装成任务，然后让社群的成员参与到任务中，对信息有深刻的理解才会有更好的传播。

3. 参与的全民化

想掀起一个事件，就要让尽可能多的人参与，哪怕是浅度的参与。如果我说了一句话，每个人都传播一次，那就极有可能形成一个风潮，如果信息足够好玩，同时被大家认可，那就会形成一个热点。

4. 核心人物法则

除了活动足够吸引人外，还应有核心人物帮助推动这个事情，这样活动成功率才会不断增大。拿 AIGELE 女神团来说，真由 AIGELE 公司负责人、女王（评选得出）、女神团、执委和小秘书组成，其中小秘书最为活跃，他最为了解社群每个人的特性。小秘书是核心人物，他知道什么样的信息才能让每个人有参与感，所以要想让信息得到传播一定要先和小秘书达成一致，形成有效的互动。

5. 提高转化率

仅仅社群传播人员够多，信息的曝光度足够大还是不够的，还必须考虑后期转化率的问题，转化率高就说明信息是符合社群传播的，转化率低就说明这个社群的调性和信息是大相径庭的。如果让大家转发 AIGELE 这个化妆品的信息，那么每人都评论一下 AIGELE 非常好，这是有可能的，但是要求大家直接购买 AIGELE 的化妆品，这个时候大家都会回归到理性，考虑产品本身怎么样，自身有没有购买需求，AIGELE 到底适合不适合自己，性价比怎么样。

6. 案例化及病毒自传播

如果你本身有非常棒的案例，就可以直接拿出来跟大家分享进而连接上你想做的事情。如果没有，你就去找一个好的案例，来和大家分享。这个案例要和你本人和你想做的事情有很强的关联性，另外要对你本人和你想做的事情进行包装。包装的威力是巨大的，可以使你前期的准备和付出瞬间得到巨大的回报。包装分为预热包装和事件后包装。预热包装主要是案例包装和个人包装。个人包装主要是按需包装，是偏营销化的包装。事件成功传播后，其本身就会是一个案例。如果事件不成功，你也需要把它炒成一个案例。

案例成功后就会有一个后续传播的可能性，接触到案例的人就会更多地谈论你，更多地谈论你这个案例，并且在适当的场合你也有资格谈论你自己。这样以后你做的事情就会得到更大的关注度。比如下一次要传播的信息是与这个事件或者你个人有关的，那就会事半功倍。另外，案例也会反哺社群，在社群里确定自己的核心地位，然后找到自己的粉丝，就会得到更多的强关系支持，进而帮你做病毒化的传播。

第二篇

案例实战篇

Part 2

01 当“兼职”遇上“微商”：团队运作化妆品，轻松月入200万

❑ 文/蔡金成

标签 兼职 团队运作 化妆品 面膜　　微信 87581537

这是最好的时代，也是最坏的时代，但无论怎样，它都是属于我们的最美丽的时代。也许将来你会忘记这个时代，但你会永远记住这个时代最美丽的自己和我们。

而能遇见我们，就是最完美的意外。

我从事传媒行业多年，现在和朋友一起推出高端化妆品品牌。

微商，一个不陌生的词汇，在近一两年的时间里迅速崛起，如当年的淘宝一样，成为人们生活中必不可少的商家。很多人也开始选择微商来发展和拓宽自己的经营之道。因为随着时代的发展，新媒体行业会逐渐赶上传统媒体行业成为行业的新星，如传统互联网转到手机、移动设备客户端，可以随时随地进行买卖、支付交易，淘宝手机端的产生也正是受到这一现象的影响。虽然微信营销也存在很多风险，但是通过微信可扩大自我影响力，提升品牌价值，所以说微信是一个强大的沟通工具。而作为化妆品品牌商，选择微商之路是我们最初就很肯定的推广路线。

我们知道，一个新产品的诞生和出现，总会有很多的疑问和质疑。而作为微商，信任才是最基本的条件，因为它不同于实物能给人更直观的感受，它仅在虚拟的环境中让人们通过你的描述去感受它的独特和品质，靠的就是顾客对你的信任和依赖。因为我们做的是长久的发展，而不是一次两次的产品，所以**保证品质才是最上乘的方法**。

我带领我的团队在品牌创立之初就制定了一系列的运营制度、代理规范以及奖励措施，而我选择代理不在于最初你能在我这拿多少，当然，拿得多你赚的也多。若短期内你没有那样的资金，少拿也是可以的，但是我要看到你想奋斗想赚钱的斗志。因为我一直认为，**性格影响运势，态度决定一切**。有态度，有斗志，这样的人才会成功。而目前，我们的团队也已经小有规模，并且会继续努力下去。让我们共同成长共同奋斗，让我们一起记住属于我们的最美丽的时代。

微商经验谈

Q：在做微商之前你的职业是什么？

A：传媒方面的。现在还在做，但是精力主要是放在面膜这块。

Q：做微商对你做传媒的工作有影响吗？

A：不会，我觉得是相辅相成的，因为面膜这块也需要传媒的推广，做传媒这块并不耽误。

Q：为什么会选择微商这个平台？

A：因为当时觉得电子商务这块是一种趋势，而且微商这种东西不是有了微信才有，而是很早以前就有，只能说微信的推出，使微商火了起来。微商是刚刚起步，我觉得它有很大的前景，就像当年的淘宝一样。越来越多的企业竞争已经从传统的互联网时代转移到新媒体时代，淘宝也一样。手机端的产生，也可以在移动设备上就完成一系列所需要的交易，而现在的微商也是，这就是微信所带来的商机。我现在亲身做了体验之后觉得效果挺好。

Q：有考虑过其他的平台和渠道销售自己的产品吗？

A：我也会在别的平台销售，第一，线下这个是肯定的；第二是聚美优品。因为聚美现在是国内最顶尖的化妆品线上网站，在上面做的话效果会很好。

Q：你是什么时候开始接触微商的？

A：其实我做微商这块有两年了，一开始我是自己在朋友圈卖些别的产品，比如一些化妆品，现在不做了。当时是因为自己没有投钱，买一块卖一块，走量，利润不高，但是毕竟也赚了些。

Q：为什么选择做现在的这个产品？

A：因为我觉得面膜这块不论男女，需求量都特别大。之前我做微商的时候也在其他微商那边买过别的面膜，用完觉得效果不是特别好，脸上有些过敏。所以我们就想做自己的品牌，想在朋友圈能卖给身边的朋友好的产品。这就是我们产品的理念。我们产品的优势就是质量，别人用了赞不绝口。不会像某些产品，包装不好，效果不好，用完还会出现问题，我们都不会有。

Q：你的产品是怎么打开市场的？

A：因为我们刚起步不久，很多推广费用还没有到位，推广上还有些欠佳，否则我们的产品销量肯定会更好。但是我们的计划是到2015年的四五月份，会在上海、北京开我们的年度招商大会，给代理们颁发授权证，届时会请一些国内一线的大牌明星给我们的产品做宣传。我本身就是做传媒的，所以有很多明星资源。

Q：你是怎么推广招代理的？

A：通过社交网络和线下推广这块。主要是以微信和微博为主，在社交网络上用我们的产品宣传，给想做代理的朋友一些奖励和优惠，取得了很好的效果。一般想要做我们代理的朋友我们都会送他一盒，不管他最后到底有没有成为代理，我们只需要反馈，就是你用后的效果怎么样。已经半个月左右，反馈都不错。线下的推广主要是一些很传统但是又很实用的办法，每个城市都会有些专门做推广的，**我们会把自己的信息、二维码、产品等给他们，让他们线下在每个城市购物场所、景点等人流量大的地方做推广**。路过的人只要加我们的官方微信都会得到一张面膜，不论你买不买都会赠送，只要自己出运费就行。

Q：你现在的团队多大了？

A：我们公司这边十几个人负责各个项目，比如文案、美编、设计等，我自己的团队这边有二十多人，她们自己下面还有很多团队。另外我公司这边的人，比如美工等，也可以兼职代理，我每个月给他们固定工资，他们如果卖货我还会给他们提成，按照代理的价走。我不会觉得做代理会影响他们的本职工作，相反我觉得更能激发他们的赚钱意识。

Q：你是如何管理这个团队的？

A：我觉得首先**要了解每个人需要的是什么**，有的人追逐利益，有的人追逐实在的情感。在物质方面，我会给他们实实在在的奖励，而不会奖励出去玩等，我就是给他们实实在在的金钱或者物质的奖励，只要你有业绩。甚至我这边的代理，在前期他们还没有卖出去货的情况下我的奖励就发给他们了。这个奖励可以是钱，也可以是东西，打个比方，一万块钱和一万块钱的东西，你自己选择。因为我之前也做过别的品牌的代理，我的上家给我的东西都不是我想要的，我觉得还不如给我实实在在的，这样我才会稳下来心，帮他去做。我觉得这是我的个人经验，我团队的小伙伴我都会以物质上的或者精神上的东西来满足他们。还有我会给她们一些情感上的帮助吧，很多代理我们可能一开始都不认识，但是我们都会以朋友的方式相处，没有上下级的感觉。平时我因为工作原因会到处飞，如果到某个地方有我的代理，**我们都会聚起来一起吃饭聊天，像朋友聚会一样，不谈工作**。事实证明这种方法不错，大家都能接受。

Q：你们团队现在的流水怎么样？

A：我们公司刚起步那半个月，流水就已经达到50多万，现在更多。我们有两个很大规模的代理，他们下面有很多人，所以需求很大。他们也很信赖我们的产品。

Q：两年的微商历程，有什么印象深刻的事情吗？

A：有。最开始做的时候，对方不信任我，这个事情印象很深刻。**我觉得做微商就是靠信任**，前期有很多这样的事情。我是这样，不论男女，**我每天都会去关注他们，看他们的朋友圈、动态，甚至是头像**。举个例子，我的第一个客人是个女孩，我发现她每天都在换头像，我就问她为什么？她就说她失恋了三个月，她想换种心情，也想让他前男友能持续关注他。这样我就打开了她的话匣子，拉近了关系。就是以类似这样的方式，我慢慢就积累起来了人脉。他们心情好或不好的时候我都会做一个聆听者，给他们开导，陪他们一起开心或者不开心，让他们觉得跟他们聊天的是自己的朋友而不是商人。

Q：跟其他的微商有交流吗？

A：有。我们交流的话，第一点是经验，经常有很多人做了很多年的营销，现在转头做微商，我就可以问一下他们成功的案例，我可以学习一下，然后用在自己的身上或者自己的团队里面。当然了，我若有什么心得，也会主动分享出去。

Q：你对微商这个概念有什么理解或者看法吗？

A：我觉得微商可以让一些经济条件不好的人赚到更多的钱。我觉得未来不好说，但是当下这两年会是它的黄金时期，我们要好好珍惜。因为现在网络发展得非常快，我两年前做的时候，朋友圈基本没有卖货的，但是现在基本都在卖货。而且我们东北这块发展比较晚，因为微商最早是在广州、深圳比较多。我现在就觉得自己暂时把东北这个市场抓住就可以了。

Q：你做微商有什么收获吗？

A：要说收获的话，首先肯定是经济上收获很大，第二就是交了很多的朋友。因为我的产品还是很新的，当年我卖香皂的时候认识了一个顾客，她当时用我代理的香皂觉得效果特别好，就跟着我一起干了。后来我做新产品她一点都没犹豫，就继续跟着我一起干，其实在这之前我们还没有见过面，她就这么无条件信任我。她也是我们东北的，我是长春的，她是哈尔滨的，我们见面后就觉得非常投缘。

Q：你团队下阶段的目标是什么？

A：我们团队下阶段的目标是月流水至少一百万以上，把我们的产品更好地推广出去。

海乘风点评

品牌方在进入微商渠道的时候首先要明确切入产品、中期运营策略和后期的招商政策。切入产品可以左右将来的整个渠道布局，尽量选择快消品及复购率高的产品，还有就是女性用品。运营方面我们团队通常从六方面下手：产品体系、微商团队系统、招商体系、扶持政策、平台体系和营销策略，如果想可持续发展，整个战略布局要满足以上几点。2013 年和 2014 年有很多品牌崛起于微商渠道，然后又迅速消失了，究其本质是因为对于品牌运营的理解不到位。

目前来看，现在的时代是“产品销售带动品牌建设的时代”，只有你的产品销售出去了才会有品牌建设，产品没有销售出去只做广告是没有任何意义的。而微商渠道，恰恰把品牌建设和产品销售结合在了一起，微商既是买家也是卖家。蔡金成正是赶上了风口，现在他的团队月流水达到了 200 万。

02

85后，遇“超女”圆了冠军梦，遇微商再圆创富梦

□ 文 / 李瑞雪

标签 85后 创业 化妆品　　微信 lrx139630

我学的是法律，做了四年的学生会主席，组织过各种学生活动，就是这点点滴滴看似简单的工作，让我有了组织协调能力，对后来的公司团队运作和做微商的管理销售都大有裨益。我从小就喜欢音乐，它总能让我充满力量。小时候，只是单纯地喜欢唱歌、跳舞、玩乐器，爵士鼓、单簧管是我的最爱。真正接触音乐演出是大一开始的时候，那几年选秀活动还很火热，我们学校也作为赛点进行选拔，我有幸被老师看好，这便成了我演出生涯的开始。接下去的各种比赛和演出，让我从一个啥都不懂的黄毛丫头逐渐变成了一个比较成熟的歌手。我得到了锻炼，更收获了薪酬，整个大学的生活费用都是我自己赚的。后来，我清楚地明白当爱好无法为生活服务的时候，我们只能选择其他的路。我父亲经营了一个公司，在没接触微商之前，我在公司一直做的是会计与出口的业务。

刚开始对我来说微信只是聊天工具，慢慢的朋友圈里开始出现卖各类化妆品和衣服的，那时候的微商在我的眼里有点不靠谱，只上传图片和文字，没有实物，没有卖家信誉，能成交吗？我觉得还是淘宝靠谱些。后来我一个非常要好的朋友开始在朋友圈做护肤品，她告诉我，只要找到好的一手货源，有一定的沟通能力和营销技巧，微信真的可以赚钱。她说刚开始是会有很多质疑，但通过朋友的使用并得到肯定后，相互介绍，知道她产品的越来越多，她做得也越来越大，到后来有了自己的销售团队，并注册了自己的实体公司。她的这种转变用了不到一年，我听说后像打了鸡血一样的备受鼓舞，对做微商充满期待。

就这样，我开始了自己的微商之路。我要感谢我的朋友不厌其烦地教我怎样用微信的各种功能。我信赖朋友，就直接做了她做的品牌。**信任，是微商的生命**。这是我对从事微商行业的一个总结。线上买卖，看不到实物，只靠虚拟的描述是不能说服顾客的。但**你只要交易一次，保证你货的品质，就建立了顾客对你的信任**。这跟线下生意是一样的道理。另外，做任何产品都要亲自去尝试使用，产品确实好，你才更有信心去做推广。

刚开始做的时候，比我想象的还要困难。我以为只要上图、宣传到位，就会有人来咨询。可是，大家的质疑让我苦恼。负面的评论、质疑的声音让我陷入迷茫。除了几个很要好的姐妹支持一下，大家的回应都比较冷淡，甚至有朋友屏蔽我的朋友圈。但我觉得开弓没有回头箭，别人能做到我为什么做不到！为了充实自己，**我阅读了大量的书籍和资料，参加了所有能抽出时间参加的培训课和交流会，做市场调查，各地取经**。我发现，想要做好微商，维护好自己的朋友圈，就必须多渠道推广。推广的方式绝对不仅限于朋友圈，扩大你微信影响力才是真正要好好做的。微博、QQ、贴吧、各类社群、招聘网站等，通过所有能发布信息的渠道积累人气，以激活和吸引你的粉丝。

当然，你的微信朋友圈，不能干巴巴、冷冰冰地只发广告，这样缺乏人文关怀即人情味。你可以在朋友圈创造专属你个人的腔调，加入你生活的元素和思想，宣传自己的特长，让大家更多地了解你。大家都喜欢正能量的人，多在朋友圈传播你的正能量，时间一长，大家慢慢被你感染，受你鼓舞，就会被你吸引，从而想了解你的产品，这就是大咖们所说的自媒体！不要小看自媒体的力量，现在很多做我产品的人都是因为在朋友圈受我影响，在没了解产品的情况下跟我慢慢做起来的！

微商做到今天，已经有一年半的时间。这一年半，我成长很多，收获也很多。到今天，我有了自己的销售团队，注册了自己的公司，大家都干劲十足，这让我信心倍增！一个好的团队，是需要管理和配合的，一定要用心经营，认真带领好自己的团队。**想做微商，一定要下定决心，找对路子，选择好正确的产品，掌握营销技巧，坚持下去，这就是成功秘诀**！

微信在网络营销方面的应用价值现在正在越来越被大家所认可。也许你已经感觉到了，企业间的竞争已经从传统互联网转移到了手机端，人们从PC上解放出来，只要带上手机就可以随时随地通过移动互联网做生意，这就是微信带来的商业革命。这是最好的时代，也是最美的时代！利用微信带给你的商机，一起来创造属于你的财富吧！

微商经验谈

Q：你当初参加的是哪个选秀节目？你现在还在坚持音乐演出吗？

A：我是85后，那个时候超级女声很火爆，我是07年的超级女声日照市冠军，青岛赛区的前十强。还有很多当地的比赛，我都有参加。山东的青歌赛我也参加过，并获得了三等奖。我还作为我们艺术馆的外聘人员（毕竟我没有接受过专业的培训）代表山东参加了中国第十届艺术节比赛，必须连唱带跳，这个节目还进了我们中央电视台三套的“爱国歌曲大家唱”。我还参加了2013年深圳的文博会，代表山东的展区宣传。到后来是因为事情比较多，这方面就慢慢参加得少了。

Q：你做微商，家人朋友支持吗？

A：刚开始他们不懂我在干吗，他们觉得我天天抱着手机不务正业。我也没有跟他们过多交流这些事情。后来慢慢的我有了自己的业务和团队，天天要和他们联系，家人就知道我在做什么了，我也慢慢地影响到他们。之前他们会用智能手机，但是不怎么用微信，通过我，他们慢慢了解了微信这个软件也知道了我的产品，慢慢地就比较认同了。他们现在已经很支持我了。

Q：你是什么时候开始做微商的？

A：确切地说是去年夏天，到现在一年多了。

Q：做微商经历过什么困难吗？

A：收到了很多质疑和不解的声音。大多是来自朋友和家庭，也有来自陌生人的。首先朋友圈里认识我的人都以为我被盗号了。以前我都写自己的状态，突然做产品，大家都会排斥。之前我都是从事演出，公司也有工作要忙，他们不能理解我为什么做这个，不认可我，还有很多陌生人。做微商必须要有一定的受众基数，当加陌生人时，他看到我的朋友圈后就会说：哦，又一个打广告的‘然后就会删掉我、排斥我、抵触我。

Q：你是怎么加这些陌生人的？

A：途径很多，刚开始我只是通过加附近的陌生人，后来途径就多了，只要是能宣传到我的，看到我的微信号的，QQ、微博、百度贴吧、社群等等都会用。刚开始可能会比较慢，但我们都得去尝试一下。每个人吸引别人的方式都一样，所以每个途径你都要去尝试。刚开始肯定收效不会很明显，因为大家对你都是陌生的。他们要了解你大概是什么样的人，你有什么样的生活观、价值观，平时会做什么，通过方方面面了解你这个人后，才会慢慢了解你的产品。所以这些软件你要长期地靠在上面，比如辣妈帮，你要和她们成为朋友，不能上来就说产品，你要和她们有互动交流。我会说一些宝宝的话题，去同化自己。**在哪里就要说哪里的话，用那个身份去聊，他们才会接受你**。你必须要有吸引他们的东西，就是所谓的自媒体，你要散发出自己的魅力。比如说你生完宝宝后，身材没走形，这说明你没有对自己怠慢，一直在学习进步，慢慢地他们会觉得你有正能量，向你靠近，你就会自然而然、循序渐进地影响他们。他们会认为你做的东西是好的。等你做成这样，就成功了。这就是大咖说的自媒体。

Q：你的团队现在多大？

A：我的团队里面都是代理，大约三十个人。

Q：现在每月的流水量能达到多少？

A：因为我的时间有限，抽出来精力有限，所以大约10万，但是如果我投入更多精力，把这个当主业的话，肯定会做得更好。

Q：你是如何稳定这个流水的？

A：有了一个团队后，我就不是一个人在战斗了。要稳定流水，最重要的是要管理好团队，团队人员要有向心力，一心为产品销售，流水就会稳定。要给团队成员一定的鼓励和支持。团队里的人说不定自己都没有发现自己有销售的潜力，但是只要他用心去做，把自己扩大，他手下再有团队，我的团队就会越来越大。所以我觉得跟做微商同等重要的事情就是团队管理。

Q：你怎么给自己的团队鼓励和支持？

A：我们定期会聚会。大家聚在一起不是纯粹为了交流产品，而是像自己姐妹一样吃饭、逛街，用这种自然的方式影响大家。除了赚钱之外，我们还要做得开心，让大家感受到正能量，提升自己的素质和状态。我会在聚会的交流中影响她们，让她们在形象、沟通等各个方面都有提升。慢慢的，她们在自己的生活中会产生自己的影响力，自信也就起来了。另外就是扶持，利润如果能给他们带来更大的动力的话，我会给她们奖励。她们如果业绩有提升，我会给她们各种各样的鼓励，包括利润、奖金等。另外我自己有很多群，如果有资源她们用得上的话，都会共享给她们。

Q：在做微商的过程中遇到过令你印象深刻的问题吗？

A：刚开始的时候，除了朋友会给我一些支持外，其他人都很冷漠，有些会说“又是个卖货的”之类的话。因为我自我认同感比较强，现在不被认可的时候会在想：我真的能做起来吗？非常苦恼，这种状态一直持续了几个月。我做了两个月后还是没什么订单，我开始反思到底哪个环节出现了问题。这“黑暗”的两个月，让我很纠结，自信心非常受打击。因为朋友做的时候都没有我这么困难。但是做微商一定要坚持，这是我得到的非常好的总结。我坚持下来了，终于慢慢走上了正轨。当然不同的人熬过这段时间的方法并不是说一成不变的，你要找到自己的方法以改善你的状况。听课、学习、培训，找各种方法。

Q：平时和其他微商交流些什么？

A：每个人的思维、思想都不一样，三人行必有我师，你要取长补短，把别人的经验转化成自己的东西。我们除了交流产品外，也会交流些生活上的东西，成为好朋友。大家可能是从事各行各业的，故可以交到各行各业的朋友。通过这些方式交到的朋友也是一笔财富。

Q：你对微商这个领域有什么理解和看法？

A：做微商之前，我认为微商就是在微信上卖东西，现在通过学习，对它的理解是：微商对我们的影响是不知不觉的。比如我们会说：你玩微信吗？微信号多少我加你。这种很平常的问候其实都是微商的机会。微信已经取代了QQ、E-mail，它强大的功能让你到哪里都能群聊或者对讲，这是一种新型的社交形式。我觉得这是一个平台，有很多内容，这里你可以以点对点的方式推广自己的产品。2013年微信用户已经超过3亿，这些人时时刻刻在产生无数的非结构性的信息，在这种状态下，用户都在迅速积累信息，越来越容易形成一种私人的数据中心，这也是我们私人的社交方式。而微商也因此逐渐被大家认同。大家不断加入微商的队伍中，现在已经进入微商的时代。所以我觉得微商未来发展趋势肯定会非常好，我自己就是一个受益者。

Q：做微商给你的生活带来了什么样的改变？

A：有各个方面的改变。微商没有时间限制，所以大家利用空闲时间做微商是非常好的事情。做微商不需要什么大的投资，投资风险也很小。我自己能赚钱，经济上有所改变。做微商得先了解产品，我就是如此，我学了很多化妆品知识，了解化妆品品牌。我只有自己用后确实把自己的形象做上去了，才能吸引粉丝，这是知识层面上的改变。做微商得跟人打交道，要有一定的技巧和沟通能力，我和粉丝不能面对面交流，只能通过语音、图片在线上与人交流产品，这需要我具有一个能力，即一把抓住粉丝的消费点，这是沟通营销技巧上的进步。

Q：你的目标和梦想是什么呢？

A：其实我最初的目标已经实现了。刚开始的时候我没有想要通过微商做多大，我的初期目标就是有自己的团队和公司，现在都已经有了。至于以后的目标，因为我不知道微信以后会发展成什么样子，但是我一定会跟上它的脚步提升自己。

海乘风点评

社会的精英无非是：更勤奋、更聪明、更漂亮、更强壮，很多后天的优势是小时候我们看不到的苦换来的。每次参加活动都是李瑞雪载歌载舞并且担任主持人，让我对她的热情和才华不得不由衷地佩服。三人行必有我师，我们要做到取长补短，要做到分享和经验上的学习，要想到将来给我们带来的危机形势。微商团队之间是否可以采取合作一起抱团迎接接下来的品牌大战？品牌之间是否可以合作一起来做事件营销？不同品类的渠道资源是否可以互换？这些大部分在逻辑上是走得通的，也是可行的，因为我们已经有看到食品微商和化妆微商团队进行了整合，品牌与品牌之间进行了合作。因为李瑞雪有先天的优势，她本身具有很强的领袖气息，所以她比较适合做自明星的微商，把优势最大化，走这条路不同于常人的微商路会事半功倍。

03

“煤都”学子做代购微商，大三伊始便月入 6 千

❑ 文 / 刘雪雷

标签 90 后 学生 代购 护肤品 服装 鞋帽 微信 carol-uei

我来自山西大同这个被大家称为“煤都”的城市，大同是养育了我十几年的地方，也可以说我是看着它一步一步发展起来的。先是以前的平房、老式楼房居多到现在的高楼大厦，很多时候我都在感叹人类的大脑为什么会创造出这么宏伟的建筑！关于微商，最初人们都还是非常感兴趣的，到了后来越来越多的人都在做微商，各行各业、应有尽有，衣服、食品、海外代购等都是微商主要做的。从大二开始我才知道这个行业，慢慢接触它。在这里声明一下，我做微商的原因，其一是它不会占用我太多的时间，就是平时在朋友圈里发一些商品信息，有人看见了有需要的就会联系我；还有就是操作简单，不像在淘宝开网店还得往上面放物品、找介绍、贴图片等，在微信上发几张很简单的图片再配上文字说明即可。

真正开始做微商，是因为在朋友圈中发现一位姐姐在做韩国产品代购。看着朋友圈里姐姐发的代购韩国护肤品的信息，心想着护肤品本来就是人们生活的必需品，这也许是个不错的机会。姐姐总去韩国旅游还能去免税店带护肤品，所以我就和她商量做她的代理。她非常乐意给我讲解这些东西，比如护肤品的功效以及适合的人群等，就这样我开始做她的代理了。之后我就把相关产品的信息发到朋友圈，有的好友就会问我这些产品的功效、价格一类的问题，我也很乐意为他们解答。有顾客需要的话我就会从姐姐那里拿货。因为我代理的化妆品质量非常好，所以顾客收到货并使用后都特别满意，回头客也比较多。现在我大三，基本也就是每天在朋友圈里发几条产品消息，不用再去做什么了，因为顾客已经积累到了一定的程度，

加之信得过我产品的顾客很多，他们自然经常从我这里买。**只有做好的产品，人们才会看重你、相信你。**

到现在为止，我做微商已将近一年了，确实有些枯燥，但是坚持下来了。其实有些做微商的朋友，开始只是为了新鲜感，这样的人没有几个能够坚持到最后的。除了化妆品，后来我又开始卖服装了。之所以卖服装，是因为一次偶然的机会认识了销售男士服装的微商主，我和他聊得很投机，加之他的服装无论是款式还是做工、用料都非常好，就产生了试一试的念头。开始阶段生意异常惨淡，连问的人都很少，更不要说买了。于是我就主动和这些顾客交谈，不买东西交个朋友也可以啊，所以我抱着交朋友的心态去和他们聊天。上了新款我会第一时间通知他们，不是为了让他们买，只是希望让他们知道，我一直在关注他们。慢慢的，我的服装生意也就有了起色了。通过我的亲身经历，我总结出几条和别人交流的关键：**一是顾客有问题问到你，你就要一五一十和人家说，也就是要诚实对答；二是要与顾客进行心比心的交流，也就是要真诚，切忌敷衍；三是，你主动和顾客交流前，最好能搞清楚顾客的需求，比如我卖服装时，就会先问顾客需要什么款式的以及风格，这样可以提前有个准备，知道怎么和顾客交谈！**

微商经验谈

Q：你是什么时候开始做微商的？

A：大二上学期。

Q：为什么会选择做微商呢？

A：其实第一次是我要买洗面奶，在陌陌上有查询群，我就搜了下关于护肤品这方面的。因为我的脸是油性皮肤而且容易长痘，所以对化妆品要求较多。我无意间看到了有一个人代购韩国护肤品，我就和她聊了聊，她也非常乐意给我解答，并介绍了拿货渠道和产品保证。当时我心里想，这人挺靠谱的，我就和她说我想做她的代理。后来我先看了她的产品，都很不错，每款都有详细的介绍，我就慢慢入手做微商了。

Q：现在主要在做什么产品？

A：韩国护肤品、一些韩国服饰（这个偏少）和男士服装，其中男士服装属于潮流服装，偏向大众化的。

Q：为什么会选择做这个？你是如何拿到代理权的？

A：因为护肤品属于日常的消耗品，而且随着发展人们对于自己的要求以及审美都有所提高，所以我觉得它的市场应该挺好的。男士服装是因为现在有些男士对自己审美要求也有所不同了，而且男士只要是看上的一般不会犹豫。另外就是上家的衣服我也很喜欢，所以我都是自己先买了一件，穿着舒服、款式好，且质量都检查过了没有问题，我才会代理。衣服是一个自创潮牌，我就是喜欢这些款式，上家也是在微信中一次偶然机会加的。他就问我有没有兴趣代理他家的衣服，而且还把我拉进了代理群（我认为很正规），说有什么事都可以在群里说。上家也时不时会鼓励我们，这让我们更加有了动力，还有最重要的一点的是若衣服质量有问题，七天之内包退换，这让我们做代理的很放心。对于韩国护肤品，首先我平时用的产品都会从那里买，包装很好；其次质量也很好，顾客买了好几次我都过目了，东西质量我也都会和顾客说的，让顾客放心，出现质量问题都会退货的。

Q：你有什么销售技巧吗？

A：我会从与顾客做朋友开始，先和大家拉近距离，和他们先聊天，不会一上来就问顾客买不买产品，那样是卖不出去的，还会让顾客很烦。就比如说我加了一个顾客，我就会用“你好”等一些词汇，还会问“怎么称呼您”，之后就会说一些很切合实际的问题，让顾客感觉我对人很亲切、很友好。之后即使顾客不买也会觉得我这人的人品很好，有什么事情都愿意和我分享。

Q：现在的月流水多少？

A：现在做得还有待提高，不多，6000左右。

Q：有自己的团队吗？

A：没有，暂时还不具备这方面的能力，但是我会慢慢从中吸取经验。其实曾经我有过组建属于自己的一个团队的想法，但是我确实在领导能力、语言组织能力、社交能力、自信心方面有些不足，这些条件基本满足后我会组建属于自己的团队。

Q：有什么印象深刻的事或者困境吗？

A：开始时，有很长一段时间没有订单，觉得有点心灰意冷，有点沮丧。后来我自己反思了一下，觉得可能还是与顾客的交流少，总是被忽略，或者是因为产品缺乏吸引力，或者每天刷频模式引起顾客的反感。经过一系列的反思，我改正自认为错误的做法，很快就有了第一单，貌似是还一个陌生人。我们先是进行了朋友式的沟通，和我聊过之后，我自然引到我的产品，他说过几天就是母亲节了正好要买，我就给他推荐了几款，没想到他马上就答应了。我当时都激动死了，因为终于靠自己挣到钱了。

Q：和别的微商有交流吗？

A：有啊，比如我曾和一个卖衣服的微商经常探讨微商的相关问题。我没有参加过微商的公开课，其实我特别想参加一次，我觉得应该会让我受益匪浅。

Q：你觉得自己做微商有什么收获？

A：就是与人沟通的技巧，这方面提高很多。另外在克制脾气方面也有了很大的进步。以前我不会主动和别人沟通，因为没有那爱好，现在好多了，我起码见到生人会有话说，而且会让彼此聊得很愉快，不会有尴尬的问题出现。

Q：下阶段的目标是什么？

A：慢慢做，让人们更加肯定我的产品，回头客希望越来越多，再有就是在做微商的过程中能够认识更多的好朋友。

海乘风点评

营销是推广和销售两部分的转化，以前的推广要先让别人了解产品，对品牌产生了信赖才会产生销售转化。在微商里，个人和产品都要推广，当把自己推广出去了别人信赖你了自然会有购买，产品销出去了你的服务到位，别人也会信赖你，所以很多时候我们看到品牌和产品带动销售，有些时候是个人带动销售。因为技术和平台的发展出现了微商，微商说到底是电商的一种，是一种商业行为。电商的核心就是销售，那微商的核心是销售加服务。刘学雷微商品类的跨度有些大，化妆品代购和男装。建议个人微商刚刚起步时，最好是统一品类或者是统一受众人群，这样资源可以有一个很好的嫁接。

04 实体店老板的逆袭：5个月组百人团队，1个月赚2万佣金

❑ 文 / 孙百玲

标签 80后 创业者 团队运作 服装 微信 reyikosun

大家好，我是玲子，来自山东临沂，2006年毕业于青岛大学服装设计专业，现在留在青岛生活、创业。毕业后，我一直在服装贸易公司上班，经常出差，很辛苦但是收入却不高。青岛是个高消费低收入的城市，每月两三千的工资也就只能维持我的基本生活，所以就萌生了在业余时间创业的想法。经过几年工作的积累，我手上也积攒了一些工厂的资源，于是在2011年我就做起了外贸库存的一些生意，开始了我的创业的道路。一开始没有时间，所以就在网上开了淘宝店，国人还是比较喜欢这些出口衣服的，质量好而且便宜。后来慢慢有了经验我就辞掉了工作，开了一家实体店，同时也兼营淘宝店铺，专做外贸尾单的品牌服装。现在生意都已经慢慢步入正轨了。

2014年7月份我接触到了微商，我觉得这是一个非常好的商机，大家靠一部手机就能月入上万甚至几十万，这对我刺激不小。我的店铺不但需要昂贵的房租和人工费，一件件地卖其实也是很折磨人的。经过了解，我也知道很多淘宝店铺已经转战微商了，所以我也开始研究起微营销来。

但是我的服装如果做朋友圈的话，因为款式、颜色等原因我就要不断地刷屏才行，这样的结果一定是被朋友屏蔽掉，而且还要自己拍照、上传、打包、发货，这样肯定要累死了。所以我放弃了把服装转战到微商的想法。但是微商势在必行，我必须要选择一个好的产品才行。像服装、鞋子这些传统的微商行业已经不能再做

了，因为我了解到微商的时间太晚了，这些传统的行业已经被占据了，而且很多人对微商还是抵触的，不是说不能接受，而是害怕被刷屏。因为我就曾经把我朋友圈里刷屏的全都屏蔽了。

现在微商竞争这么大，要想赚钱想做大必须要脱颖而出。通过我深入的了解和考察最终我选择了卡维妲·美至闺蜜面膜。

那么这个产品到底是怎么吸引我的呢？首先是这个产品的理念，帮助别人成就自己，懂得感恩。而且有专业人士手把手教我们怎么做，怎么去打造我们的朋友圈还不会被屏蔽。最主要的还有一点就是强大的后台系统可以绑定代理和加盟商的利益链，这样别人就不会挖走你的代理，而且还能做强做大。当我们做到总代有了自己的团队以后，我们可以坐等收钱。据我了解，现在很多品牌的模式都是囤货拿授权，做总代和各级代理的区别只是投入资金的多少，而且即使你做到了总代也要自己打包发货，还有就是代理很容易被挖走，因为他们会寻找更高级的上家拿货。现在市场价格做得很乱，有些甚至出现假货。而我们的平台这些就绝对不会出现，因为全部公司发货，这就保证了货品的正品品质，公司全国统一价格，保证产品平台的健康发展。而且我们不需要囤货，我们的动力主要来自于团队内部的互助互爱，我们都会各自分享自己的各种经验和方法，所以每个人都提升得特别快，因为很多东西不需要你一点点地去研究。这样势必就让你走在了很多人的前面。因为我们做的是在成就自己的同时还能帮助更多人的事情，所以我们每天做得都很开心。

在微商行业的道路上选择真的大于努力，现在的微商已经不是靠单打独斗就能成功的时代了，想做大做好必须靠团队的力量。选择适合自己的商业模式，然后努力用心坚持做下去，你就一定能成功。

我很庆幸在我初入微商行列就遇到了这个平台，让我在加入这个团队一个月的时间内就凭着自己的努力和实力做到了公司的总代，有了自己的百人团队。我相信，以后会有千人或者更大的团队需要我带领。因为我团队里很多都是像我一样的宝妈，所以我知道今时今日女人一定要独立才行，一定要靠自己的力量才能活得有尊严，一切自己想要的、需要的都要靠自己的双手给自己。所以我必须带着责任去帮助她们，实现她们的梦想，让她们都能拥有自己的事业。做独立的女人，因为独立的女人才最有魅力。

我一直相信，越努力越幸运。

微商经验谈

Q：你是什么时候接触微商的？

A：最初接触是2013年年底，今年（2014年）7月份开始，我正式加入。我是看我同学在做微高，而且她做得还不错，正好我也有空闲时间，就了解了一下微营销，7月份正式开始微商之路。

Q：在做现在的面膜前，你有做过前期的市场规划和产品调查、产品使用吗？

A：产品我都是自己用过的，用完之后觉得效果好才会做。因为只有先了解产品才是对自己顾客负责任的。市场调查虽然没有，但是我看了朋友圈，卖面膜是最多的，但是大部分是要拿授权囤货，拿代理、招代理，我觉得那种模式不适合我。我之所以选择这个是因为觉得它的卖点比较多，适用人群也比较广，而且我们可以做到刷朋友圈不会被别人删。加盟的话，因为它有退货政策，所以不用担心太多，我们还有团队帮着一起卖。其他的品牌好像没有退货这一块。

Q：你觉得它的优点在哪里？

A：我觉得它的门槛很低，门槛低的话就有很多人可以做。而且我们有专业的培训，他们会教我怎么去打开陌生人市场，怎么去加陌生人，怎么去跟她们沟通，包括个人的心态。

Q：你是怎么寻找下级代理的？

A：我开发的主要都是陌生人，都是在网上，比如在豆瓣、贴吧、群中宣传。

Q：为什么不开发身边的朋友？

A：其实做微商很少卖给身边的朋友，首先是因为朋友不希望你赚他的钱，即使我们以成本价给他，虽然是我们方便了他，但是你卖给他，他也会觉得是在帮你，所以我不喜欢推销我的产品给我的朋友，除非他们觉得需要，主动来找我。而且我们的这款产品陌生人市场是非常好打的，所以我只会去想开发陌生人市场。

Q：团队中每个人都有明确的分工吗？

A：我们的平台有代理和加盟商两种。对于加盟商，我们是为了培养他以后带自己的团队的，我们团队的目的都是销售面膜，同时把我们的平台推广出去。我们不像其他团队有具体的分工，我们都是在做这个事情——推广我们的平台。

Q：你现在的月流水能做到多少？

A：我现在才做了一个月多，但是佣金提成已经有两万多了，非常不错。而且我们发展很快，只要一盒面膜就可以做代理，我们给他们的培训又是非常到位的。

Q：你们主要是怎么推销自己的产品的？

A：我们没有明星代言，我们主要是做自己的口碑，用过我们产品的人都会知道它的效果。我们的平台主要是给想创业的人一个机会，比如像宝妈啊、有工作想赚外快的之类的人，想创业却没时间发货，也没钱去拿一级代理之类的，我们就给他们提供这样一个创业平台。不需要你投入太多，而且你还能做大。我们有一个后台的个人移动店铺，我们会注册自己的系统，你在拿货的时候必须要写上推荐人的名字，这样以后每次拿货时推荐人都会有提成。这样有这么一个利益链在里面，就比较稳定，代理也不会流失。其他的品牌绑定不了，代理可能随时去干别的，随时就成为别人的代理。现在价格太乱，一级代理、二级代理、三级代理都很混乱，你可以去三级代理拿货，也可以直接去一级代理那边拿货。一级代理可以直接找到下家电话，直接把他们挖过来。而我们通过技术把你绑定了，想挖也挖不走。所以我觉得这是一个投入很小，而且又能做大的产品。很多品牌是你求着别人来购买，但是我们不是，主要是别人来主动购买，这个算是我们的优势。

Q：平时和其他微商有交流吗？交流些什么？

A：和我们自己平台的人有交流，就像我们平台上的姐妹们，大家都会分享自己的心得体会，比如今天我们发现了一个加人的好方法，马上就跟大家分享。其他平台的话，可能大家觉得我们自己这个平台是最好的，所以对其他的平台有抵触。

Q：现阶段你遇到了什么问题？

A：我现在有自己的实体店，还要做美至闺蜜，还有小孩子，所以有些忙不过来。

Q：你这么忙还做微商，你家人和朋友支持吗？

A：我的父母是支持的，总是问做得怎么样。所以要做出结果给他们看，有些朋友不理解，没关系，总有理解的那天。

Q：做微商给你的生活带来什么样的改变？

A：我觉得我每天都精力充沛，信心满满。跟那么多陌生人交流聊天，能够帮到他们，我觉得很开心，很有成就感。我们是一个很温暖的团队，大家都会互相帮助。在我们的平台上有很多感人的事情。

Q：你以后的目标和梦想是什么？

A：我是想把微商再进一步，让下面的代理也能有自己的团队，大家一起继续开拓市场，全力做微商，这样我的时间就会比较多了，也就能有时间陪孩子了。

海乘风点评

很多微商创业初期采取的都是兼职策略，等微商有起色后才会考虑全职。但是有些微商他的本职工作可以有很多资源嫁接，所以有时候本职工作也会助力微商。孙百玲在进入微商的时候，品牌商已经做了一个比较规范的分销系统，这样可以保证市场的有序，也可以保证代理商的利益。因为她进入微商行业的时期较晚，这样在选择产品和扩展渠道方面就会比早进入行业的要谨慎和吃力很多，但是有一个相对规范的品牌和平台在背后给予扶持，微商路才能走得更远。

05

90后“小吃货”卖吃卖穿，14年毕业生月入5万

文 / 徐赛凤

标签 90后 创业者 零食 服装　　微信 xsf1041136952

我今年（2014）刚毕业，音乐专业，主修器乐（竹笛），典型的狮子座女生。毕业后，回老家，中规中矩地做起了外资的一个小职员。每天上班、吃饭、下班、吃饭。如果不是偶尔空闲时接接演出，我都快忘了自己是个学音乐的。我是个十足的手机党，没了手机就觉得没劲。

也不知道从什么时候开始，微商冒了出来，刚开始觉得挺有意思。朋友会介绍靠谱的微商，没有媒介，没有保证，有的只是对方的支付账号和微信账号。我第一次在微商里买的东西是隐形眼镜，后来是面膜，后来发现微商越来越多，产品涉及衣服、饰品等，只要是你需要的，总有人在卖。

自家姑姑有一家零食实体店，一次偶然的聊天让我突然萌发自己做微商的念头。我有货源，有渠道，那我为什么不自己做试试呢？

我把想法跟姑姑说了，她很支持我。加之我自己对零食的质量跟口味完全了解，本身又是一个吃不胖的吃货，对零食本就有需求，就试着开始在微信上做零食。

这一做就做到现在，从微信做到淘宝，从零食做到保暖内衣。

刚开始是以副业来做，卖多少是多少。但令人高兴的是，第一天做，就有好几

个单子。做微商，其实靠的就是个人信誉跟人格魅力，还有最重要的一点就是产品质量。东西好不好，一到手就知道。从每天的几个小单子发展到大单子，从顾客抱着试试看的态度买，到越来越多的回头客。

我家的零食是手工零食，无任何添加剂。因为无添加剂，所以孕妇跟小孩子们都可以吃。慢慢的，顾客里有好多孕妇，我也就知道了，什么东西孕妇不能吃，什么东西孕妇要少吃。她们买我家的零食就说明相信我。既然她们相信我，我又怎能让她们失望?

好东西，不怕卖不出去。渐渐的，我小有名气了，很多老顾客帮忙推荐一些新顾客来。

也有一些货源找上我，有零食，也有香水。

对于那些找上门的货源，我抱着怀疑的态度。虽然给我的价格很诱人，但我要做就做最好的，我要做口碑。

我试着拿了三家的货，自己试吃。最后还是没有跟他们合作。小作坊跟大工厂还是有区别的，我是需要更大的利润空间，但我也要对自己日积月累下来的顾客负责，更何况还有很多顾客是孕妇。无添加剂，口味好，那才能长久赢下去。

对于那些找上我的香水货源，我怕他们真假掺和着卖给我。微商就是从身边人做起，我不想因为一些利润而破坏了我的个人声誉。

接触到保暖内衣，是因为初中时玩得特别好的一个女生。她嫁人了，婆家是开工厂的，专门做鸭鸭跟波司登两个品牌的保暖内衣。我相信她，所以我也相信整个工厂。

我先自己拿来穿了，然后又拿给家人穿，我们都觉得好，才放心推荐给粉丝，开始在微信上卖。

从自己单打独斗，到有一个学生妹小代理，到自己闺密跟着自己做代理，然后朋友的朋友跟着我做代理，我的微商慢慢有了规模。

我一直抱着一个信仰：**要做就做口碑，要做就做最好**。

最初怕被别人屏蔽。我一个朋友对我说：屏蔽你的都不是真爱，你就做你自己认为好的。我一直很感谢她的开导和支持。

因为自己反感刷屏，所以我不会刷屏，只有每天在特定的时间发些产品图片。我只有一个账号，卖东西跟私人生活同时在一个账号上面。这样做一是因为我懒，懒得管理两个账号；二是希望能得到别人更多的相信。

只要还有一个顾客，我就会将微商继续下去。我要做就做最好，也希望自己能越来越好。

感谢一路看着我，陪伴我的人！

微商经验谈

Q：你是什么时候开始做微商的？

A：2014 年 8 月份。

Q：什么契机开始做微商的？

A：之前我看到别人做的时候其实还屏蔽了很多人，因为他们刷屏太厉害了。我是因为当时在南京的一个外资公司工作，非常清闲。我姑姑有自己的零食实体店和美容店，我想着，既然我自己有货源，那我可以顺带做一下，作为兼职给自己赚点补贴。

Q：现在的月流水能做到多少？

A：几万吧，因为我手下有几个代理，虽然不多，但是会从我手下批发保暖内衣，他们一般一次批发几百套来囤货。我现在的代理有南京的、上海的、赣州的、长沙的，这四个代理非常勤快，还有几个代理是学生，拿货时比较零散。

Q：你是如何招代理的？标准是什么？

A：这几个代理都是我的朋友或者朋友的朋友，比如其中一个是我朋友的对象，本身也是做微商卖面膜的，来找我们玩跟我们聊天时知道了我的产品，看过之后就想加入做我的代理，也算是主业副业一起做。我看她做得还不错，有这方面的经验，就同意了。我觉得合作的话，只要互相信任，互相了解就可以了。还有一个女生是我朋友的朋友，也是一起吃饭时提到这个，虽然她妈妈有个实体店，但是消费群体主要是中年妇女，不太适合放在微商上做，所以就问我能不能从我这边拿货，放到她妈妈的实体店里卖。其他的是我的同学，这些代理都跟我关系很密切。我觉得做微商不像做淘宝，有个第三方保障之类的，所以它做的主要就是个人的信誉，人和人之间的信任，因为对微商主都比较了解，所以就比较放心。我特别反对一点是窜货。我有一个代理是广东那边的，她卖我的产品，做得还行，但是后面她去那些小作坊里拿东西却打着我的名义去卖，去那些地方拿货进价很低，但是质量肯定不好，一分价钱一分货，毕竟你去淘宝上哪怕十几二十块都能买到保暖内衣，但是质量肯定不保证。所以我直接跟她挑明然后删掉了，我觉得这样的人让我很失望。我的原则是要做就做最好的，我肯定要保障产品的质量，做微商是从朋友和身边的人做起，我肯定不能让她们吃亏，不然她们对我的信任感就流失了。我没必要为了赚更多的利润损害我们之间的信誉，丢失未来的机会。

Q：客源是如何解决的？有什么销售技巧或者营销方法？

A：客源我主要是从我身边的朋友做起，做完之后她们很多人会发一些反馈给我或者到自己的朋友圈推荐我，这样的话她们下次购买我的产品我就给她们免邮费。因为零食是薄利多销的，她们帮我推销宣传我就会给她们返还现金。这样慢慢的我的口碑就起来了，新的顾客会因为对我的信任加我。当然我还会在贴吧、微博之中进行宣传。通过这些平台我们会认识很多其他的微商，微商和微商之间会有很多交流，比如交流各自的品牌，或者交流产品。那些顾客想买东西的话，若觉得在市场上买不放心来求助，我们也会互相把自己的产品推荐过去，良心竞争。

Q：你对微商有什么理解和看法？对它未来趋势有什么看法？

A：其实我还没认真想过这个问题。**我觉得微商，信誉最重要**。我的产品一定要质量好，不然我不会去做。而且无论是卖吃的还是卖用的，我都是自己用过了才会确定是否做，包括保暖内衣，除了我自己会用，我也会让家人用，都觉得好才去做。我举了例子，我身边也有人在做微商，刚开始微商都是卖化妆品、面膜和衣服，一大堆，但是我对他们的理解是他们太坑人了，直接把利益放在第一位了。比如我认识一个人，他本身就是胖子，还做减肥肚脐贴，你觉得这样能说服顾客吗？不就是坑人吗？如果真的有用那你自己为什么没有瘦下来？还有些卖面膜化妆品的人，如果你本身皮肤很好，很漂亮，那卖面膜对你来说有优势，别人会很相信你，因为你自己就是个招牌，反之我觉得还是不要做的好。还有我也有个朋友，是卖美白产品的，本身肤色偏黄，你不自己先用出效果来，干吗去坑别人？我觉得信誉必须保证，而要保证信誉，产品质量过关是必需的。现在很多人觉得微商跟传销一样，就是因为许多坑人的人的存在。

Q：你下阶段的目标是什么？

A：我想线上线下一块做。但是我现在刚毕业，资金还是问题，虽然想开实体店但是不想向家人要钱，我就想在线上发展后能自己再开到线下，线上线下结合。

Q：做微商有什么收获？

A：最主要的是我的耐性吧。我的性格比较急躁，但是微商是服务业，淘宝也是，你会遇到很多奇葩顾客，有时候会气到冒烟，但是我还是得平复心情以一个很好的状态和说法去沟通。另外金钱方面也有点收获，特别是对我一个女孩子来说，不想那么早就结婚生子，我觉得我们还年轻，我想要有一份自己的事业，主业副业一起做，哪怕有时很忙很辛苦，但是我觉得值得的。

海乘风点评

支付宝这个第三方担保支付手段，占据了第三方支付的半壁江山。在移动互联网时代很多人认为信任缺失，也需要有一个支付手段来保护消费者、保护交易人群。但是在微商刚兴起的时候，微商之间交易时没有特别的担保手段，仅仅是打款发货，打款提供服务。微商是通过移动端社交网络售卖产品的小商家，它爆发于微信电商。而微信是基于熟人圈子的社交平台，天然就带上了熟人社交的标签。微商通过社交网络建立了联系、成为了朋友，进而才会产生交易，这个时候第三方的担保也就不那么重要了。正是因为在移动互联网中信任体系建立了起来，微商才会发展得如此之快。徐赛凤在做微商时，如果对方主动传播，她就会给顾客免下次的邮费，其实这就是一种营销方式。我们经常看到淘宝购物并给出五星好评后，店家会加赠很多礼物或很多服务，这是一样的道理。但是更好的传播方法是让客户认可自己的产品，认可微商本人，一起加入卖家的行列。

06

90后考研女巧卖面膜，凭良心做微商月入百万

文/余杨静

标签 90后 考研女 护肤品　　微信 3072442458

我是一个典型的90后，拥有着不大不小的梦想，毕业于一所普通的院校。我看到过一个对典型90后的定义：**有梦想，想到就做，追逐自由；有勇气，不怕输，特立却不独行**。过去的四年，让我成为今天的我，尽管中间有遗憾，但一切都将成为我此时的动力。我想要用接下来五年的努力，换来五年后不一样的我。当然在此之前，我希望毕业时能找到一份待遇好、能快速成长又高大上的工作，积累充足的经验。大学期间我也抱着这种心态，做着各种努力：参加各种科技类竞赛、和朋友成立创业团队（最后因为资金、操作性、团队管理各方面的原因解散）、花高昂的学费参加英语封闭训练、找专门的创业老师做指导、做家教等。

刚开始创业，很多人都不理解，都希望我再等等，多积累点经验、人脉和资金，最重要的是要做自己现在该做的事情。在我自己的概念里，没有什么事是该做或者不该做的，只有值不值得你去做。作为独立的个体，每个人都是在为自由而战，时间自由、财务自由、心灵自由。我希望自己能成为一个独立而温暖的人，向往着能找到自己真正热爱的事情，做着自己喜欢的事情的同时，希望能从中找到一份成就感和宁静。对于每个人所热爱的，并能从中找到那份宁静的所有事情，是没有高低贵贱之分的，不是说出入高档办公司、身居要职就是高贵，而体力活、手工活就是卑微。记得曾经见到一位做手艺活的老人，是在竹子上雕刻图案。每一件作品都精心打磨，认真雕刻，他总是不紧不慢、不急不躁，将时间和精力融于作品中，不为多卖出一件作品加班加点。偶尔抬头跟游客闲聊几句，喝上一口热茶，微

微上扬的嘴角透露着深深的满足感。他是自由的，也是懂得生活的，能够不紧不慢做着自己喜欢做的事情，让人拿到作品能嗅出历史和人文的味道，能感受到宁静的力量。我不希望将来我的生活是在领导给的压力下加班加点，不希望出入写字楼却依然找不到归属感。

创业我觉得就像赌博，不输便是赢。更重要的是商机这个东西，十年前做淘宝的，基本都赚了钱，这就是一个商机。去年（2013年）第一批做微信营销的，也基本尝到了甜头。机会不是等来的，尝试着开始，即使跌倒了，你也会看到一个不一样的世界。

对于想要创业的人来说，现在是最好的时代。互联网的快速发展，PC端的电子商务发展到了顶峰，正准备向移动端迁徙。电子商务、社交媒体以及各种游戏端正发生着翻天覆地的变化，这让每一个人都成为了自媒体，对于每一个人来说都拥有着巨大的机会。从PC端到手机移动终端的转变，这中间几年的发展速度让我们惊叹，同时蕴藏着机会。人们的眼球在哪里，机会就在哪里。几年前人们的眼球在PC端，因此成就了阿里、淘宝、京东等电商巨头。现在人们的眼球在手机移动终端，接下来会发生什么？

最开始接触微信，说实话没有什么太多的想法，只想额外有份收入，解决自己的生活问题。经过一个月的摸爬滚打，我突然意识到这或许就是我的机会。做一款好的、属于自己创作的产品是我一直所想的。最开始由于资金问题，跟亲朋好友借了十万。面临着还债的压力，我才算真正开始了微商之路。选择产品、宣传、下单、搬货、发货全是我一个人，后来男友心疼我，也开始帮我。我们开了淘宝店，两个人为了扩大宣传，跑实体店、印名片、发传单、贴二维码等，我们做了所有能想到、做到的事情。我们以为只要做好内容，用一些平台功能就能很好地传播、很好地与粉丝互动；简单地认为只要把二维码放在有人的地方就会有人扫；简单地认为只要有人关注公众号就会有人下单……其实这中间需要解决的问题还有很多。所有的转化率都建立在信任的基础上，所以很多东西都不如朋友圈里来得快：沟通方便，支付宝打款，留下发货地址，容易操作。像微商城那些，不如朋友圈接地气，更多只是一个展示的功能。

在做微商的过程中，我和男友两个人也有过矛盾，也曾因没单产生过放弃的想法，也有累得不想说话的时候……但我们都坚持下来了。每次家人问起，总是不想说太多，不是因为其他，而是怕他们担心、心疼。爸爸发过来的好友申请已经很久了，我一直没有通过。这个过程中的所闻所见、所感所想，我觉得会是我人生里一笔宝贵的财富。

我记得我曾经看到过一个理论，叫“最速曲线理论”，上下两点间最快速到达的路径不是直线而是曲线。在这条最速曲线上的不同位置出发，总能在同一时刻到达终点。生活或许也是这样，不要因为拼得很累了，就觉得没有盼头，就害怕再一次出发又会摔得头破血流。其实，不是看起来离目标远就会慢很多，只要选对了路，一切都为时不晚。创业的过程，其实很大程度就是选择一条对的路，不管走过多少弯路，只要没摔死，就有机会翻盘。弯路，谁都不想走，就像苦难，谁都不想经历，但是一旦经历了，就会成为我们的财富。

很多人都在观望或者质疑，微商是否真的能赚到钱？这个真的不用去怀疑，我身边就有很多月流水在 100 万以上、月利润 6 位数的微商，通过一年多的努力，20 几岁的年龄，自己买车买房，没有用家里一分钱的。如果是一年前，有人跟我说微商能做到这样，打死我也不信，但现在，我深信不疑！电视媒体对微商中出来的富翁也多有报道。当然，并不是说每一个人随随便便就可以做到这样，这中间的付出也是很多的。也并不是说每一个人都适合做，首先你必须要有业余时间，对移动互联网、微营销感兴趣才行。

关于微商中的产品，我觉得有几个很重要的点：

（1）一定要做正品，产品质量一定要过关，假冒伪劣产品不仅赚不到钱，还会把自己的信誉给毁了，那可是一辈子的事情，得不偿失。

（2）你的产品最好是能重复购买的快消品，这样的话，只要产品确实好，就能持续做。

（3）你的产品不能是随便一个超市、一个便利店就可以买的产品。

（4）你的产品要是受众面积广的产品，因为微信是一个封闭的环境，微信好友也非常有限，如果受众小的话，会非常难卖。比如有的人在朋友圈卖童装就非常不适合，因为玩微信的要不没结婚，要不孩子年龄段不合适，这样你会非常难卖。

（5）产品要么有内涵，要么好玩，要么有文化有故事，这样才能产生品牌溢价，赢得口碑，从而在竞争中获胜。

微商经验谈

Q：你毕业了吗？

A：我已经毕业了，目前在做微商，同时也在准备研究生的考试，暂时不会考虑找工作。大学期间就喜欢一些创业创新项目，现在对我来说是一个机会，没有特殊的情况不会放弃。后期如果说有一份自己能真正学到东西的工作，我个人觉得与做微商也是不会冲突的。权衡好时间与精力，收获两份成长，是很不错的选择。

Q：家人对你做微商的态度是什么？

A：刚开始家里人主要是怕耽误我考研究生的事，而且对微商是什么也不是很了解，所以有些反对。后面跟他们沟通也比较多，他们也慢慢知道我具体在做什么事情了。现在很支持，有时候还会开玩笑说要过来帮忙打包。家人也是一直做生意的，而且我从小到大他们还是很尊重并支持我自己做的决定的。所以家人方面，给我更多的是理解与鼓励，这也让我更加坚定地去做自己想做的事情。

Q：你是什么时候开始接触做微商的？

A：我刚开始接触微商是去年（2013 年）11 月份。那个时候是一个朋友在朋友圈里发状态，我刚开始以为是淘宝店铺的宣传，于是就问了一下，后面慢慢就了解了整个模式。他们做得还不错，我决定做微商的一个主要原因就是解决自己的生活费问题。后面慢慢做起来，有代理的加入，顾客也越来越多，于是“一发不可收拾”。

Q：你现在做什么产品？

A：我做的主要是护肤品。因为刚好有朋友也在做，刚开始是从她那里拿货，后面自己慢慢做起来，拿货越多，接触到的人也越多，很多产品都是你不找它，它都会找到你。但是在这个过程中就有一个真假的判断和选择的问题。很多东西虽然赚钱，但是属于被推起来的爆款，我们也是在慢慢摸索中学会选择。之前做泰国护肤品的时候，团队还专门去泰国考察过。现在做的产品是我们自己在香港旅游的时候发现的，考察了很久团队才着手去做这个事情。反正不管做什么，**我们的一个宗旨就是产品的质量是核心**。

Q：你是怎么解决自己的客源问题的？

A：客源可能是目前所有微商都特别关心的问题。**我最开始做还是从手机通讯**

录和 QQ 开始的，因为这里面都是一些有联系而且比较熟悉的人，彼此的信任感都在那里。不过这个方法只限于刚开始的时候，想要做大一点，这个方法远远不够。有了第一个阶段的基础，身边朋友会帮忙转介绍。然后**我们自己也印发过名片和宣传单，跟一些实体店谈过合作**。这个是比较容易建立信任关系的一种方式，你拿着产品站在别人眼前的效果远远要强过你在微信上随便加陌生人的效果。然后是各种社交网站、微信群等，我个人觉得加人的方式很多，而且不是最关键的，如何维系好已经加的人更重要。

Q：你现在的月流水能做到多少？

A：对于月流水，每个月都不一样，新品推出后是一个很大的跨越。我这样来说吧，相比那些月流水几十万的我们要好点，但又比不上那些月流水几百万的。月流水只是一个数字，有一个积极的团队，才是我最值得自豪的事情。

Q：你团队现在有多少人呢？他们是怎么加入这个团队的？

A：我们的团队稳定在 50 人左右，还有几十个是搭着做的，比如说选择代发之类的。团队里的人基本上都是朋友圈里发展起来的。有些刚开始是顾客，用得好，拿货多了，后面就选择了代理；有些是陌生人，对创业感兴趣的，聊得多，慢慢也有选择代理的；还有些是之前做其他产品，后面选择跟我们一起做的。除了一些比较熟悉的同行，我一般不会主动去说要某个人做我们的代理，但我们会做一些招代理的宣传，比如朋友圈的状态、宣传单等。一般感兴趣的会主动找过来。当然，让别人找过来，首先要做到的是你有能吸引他们的地方，让他们觉得有价值，愿意跟你一起合作。而且对于代理，通过聊天也能感受得到他们的一个状态，判断他们到底适不适合做这个事情。对于不适合的我也会给出建议，这样更便于团队的管理。总而言之，**我觉得不管顾客还是代理，一定是被你吸引过来的，而不是你苦口婆心地劝过来的**。

Q：有什么特殊的营销技巧或者方法和我们分享吗？

A：营销技巧很多，而且现在各种网络教程也比较多。我觉得我的方法远远称不上特殊，总结起来就是两个字：分享。如果你做护肤品，和代理及同行分享你的经验和方法等，和顾客分享你的护肤理念、给他们提供解决问题的办法等。能被你吸引的，要么是对这个行业感兴趣。要么是对这个产品感兴趣。

做好你的分享工作，让人感受到你能给他们的价值，那么，一个可能成为你的代理，另一个可能成为你的顾客。

Q：平时和其他微商有交流吗？

A：我很喜欢和其他微商交流。很多微商可能见到是同行会直接屏蔽，但我觉得完全没有必要。每个人的经历和处境都不一样，所思所想也不一样，每一次交流都是一个学习的过程。很多情况说不定你将来也会遇到，从跟他们的交谈中你也会获得一些新思路和实用的方法。跟其他微商除了交流经验、生意外，我觉得也可交流生活的方方面面，这也是一个交朋友的过程。除此之外，很多合作的机会都蕴藏在这些交流中。

Q：对于微商这个概念你有什么理解和看法吗？

A：微商说得专业点就是利用微信这个主要渠道的巨大流量做商品分销。其实很多人都问过我这个问题，我一般的回答都是：我觉得微商什么都不是。对于每个人来说意味着的东西和程度都不一样，可能是一份兼职、一份工作、一份事业。我觉得我就是一个卖货的，给顾客提供她们需要的东西。我卖护肤品，更卖一种护肤的观念。

Q：做微商那么久，有什么收获吗？

A：做微商到现在，我觉得对我个人的改变还是挺大的。换做两年前，要我去做护肤品相关的事情，我想都不敢想。平时喜欢打篮球的我，开始做微商，对于我来说是一个突破。虽然说在大学期间一直担任学生会干部，这在做微商后对于团队的管理和沟通，也有很大的一个进步。我是一个独立的人，喜欢自由，做微商后自己经济上的独立也给了我更多的自信。此外，因为微商的需要，各种大学期间没有去落实学习的技能，也开始慢慢去自己摸索。最重要的一点，我收获了朋友，收获了一个团队，接触并认识了很多圈内的牛人，自己的视野和思想也都更加宽广了。我一直都觉得微商不一定是我们一直要做下去的事，合作是暂时的，合伙人却是长久的。

Q：现阶段的目标是什么？

A：现阶段主要是想把新品做好，把团队带好，做一款真正为顾客考虑、从下到上考虑的产品。最开始只想解决自己生活费的问题，现在已经解决了，如何给更多像我这样的人提供机会也是我在考虑的事情。说不上具体的目标吧，慢慢做好我们现在该做的一切就是我的目标。

海乘风点评

“转化率都建立在信任的基础上”这是社交电商的真谛，只有与朋友建立了信任才能产生购买。很多大咖的微信好友非常精准，如果你不说你加他什么目的、是什么原因，我想这轮筛选你已经失败了。一个普通人的微信好友在200到400之间，可是一些微商大咖都是5000个好友并且这5000个好友大部分都是强关系，当有事件需要推送的时候力量是非常可怕的。咱们可以看到，有很多微信好友不如深聊把背后的共性挖掘出来，获得极致的朋友圈，打造极致的产品。余杨静的“专注才能产生力量，与其大而全，不如小而美”正是创业者要学习的地方。

07

从美容学徒到微商大咖，创始人解密懒美人成功档案

❑ 文 / 张涵曦

标签 创业者 团队运作 护肤品 面膜　　微信 zhang-han-xi

这个世界已经如此热闹，并不多我们每天来唠叨。

能相识与相知，多美好！

我来自邓小平的故里——广安，从事化妆品、护肤品行业已有十年有余，从开始一无所知的学徒到美容师、前台接待、美容顾问、店长、美容导师、培训讲师、技术顾问、战略采购、品牌策划，再到今天的大家熟知的植芙恩懒美人面膜的创始人，对该行业方方面面都略知一二。

关于微商，也许你已经感觉到了，越来越多企业间的竞争已经从传统互联网转移到了手机端，人们正从 PC 端上解放出来，只要带上手机就可以随时随地通过移动互联网做生意，这就是微信带来的商业革命。很多人说微商本身是个伪命题，但在我看来，微商寄托了很多向往美好生活，但受资本、资源所限没能实体创业的个体人群振奋有为的希望，它将作为一种常态存在下去。喜爱它的，会一如既往地喜爱；反感它的，可能会屏蔽或删除；需要它的，则会一直保存下去。无论你需不需要，微商就在那里，不增不减。我只是想表达，这是最好的时代，也是最美的时代。

在做品牌策划之初我就对选择微商为产品的销售路径非常笃定，但选择怎样的

产品我慎重地做了一系列的市场调研。众所周知，在微商上卖的产品有四个类别：A 货、代购、吃的和护肤品。而微商信息流的迅猛特性使得可持续购买的快消品成为最容易销货的选择，像是我的微信朋友圈里好多卖衣服、鞋子、食品、奶粉的朋友，他们很难做大。因为衣服、鞋子不是天天买，款式也不是每个人都喜欢，这些东西虽然是必需品，但是对使用者有限制；不是每个人的周围都有宝宝吃奶粉，本身你的微信好友数量就不多，无法产生循环购买怎么可能赚钱？而面膜是女人生活当中必不可少的东西，用一次之后就会产生依赖，而且还可以介绍其他顾客。

作为上海佳采 – 植芙恩电子商务部门的负责人，可能有人会疑问：为什么我没有拿植芙恩现有的产品来做微商呢？确实，植芙恩现有的六款蚕丝面膜也是我呕心沥血的作品，但是作为微商来说，现在微商上卖的产品 80% 以上都是面膜，而面膜中 95% 以上都是蚕丝面膜，卖点无疑都是薄和透，我再拿蚕丝面膜的卖点去微商上分一杯羹的话显然就不是那么容易了。

基于以上原因，我潜心立志要做出一款给人极致体验的好面膜，懒美人应运而生。依托于公司总部十年的专业线经验及强大的研发团队，历经两个月的时间沉淀、钻研，懒美人黑膜和懒美人轮廓面膜呈现在您的眼前！就这样，我开始了我们懒美人团队的微商之路。

一个新产品的出现，总是会伴随着质疑的。我一直都知道信任才是微商的生命。微商与其他电商的最大区别就是其他电商是以产品为导向，而**微商是做人的关系，人与人之间的信赖就是微商用来达成销售的手段**。线上买卖，看不到实物，只靠虚拟的描述是不能说服顾客的，但你只要交易一次，保证你货的品质，就建立了顾客对你的信任。因此，微商就是靠产品质量吃饭的。而我在决定做微商的时候就看清了这点，因此在做我们的懒美人面膜产品的时候，就想着把最好的面膜带给大家，懒美人黑膜是选用进口的纪州备长炭作为膜材，轮廓面膜更是选用的面膜中顶级的医美生物纤维材质来做的。当然，除了面膜本身的质量，在包装设计上也是精益求精，这得益于我是天秤座，考虑事情总是会更为细致全面，消费者拿到懒美人黑膜一定会觉着非常熟悉，我们的包装尺寸都是很有讲究的，直接做成了 iPhone Plus 的尺寸，是可以直接放进钱包的“口袋面膜”。

作为微商的品牌商，我在刚开始做的时候也遇到了很多困难。微商市场是一把双刃剑，有很多品牌商对微商的运营并不了解，经常能看到某些微商为了现金流低价倾销、窜货，为了利润混入赝品甚至是三无产品，侵害其他微商、商家，乃至客户的利益，随着时间的积累，很多微商及客户会对商家品牌产生质疑。而这些负面的消息、丑闻经媒体曝光后，微商的品牌商想要建立客户的信任就非常困难。此外，微商主要的推广渠道是基于目前的微信朋友圈，而朋友圈是社交平台，更是一个私人圈子，大多数人上朋友圈是为了利用碎片化的时间了解朋友的最新动态，拉近朋友间的间隔，看看新奇的事物，或者利用碎片化的时间去学习与分享。而有些微商用法不当，刷屏不断，引人反感。每天发布一两次产品，大家可能会觉得新鲜，但简单粗暴地反复刷屏，则会引起朋友们的反感，进而屏蔽甚至删除其朋友圈关系。而这些都是作为微商品牌商来说亟待解决的问题。我带领着我们的懒美人团队在做微商最初就秉承着做最好的微商品牌的理念，制定了一系列的团队运营制度及代理规范制度。目前，懒美人微商团队及代理商团队已经小具规模，各项工作也是有条不紊地在进行中。

懒美人微商做到今天也才不到两个月。但是这近两个月来的努力，我成长很多，也收获很多。到今天，懒美人团队各司其职、配合默契，懒美人面膜发展飞速，靠的是稳定的品质，回头率 98%！在这里，真的要感谢大家们对懒美人面膜的支持、关注与关爱，我很庆幸自己能和植芙恩品牌同成长。

微商经验谈

Q：您是什么时候接触微商这块的呢？

A：我正式进入微商是在 2014 年 6 月份，其实最开始接触这块是在 2013 年，那时候朋友圈很多人在卖衣服，但是当时自己没有想过要做微商。

Q：为什么当时没有想做？

A：因为那时候我是做电商线上平台，但对线上其实不是特别了解，所以在淘宝、天猫、一号店等平台，我们从 2013 年 11 月做到 2014 年 6 月份，做了 8 个多月，感觉做电商还是蛮吃力的，后来就调整战略，转到微商上。我们当时做的产品是植芙恩的肌龄系列，它的产品比较完整，配方很科学，是根据不同年龄群皮肤的特性来做的配方，这个是当时做电商的产品。所以我们后来做微商比较顺利也是因为在电商这块有了一个很好的积累。很多人做微商面膜是因为面貌好卖，但是我们不是，我们是先有了很完善的产品结构，在线上推行了很多，所以后来我们做懒美人系列产品时有一个很好的切入。

Q：为什么会选择微商这个平台去做呢？

A：你会发现很多微商里面都是在卖面膜。因为微信有很多特点，这些特点是大家的共识。第一个特点是“快”。这个“快”可从几个方面讲，一个是微信信息覆盖快，你今天的朋友圈不会刷到昨天的信息。另外一个是微信里面产品必须是快消品，面膜就是快消品。我们分析一下微商产品里面面膜的特点。我们发现微商里面80%都是在卖面膜。但是面膜的品质参差不齐，假货泛滥，以至于我们发现很多品牌是微商给它孵化出来的，他们有赚到钱，但是因为质量问题，这些品牌在一夜之间又完全消失掉了。我们就觉得，他们产品的质量这么差，都敢于去做，那我们一个有企业历史和产品优势的公司，为什么不做呢？我们不用担心售后，因为我们产品的品质是可以保证的。你产品品质不好，就会出现一边在经营，一边在填窟窿，这是一件非常可怕的事情。你这是在自己克制自己的流量了。

Q：除了微商这个平台外，懒美人还有其他销售平台吗？

A：因为我们原来也做过线上，所以懒美人也会在线上推广。我们线上有一个非常稳定的量，大家对这个产品还是很认可的，尽管我们没有做太多的推广。

Q：作为品牌商，您对下级代理有要求吗？

A：因为我们做微商时间比较短，更多的经验是在电商这块，所以我们开始的方式就是借助微商这种借助人与人的关系的方式。刚开始的时候，我们没有卖给熟人，而是送给她们，让她们用，她们用完后会觉得这个产品无论是在体验上还是在包装上都非常好，再加上对我本人的认可，她们会觉得这个产品符合面膜的期望。开始的时候，因为我对自己的产品有信心，所以我们对代理是没有什么太大的要求。我们的产品正式上市是10月份，发货到现在，收到很多反馈后，其中不少就是针对代理的，所以我们总结了下，现在对代理也是有一定要求了。比如我们要求代理必须要有一定的团队，而且团队不能低于30人。因为他要带团队，所以对他的综合能力会有一定要求。再比如，我们没有任何保证金或者加盟费，但是我们有一个标准——不管他是靠关系找到我们，还是从网上看到信息自己找到的我们，**我们都要求他必须自己拿去用**。我们觉得代理的第一个阶段不是卖产品，而是对产品有一个认识，自己用了感觉很好以后可以把这个产品分享给闺密和朋友。如果没有用过我们的产品，就直接想要拿代理，给我们打钱，我们肯定是不同意的。从6月份开始到9月份，我找了包括我自己在内很多人持续使用这个产品，不同皮肤状态、不同阶段都有数据资料，为的就是做一个好的产品，有一个好的标准。

Q：你觉得自己的产品跟其他同类型产品的最大区别在哪里？

A：我们的产品跟朋友圈其他面膜产品相比，成本会高20%～30%，但是价格还会比他们略低。因为就像我刚才讲的，面膜是一个快消品类，单片面膜的价格超出30元，消费者在使用时就会心疼。如果能接受30元以上的那群消费者，他们更讲究的是品牌而不会去微商里面选择。所以我们的定位不是为了赚取暴利，而是为了在借助微商的“简单、直接、快”的特性把这个品牌落地，进而把我们积淀了十年的品牌更好地推广出去。这是我们品牌和其他品牌最大的不同。因为现在很多人在微商里面找产品。微商里面真正好的产品不多，很多微商觉得随随便便就可以做，门槛很低。我们不是，我们是一家有十年经验的企业，更专业。很多品牌都是靠OEM（产品工厂代工），但我们是有自己的工厂，我们有线下非常成熟的网络。所以我们在推广时花费的力气不需要太多。

Q：如何推广自己的产品品牌？

A：第一我们会有自己的推广团队和招商团队。我们的宣传方法其实比较简单。我们没有做过电视广告，但是我们做过线下推广。因为我们的面膜的卖点是备长炭黑膜和医美生物纤维材质的轮廓面膜，就像京剧变脸那样，我们在上海找专业模特在地铁里面和上海人流量最多的南京路等地方做一些推广活动，让大家了解我们的产品。很巧合的是，我们的面膜上市后，在浙江卫视的节目里也在讲“黑膜”，欧弟、anglebaby等明星也在用这些黑膜，刚好给人的感觉就是“黑膜来袭”，给我们的产品一个正向的引导。

Q：有跟其他的品牌商交流吗？

A：我们有自己的工厂，我们工厂也会给其他品牌做一些OEM，除了我们自己研发外，也会接一些单，我们会跟她们了解些情况。大家会发现，今年做微商没有去年那么容易，到大家现在拼的还是产品的品质。所以我们决定，一定要以产品为导向。这样你到第二个阶段，吸粉，也会比较方便。你品质做好了，才会有良好的口碑。

Q：您对微商的理解和看法是什么？

A：我觉得做微商对比起电商来更不自由，它会掌控你，你会觉得以前是手机控，现在是被手机控，被手机绑架。我发现做微商有一个好处，你可能只花了5分的力，但是你会有8分甚至9分的收获，但是你如果做电商的话，你可能花了12分的力，收获却只有1分、2分。这也是为什么那么多人会去做微商的原因，很多人在这里赚到了第一桶金。只要你有一部手机，就有通讯录，就有朋友圈，就有了商业模式。我觉得下阶段的微商对产品和品牌的要求会越来越规范，很多不规范的都会被淘汰掉。在微商第一阶段只要你有手机和人脉就可以进入微商，然后下一阶段就是要开展自己的营销活动，即怎么做营销，再下阶段我觉得你们会发现这些品牌和产品又会慢慢回到电商上来，越来越有品牌意识。但是很多人是见不到这一天的。我觉得微商还是要做快消品类。我有些朋友的朋友圈就像杂货铺。我很不看好这个。因为微商不管你是推广产品还是吸粉，你吸引来的粉丝都是需要做一个很长期的互动。这些人对你有一些了解和认可了，才会成为你的消费者。如果你的朋友圈、空间是个杂货铺，别人就会问你，这些产品你自己用没有，你就回答不上来了。朋友就会觉得你不是为了分享产品，而是为了赚钱。那么他们就会想：我为什么要买你的呢？

Q：您的目标和梦想是什么？

A：我们现在在做全年规划，像我们的懒美人面膜现在有一个缺点，就是每年的产量是有限的。朋友圈里打着蚕丝面膜旗号的，其实90%都不是蚕丝面膜，而是混纺的植物纤维，而我们的备长炭黑膜就像植物精油那样，每年的产品是固定的，这就会导致市场做得太好时，会没有产品可卖。所以我们现在在规划2015年的市场要怎么来做，初步确定要开发新的产品，要把我们肌龄的产品重新整合后再打出去，把我们的品牌统筹起来，而不是单纯地只卖一个产品。我做微商的目标是把产品做成一个传承。

海乘风点评

定位作为品牌运营商是至关重要的一环，张涵曦除了产品定位以外还制定了合理的产品规划和有效的招商策略。产品以单品切入，面膜具备受众广和快消品的特质，可以很好地打开渠道，当渠道打开的时候再铺开产品线。因为面膜产品的膜布使用了较优质的材质，在保质的前提下并没有大批量的生产，这也是为将来的布局做了准备。招商策略是要求客户先试用，当客户认可产品以后会自动拿授权，这样可以把优质的代理商筛选出来。微商为品牌商带来最快的效益，也带来了长期发展最大的风险。快是收益快，渠道扩展快，售后反馈快。风险是如果不能合理地帮助客户处理售后问题，长期运营就会出现致命的衰败期。很多品牌商想拿微商渠道来尝试，我想还是需要谨慎前行，因为微商的圈子不大，当你的产品、售后或者物流某一项出现问题的时候，差评在移动互联网上传播速度要超乎我们的想象。所以越大的品牌商进入微商渠道越要谨慎，因为一旦进入就要全力以赴，不然只会功亏一篑。

08 美女 HR 兼职微商 3 个月，卖果皂就已月入 1 万多

❑ 文 /Angela 萍

标签 兼职 上班族 果皂　　微信 lp_654321

我是一个上班族，干着一份再平常不过的 HR 的工作，每天按时上下班，每月挣着固定的薪水。工资一发下来就开始我的理财计划，日子就这样平平淡淡地过着。几个月以前，我还不知道微商是什么，到底怎么操作，看到有朋友在微信上卖东西我也不屑一顾。但一次偶然的机会，我接触到台湾果皂，这是一种纯天然无任何刺激的手工皂。我身边的朋友都在说手工皂很环保，清洁效果也很好，对皮肤还能起到很好的消炎淡斑的功效。正好那时我的洗面奶用完了，想换一种天然无刺激的洗脸产品，就决定买来试试效果。在我使用果皂一周后，惊喜地发现，果皂比一般的洗面奶清洁效果都好。好东西就必须分享，我决定推荐给身边的好友。就这样，我的微商之路开始了。

我开始在微信朋友圈里发图文，分享我使用果皂的心得，时间一天两天过去了，一周过去了，我囤的一箱货一个都没卖出去。我有点着急，是不是推广的方法不对，怎么就卖不出去呢？我开始寻找自身的原因，开始在自己身上寻找突破口。因为我坚信我卖的是好产品，所以产品本身肯定没有问题。果皂的保质期是三年，我不至于三年卖不出去一箱果皂吧？有了这样的心态，我就不急于卖货了，而是先学习，先把自己推销出去。我不想让朋友把我拉黑，我要做个有血有肉的微商，而不是一上来就狠刷屏的傻妞。由于自己比较喜欢护肤保养，我结合护肤和保养的知识，把自己的产品渗透到里边去，再在朋友圈里分享自己的生活。果然这招很见效，立马出了第一单。这第一单对我的微商生涯意义相当重大，当时的情景我还记

忆犹新。第一单是我同学买的，同学问我能不能送货，因为在同一个城市，而且认识，我一激动没问地址就满口答应了。后来问地址的时候才知道在郊区，我又要上班，而且不太识路，只知道大概的方向，就这样，我靠着百度地图一段路一段路地找，最后终于把货送到同学手里。同学很感动，想不到我那么有诚意。她使用后对祛痘效果也是很满意，又帮我推荐了几个朋友。有了第一单，我的市场就真正的打开了，第二单、第三单接踵而来，我的生活变得充实而又充满活力。我一直告诫自己，做事先做人，真诚地对待每一位朋友，养好人气就有财气。现在我的收入不仅仅是每个月固定的薪水，还有了额外的收入，这对我来说是一种自我价值的肯定。在这里我想说：别人能做到我一样也能做到，任何投资都会有风险，眼光要准，下手要狠！

至于添加粉丝，我想是所有新手微商都会烦恼的问题，很多微商都漫无目的地狠加人。而我相反，比较少主动加人，除了添加手机通讯录中的人和 QQ 好友之外，都是朋友给我介绍好友，我的朋友圈每天都在扩大。会产生这样的效果是因为我做微商比较舍得，我觉得有舍就会有得，我会花钱去买一些小样送给朋友，让他们先体验，好了再介绍给朋友或是再来买产品。现在是个人情的社会，因为信任才会购买，真正的好产品不需要太多花花绿绿的广告，口碑都是朋友给的。

很多人问为什么不组建自己的团队、招代理。这个问题我也有考虑过。我做事向来都是比较认真、负责的。我现在还是起步阶段，觉得自己的能力还不够，如果招了代理就要对代理负责。做事先做人这是我一向对自己的要求，既然不够强大那就先让自己强大了再去带领自己的团队向更高更远的目标前进。微商这条路我认定了，所以我一定会坚持，不管遇到什么困难都不会给自己任何借口。

微商经验谈

Q：您是什么时候接触微商的？

A：9 月底，到现在快 3 个月了。

Q：做微商会对你的 HR 工作有影响吗？

A：不会，因为我是业余时间做的，而且现在的规模不是很大，所以完全可以照顾过来。我觉得这样利用业余时间做微商挺好的，算是对我平时工作的调节。

Q：你的同事知道你在做微商吗？

A：知道，他们很多都买我的产品，因为都很信任我，支持我。

Q：你是怎么联系到自己现在这款产品的货源的？

A：我的上家是在网上找的，当初因为听说有微商这个事，动心后就上网看了下，然后就联系上了现在的上家。我是买来自己先试用，用完后感觉好才决定做她的产品。虽然我是个小小的零售商，但是我上面的代理对我很好，无论是价格还是产品的知识都会对我有很大的帮助。

Q：你对上家的要求是什么？

A：我觉得作为上家，一定要对我们负责，要人品好，合得来，这样才会有长久可靠的合作。

Q：你现在的月流水大概能做到多少？

A：我现在一个月能做 10 盒也就是 120 个左右的果皂。差不多一万块钱吧。因为我是零售商，利用业余时间做，所以这个销量我自己其实还是挺满意的。

Q：如何保持这个流量？有自己的独特营销方法吗？

A：现在的方法是除了正常销售宣传外，**我会做好售后服务，定期回访客户**，询问他们使用后的效果。我必须对自己的产品负责，如果有问题我会及时反馈给上家。至于营销方法，我觉得不能一味地刷屏，朋友圈要分享自己的东西，要勤互动，多和顾客沟通，缩小和他们的距离。

Q：您对微商的理解是什么呢？

A：在做微商之前，我也看到很多人在朋友圈卖东西，当时我还不太了解微商，挺反感的，对此不屑一顾。但是自从我慢慢了解并真正做了微商之后，我才开始转变观念。我觉得微商也是一种自我价值的体现，它给了很多因为各种局限没办法实现自己梦想的人一个体现自己价值的机会。对于微商，这是时代发展的趋势，微营销的时代已经来临了，未来的购物就是掌上购物，这是新时代的消费观念。

Q：做微商给你的生活带来什么样的改变？

A：做微商给我带来的最大的改变应该是生活上的，我以前下班后都感觉没什么事情做，现在下班就会觉得很充实，要忙的事情很多，比如回答客户问题、销售产品、打包发货，还要学习微营销的技巧，感觉很充实。

Q：您的目标和梦想是什么？

A：我的梦想是努力坚持下去，相信自己能做得更好！我会组建自己的团队，带着他们实现自己的人生价值！

Q：有考虑过代理其他产品吗？

A：如果有其他好的产品，我会考虑加入。前提是产品要安全，我必须亲自试用，效果好了才会去做。

海乘风点评

很多人都是通过“偶然”的机会了解到了微商，找到合适的产品，走上了微商之路。Angela 萍懂得与人相处之道，她可以轻松把弱关系变成强关系，通过对产品的深层次了解可以很好地给大家做推荐而不是单纯销售。Angela 萍不但是产品的销售者，也是新产品的使用者，她在销售产品的同时也在销售她可以提供的服务。微商路想越走越远就需要身先力行首先尝试产品，然后再把不同的产品卖给有需求的人。

09

90 后毕业生微商创业，仅 1 年组团队月入 100 万

❑ 文 / 斌　斌

标签　90 后　毕业生　创业　团队运作　奢侈品　化妆品

微信　qiao888889

我叫斌斌，23 岁，是一名刚毕业的大学生。我对新生事物特别敏感，所以当时很幸运地关注到微商这个商机，也正是因为现在的微商事业我才拥有了这么多，我十分感谢它。微商给我带来的不只是财富，还有生活的乐趣和情调，让我一直保持着前进的心态，对生活的每一件事都抱有一颗感恩的心。通过做微商，让我认识那么多朋友，尤其是我的代理们，谢谢你们，没有你们的支持，就没有斌斌团队的成功。

说起微商，对我来说实在太熟悉不过了，对于这个行业我一直在坚持，我也相信它能成为第二个淘宝。大概在一年前我在外地旅游的时候，遇见了一个朋友，他告诉我说：用微信是可以赚钱的，只要转发图片就可以。当时我抱着好奇的心态去了解了一下，回家后跟姐姐说了一下，姐姐当时就说：这个行业一定有发展的，反正你上学也没有什么事，就试试吧。于是我开始四处找货源，因为当时在秦皇岛上学，当地卖奢侈品的挺多，就找了几个合适的商家，做起了微商。不知道是上天眷顾我还是我的运气太好了，当天发图就有购买的顾客，一下给我了信心。之后就一直发图，一直在找其他货源，第一个月不知不觉一万多的利润，对于我来说有点不敢相信。记得当时好的时候一天可以挣好几千块钱。后来我把产品增加了，包包、鞋子、围巾、首饰、手表，真的是越干越好，感觉自己的幸福生活要来了。再后来

我遇到了一个极大的问题，就是我的货源不稳定，还有就是产品的质量有问题，售后问题不好解决。我马上意识到这个问题的严重性，所以毅然把不好的产品全部去掉，虽然当时有好多客户还想要那些产品。想要找到一个好的商家，找到一款好的产品当时感觉困难死了，那时候累得自己几乎要崩溃了，每天都是电脑、手机、电脑、手机、电脑、手机……我不在这两样东西旁边，就在寻找产品的路上，晚上每次都是握着手机睡着的，早上起来才发现客户的单子还没有解决呢。后来因为一直找不到好的资源，就随便找了个商家买了一款，果不其然总是出现质量问题。即使是这样，我也从来都没有想过放弃，一直在努力希望找到一个正规的公司，找到最好的产品。

对于化妆品，我一直很小心，更加关心产品质量问题，因为我知道，这个东西顾客要涂抹在身体上，决不允许出现半点差错。和手表、包包那种质量问题完全不是一个概念的。

2014 年一个偶然的机会我看到了珂蜜丝，感觉这个产品质量应该是很好的。周围的朋友也有用过的，产品反馈特别好，我之前也一直在关注它，并深入了解过，不管是产品的效果，还是产品的包装都给人一个特别放心的感觉。观察一段时间后，我就直接联系公司，加入了珂蜜丝。刚开始是珂蜜丝一级代理，现在由于我的月流水超百万，已经变成了全国总代理。

微商经验谈

Q：你是什么时候开始接触微商的？

A：2013 年 5 月份，现在基本全职在做微商。

Q：毕业后找过其他工作吗？

A：没有，因为大学期间微商做得比较成功，所以我毕业后就直接全职做微商了。

Q：你的家人知道吗？他们支持你不找工作做微商吗？

A：他们都知道，毕竟我一开始做微商就是姐姐鼓励的，他们现在都很支持我做微商，有时候我忙不过来还会帮我。

Q：一开始你做的奢侈品、复刻品，现在还在做吗？

A：现在不做了，只做珂蜜丝系列和芙玉宝皂。

Q：为什么放弃原来的产品而选择这两个品牌的产品？

A：原来的产品虽然我处在货源地，货源充足，但是货源的质量不一，不好保证它的质量，而且价格又没办法掌控，没有一个统一的市场，非常混乱。选择这两个品牌是因为它们的质量很好，公司实力很强大、很靠谱，公司在国家药监局都有备案，现在我自己每天也在用这些产品。做这两个品牌也是缘分，产品是我对象在美容院无意间用的，感觉特别好，我们就考虑联系公司，然后做了他们的产品。

Q：刚开始做微商是完全自己摸索的吗？

A：对，因为我之前做过奢侈品、复刻品，做得比较早，所有的方法都是自己摸索的。

Q：你是如何解决客源问题的？

A：开始都是原来朋友圈的朋友，没有刻意去加人。后来为了加人，我也试过很多软件，什么全国定位、摇一摇都用过，一开始会有效果，但是现在没什么效果了。现在我主要找一些专门的推广公司，他们会在百度、猪八戒等平台上帮我推广，效果很不错。

Q：你现在的月流水能做到多少？

A：100 万左右吧。

Q：有什么销售方法和大家分享吗？

A：也没有什么具体方法，我只能说把小事坚持下去，多参加社群活动，慢慢把自己打出去，就可以了。我觉得朋友圈要有自己的风格，不论是搞怪还是深沉，你要把朋友圈做成自己的风格，让大家记住你、了解你，被你吸引。

Q：你的团队是如何建设的？

A：我的代理是那些推广公司帮我推广后看到了自己来联系我的，我觉得代理只要努力积极，不会半途而废就可以，我会给予他们最大的帮助。我们会有定期培训，每个月至少会有一次，内容很多，主要讲怎么样营销之类的。我现在的团队有 60 人了。我对我的代理们没有什么固定要求，一直给她们最大的鼓励。例如如果她们的销售量很多的话，我会给她们苹果 6 之类的物质奖励，这种大家看得到的物质方面的奖励能让她们更有动力。

Q：你有跟其他的微商交流过吗？

A：有啊，朝南、孚合、春燕等等，都有交流。我们的交流更多的是生活方面的琐事，团队方面和微商销售这块大家一般都不交流，因为这些属于团队隐私或者说团队内部机密。

Q：你对微商有什么理解和看法吗？

A：我觉得微商和其他的电商最大的区别在于微商做的是自己朋友的生意，所以大家对这些产品的信任度是非常高的。简单地说，微商是基于朋友间信任的一种商业模式，我感觉明年（2015 年）微商肯定会有一个大爆发，微商以后肯定会出现一个更规范的平台，因为现在的微商还是很散很不规范的，很多产品的质量都得不到保证。

Q：做微商给你的生活带来了什么样的改变？

A：给我带来的最大的改变应该是财富，做微商对我经济上的改变是最大的，以前我就是一个大学生，吃家里的用家里的。自从我开始做微商以后，我的经济收入越来越高，到现在已经自己买车买房了。这些都是做微商给我带来的！

Q：你的目标和梦想是什么？

A：我现阶段的目标和梦想是让每一个跟我做的代理都能赚到钱，更大的梦想是能成立一个自己的互联网消费平台，就像现在的淘宝一样，让更多的大学生能解决自己的创业、就业问题！

海乘风点评

我们看到很多微商都很年轻，其中很多都是大学生，这是因为微商是在移动互联网平台上产生的，因微信电商而爆发，而微信的用户中，20~39 岁的人群占到了微信总用户数的 80%。现在很多人的社会关系场景都从线下变到了线上，从 PC 互联网变到了移动互联网。而微商应该正是时代变迁的产物。斌斌通过做微商扩大了自己的人脉圈，通过从事微商把线上的朋友变成了真正交心的朋友，这是一笔无形的财富。微商也是商业产物，需要遵循商业的原则，所以选择优质的货源尤为重要，“大宅门的白七爷”也是因为把残次的阿胶直接销毁才有了现在的同仁堂。除去货源的选择，微商在选择品牌商的时候也需要考究：品牌建设、产品体系、扶持政策和市场策略。

10

80 后农村妹代理韩束，初中生照样日入 3 万

❑ 文 / 代世梅

标签 80 后 创业 团队运作 化妆品　　微信 d420m826

我叫代世梅，父母都是地地道道、老实巴交的农民，可能是农村计划生育政策不严的关系，我有五个兄弟姐妹，这对于 80 后的一代人来说算是非常特殊的情况。我在家里排行老四，家里重活苦事都让哥哥姐姐们承担了，这对我来说应该还是很幸运的。

记得中考那年，母亲对我说，不管我考得好不好，都必须放弃学业。哥哥成家不仅用去了家里所有的积蓄，还把向亲戚借来的钱也用去了，已经没有多余的钱支持我的求学梦了。就这样初中一毕业，我就正式踏入了社会。

步入社会后，发现一切和在家都不一样了，什么事都得一个人扛，微薄的工资逼迫我不得不在下班后再多打一份工，给自己增加点额外收入。我做过礼仪、短促，甚至晚上还出过摊。正是这些经历让我学会了如何坦然面对生活。

2007 年的时候我第一次接触到淘宝，那时候只是对它有个初步的模糊了解，并不太熟悉，一转眼淘宝已成为大部分人生活中不可或缺的存在。我本身是从事零售行业的，公司的发展让我感到了压力，商场以及各大实体店铺都大不如从前，取而代之的是越来越多的电子商务。实体店一年比一年难做，过高的商场运营费以及过高的门槛让很多人望而却步。对于一个一年几千万业绩的公司，50% 的收入作为运营费给了商场，30% 作为贷款给厂家，15% 作为开支

给了员工，只剩下 5% 的利润收入，这还不算税收，在这种情况下还有多少人愿意加入？我感觉现在的网络实力太强大了，几乎没有办不到的，而我们公司在 2014 年 10 月几十家店铺撤柜下架。面临着几十家商场撤柜，10 月份我就开始为自己筹划了。就在那时我了解到了一个化妆品大品牌进入了微商渠道。我感觉眼前一亮，在详细调查研究之后我确定了自己的目标——做微商，在家人反对的情况下拿着 20800 元拿下了这个品牌的皇冠总代，从此开始了自己的微商路程！

短短数日让我看到了品牌的力量，每天都有不同的人来咨询，不需要太多的言语，就能成交。慢慢的，我的代理商越来越多，发货量也由每天一盒，变成了每天一箱，我相信在不久的将来，会由现在的一箱变成几十箱甚至更多。

有人认为每天动动手就能挣钱真好，真舒服；也有人觉得现在做微商好累，也好难。其实不管做什么，都不是自己一个人的事情，而是你一家人的事情，是你所有朋友的事情，因为你创业必将影响到他们的生活，如果他们不理解、不支持你，则会孤掌难鸣，这样你坚持不了多久就会放弃。大家若想成功，就要坚持，要坚持到底，永不放弃。这点很重要。

微商经验谈

Q：现在你是全职做微商吗？

A：对，实体店这块最近在做一些收尾工作。基本已经在全职做微商了。

Q：你是什么时候接触微商的？

A：我是 10 月份开始的，可能开始时间不是很长，但我现在已经是韩束的皇冠代理了。

Q：你是怎么加入韩束成为皇冠代理的呢？

A：很偶然的一个机会。有一次，路过一个广告牌的时候，看到韩束的微商启动宣传。我之前就听说过韩束，在很多综艺节目上都看到过。然后我就自己咨询了一下，刚好我有个同事之前在韩束公司上过班，我就跟她了解了一下，觉得很不错就加入并成了代理。刚开始我是从网上找的我们这个地区的代理，我在她那边拿货。后来通过她我找到了公司，就成为了皇冠代理，直接找公司拿货。

Q：为什么刚开始不久就敢一下拿出 2 万多拿下皇冠总代？

A：其实我了解到微商的时候，微商已经很火了，在其他微商朋友圈里看中的产品就自己先购一套回来试，在试产品过程中自己也被折腾得差不多了。前期试用了几款商品，差点毁容了，至今还留有印记。而在我使用了快一个月的韩束产品中，我的肌肤没有过敏、没有过现红点，乳液很保湿，特别是 BB 霜特别的舒服。用在脸上的东西要特别注意，在自己没试用的情况下我是不会让其出现在自己的朋友圈里的。因为韩束质量好，所以我觉得对于这个品牌投入 2 万并不算多，而且它的发展前景很好，市场需求量很大，口碑、名气又好，这可帮我节省不少宣传费。

Q：目前你的月流水大概是多少？

A：我刚起步没多久，下面只有八九个代理，每天的流水几万还是有的。

Q：你是怎么组建自己的代理团队的？

A：通过网络渠道，比如朋友圈、百度贴吧、QQ、微博还有 58 同城招聘之类的，但最主要的是微信，当然还有最近比较火的陌陌。

Q：你有哪些微信营销方法？

A：基本上一开始是找朋友推荐，现在则主要是分给下面的代理，因为现在代理比较少，所以现在我主要是发展我的代理团队。

Q：现阶段你遇到的问题和困境是什么？

A：身边的朋友和家人一开始都不理解，他们觉得我本来做得挺好的，突然开始做微商，有点不太理解，他们以为我被人拉进传销组织了或者被盗号了。但是我觉得只要慢慢做出成绩来，他们会慢慢理解的。

Q：你跟其他微商有交流吗？交流些什么？

A：有，我们偶尔会聊一些微商方面的事情。比如代理方面遇到的困难、市场行情及各自的经验。另外不交流产品时，我们也会说一些平时的生活爱好。

Q：你对微商的理解和看法是什么呢？

A：做微商主要是做自己的朋友圈，可能刚开始会有人不太接受，就像我，大家会以为我是不是被传销了，会有些不大好的言语。但是现在只要坚持下来，一切都会好转。我觉得，现在的微商就像当初的淘宝。虽然微商对微信朋友圈依赖非常大，但是我觉得它还是有很多上升空间。因为我们只要有一部手机，就可将店铺带在身边，随时随地做生意。在不久的将来，微商会取代一切。

Q：做微商给你的生活带来了什么样的改变？你的目标和梦想是什么？

A：刚开始家人、朋友都是反对的，我在她们不同意的情况下偷偷做的，那时投入不算大也不算小，但是家人觉得我盲目去做，太不靠谱了。随着后面销量上去，她们也慢慢支持了。另外，我做微商也认识了各地的朋友，大伙是从事各行各业的，却共同加入我们的团队中，有的是兼职，给自己额外加点收入；有的是全职妈妈，做微商贴补家用。大家相互沟通谈心，无论走到哪个城市都会有自己的代理在，这是件很值得自豪的事情。因为我的微商刚起步，我希望我的团队能越来越大，代理越来越多，发展到有家自己的微商公司！

海乘风点评

淘宝的红利期也已经过去了，但是微商的红利期才刚刚开始。微商属于社会关系电商的延伸。单纯通过 APP 直接销售产品达不到预期的效果，但是先建立信任关系再产生购买的营销方式却很好，这已经得到了市场的验证。有很多微商在初期借用大品牌的力量迅速把团队扩大，团队扩大了，渠道有了，凭借经验创立自己的品牌或者微商平台。现今是产品销售带动品牌价值的时代，只有产品销售出去了品牌价值才会得到进一步的提高，所以大多数品牌商还是在不断为加强品牌建设而增加背书。作为运营团队，往往把握着渠道，也就有了“渠道为王”的说法。

11

从排斥到兼职月入 20 万，艺术总监解密自己的微商生意经

❑ 文 / 宋肖峰

标签 兼职 团队运作 美容产品　　微信 songxiaofeng88888

我叫宋肖锋，山东威海人。我小时候是出了名的爱臭美，记得有一次就因为衣服不好看换来换去上学都迟到了。在读高中时，偶然一次听到电台里化妆造型学校在招生，我就非常淡定地和父母讲我不想继续读书了，我想去学习化妆造型。当时父母非常反对，觉得一定要读书将来才会出人头地。当时我很坚定地对我母亲说：三百六十行行行出状元，我一定要成为这个行业的状元。后来父母看我比较坚持就同意了。如今我在这个行业已经工作 13 年了，现在是国内最大的一家奢侈品婚纱集成店的艺术总监。

微商我是 2014 年 3 月份知道的。当时我的一个朋友向我推荐一款喝的美容产品，说很好，还可以赚钱，但我并不相信。因为我压根儿就不相信微信可以赚钱。但我知道她自己在喝，我就一直在观察她的变化。我是做奢侈品婚纱销售的。13 年销售经验让我并不担心我不会卖东西。只是产品是否真的好？是否真的可以赚钱？在观察期间我的一个孕妇朋友也在喝她的这个产品，我就和她说：你怀孕了还敢喝？万一喝出点问题怎么办？当时竟被她笑话无知。后来才知道胶原蛋白对孕妇非常好。直到人家小孩出生了我才相信，因为她家的孩子特别白胖，非常健康。这使我对微营销有了进一步的好感。还有，因为工作关系我对形象要求非常高。我常年敷面膜、眼膜，可以说我用过的面膜不下 30 种，但我的鱼尾纹还是很严重。8 月 28 号我去北京某医院想做注射美容填充下鱼尾纹和笑痕，因为认识院长所以还比较放心，至少不会毁容。经过与医师聊天才

知道，注射两年后还要注射。因此我就没有做成。爱美的钱没花出去多少有点失落，回来后我就想自己试喝下朋友推荐的美容产品。我当时一下买了 11 盒。收到货后我没有按照说明书喝。我把它当成饮料兑很多水一起喝。有时一天我会喝 4 包。所以不到一月我感觉效果很明显。在喝的过程中，我会把自己的变化和真实感受发到朋友圈，结果没过多久自己买回来喝的都被我一盒三盒卖出去了。现在拉皮手术我是不用考虑了。我做微商仅一个月时间就已经拿下了市总代理，我下面也有了 6 个代理，他们分别在青岛、杭州、宁波等地区，他们也都有了自己的代理。

我说得很平淡，大家可能会觉得没什么。但我想告诉你，做微商，选择产品很重要，这个产品我考察很久才敢这样大胆去做。我看到了独一无二的市场的前景和公司对价格的严格把控，从而让整个市场不会把价格做乱，这点非常重要。所以无论以后再投资任何行业，微商我是永远不会放弃的。

微商经验谈

Q：你是什么时候开始接触微商的？

A：我真正开始做其实没多久，大概在一两个月前。我是去年（2013 年）3 月份接触的微商，我朋友跟我说微信可以赚钱，她给我推荐产品，我个人比较注重保养，所以就开始接触了。

Q：你现在是国内最大的一家奢侈品婚纱集成店的艺术总监，做微商会对这份工作有影响吗？

A：不会，因为我们上班时间比较自由，一般在 12 点以后上班，19 点左右下班，还是有很多空闲时间的。

Q：你的同事知道你在做微商吗？他们是什么态度？

A：大多数以前都知道。我们老板的观念很明确，不管你做什么，只要不影响上班，把本职工作做好就可以。

Q：你的家人知道吗？他们支持吗？

A：我爸妈都知道，因为他们现在都在喝我的产品。父母当然都支持，从我高中没读完就去学化妆造型开始就再没跟家里要过一分钱，我基本都是独立的，所以父母支持我做任何事情。

Q：你做了13年的奢侈艺术品的销售经验，这对做微商有什么帮助吗？

A：我觉得销售其实都是相通的，销售奢侈品也好，做微商也好，其实有共通点的，我卖婚纱也是在销售产品，做微商也是在销售产品。我觉得最主要的是，应先把自己销售出去。如果你自己都没办法销售自己，你的客户就没办法信任你，那怎么让客户来买你的产品呢？学会包装自己的同时，你要让对方感受到很真切，不是虚的、浮的感情。

Q：你现在的月流水能做到多少？

A：我第一个月就做了十几万，现在应该会更多吧。说实话我一开始根本不相信微信能赚钱，当别人跟我说了后我才开始观察。我找了很多方法，做了许多详细的准备工作，在没有真正开始做之前我就一直在销售宣传自己，所以说我从拿到产品到做得还不错，这跟我前期的准备有很大关系。

Q：你现在的代理团队有多少人了？

A：暂时是6个，她们下面还有自己的代理。

Q：你是怎么招到这些代理的呢？

A：开始的时候，我总觉得微商就跟传销一样，但是真正接触后觉得越来越有意思。我觉得做微商是一件很有意思的事情，我愿意去做。我记得刚开始认识海乘风老师的时候，他帮我分析了面膜市场、护肤品市场、我的产品市场。他讲得很清楚，他说面膜和化妆品市场很难做，除非你选择一个靠谱的公司，这个公司对你的产品支持很大，对你下面的人支持很大，公司在产品广告上的投入很大，你才可能做起来。但是目前我现在做的产品是市场上比较空缺的产品，物以稀为贵，喝的美容产品大家都不敢去尝试，但是是大家接触到了、用过了都会义无反顾地回来重复购买，因为大家都知道胶原蛋白对身体的好处。所以说产品是关键。我的代理们基本都是用过了觉得好才加入的。

Q：招代理有标准吗？如何管理自己的团队？

A：我不会发展很多代理，我的计划是发展到30个代理就差不多了，但是这30个代理必须都是强的。我会制定不同的基数，如果说你满足不了我的最低发货要求，我会取消你的代理资格。说实话，微商这么多，谁都想做，我不希望我的代理挂着羊头卖狗肉，所以说你若是做着我的产品，同时还做着其他的产品，我会取消你的代理资格，因为我喜欢做事专一的人。

Q：你朋友圈是怎么加人的？

A：在做微商之前我朋友圈里只有400多人，到现在为止我朋友圈里仍然没有多多少，多了不到200人。我觉得把握好现有的朋友圈里的人就足够了，这里面都是你比较信得过的朋友，都能真正转化为客户，我后来额外加的人其实都是去各个群里去听课时，他们主动加我的。

Q：和其他微商交流得多吗？交流些什么？

A：就简单的聊天，我跟他们聊天的时候从来没有聊我的产品，我从来不说自己做的产品多好多好，我都是去了解他们的产品，那些比我做得好的、比我做得大的微商。我会以悉心学习的态度去交流。对那些刚刚起步的、比我弱的微商我更多的是给他们一些建议，比如说他目前做的产品应该再怎么样包装怎么样发展。当我们聊到一定地步的时候，他们会主动反过来问我在做什么产品，这个时候我就会比较主动，能够把自己产品推出去。

Q：您对微商有什么理解和看法？

A：我觉得随着互联网的发展，之前的销售是直接卖产品，产品摆在面前，拿着产品说话，而微商是拿着你的人品说话，如果你的人品好，对方感受到了，就会成功。我觉得微商就是销售自己，销售人品。我觉得任何一个产品和销售模式，只要用心做，做真正好的东西，就一定会成功的。

Q：做微商给你的生活带来了什么样的改变？

A：不像以前那么“宅”了，现在特别喜欢约朋友出去吃饭、聊天，他们都能看到我的变化。

Q：你现阶段的目标和梦想是什么？

A：分两块，第一块是我的本职工作，就是我的奢侈品婚纱，能吸引更多的品牌到我们店里来。另一块是微商，到目前为止我的想法是到2015年年底的时候，我的直线代理必须要达到20个，每个代理的流水都要达到10万以上，这是我努力要实现的。我觉得既然朋友相信我跟着我做，我就得帮他们赚到钱。

海乘风点评

微商从业者中女性占到了8成以上，这8成的微商既是信息源，也是销售源。一款产品的微商必须要自己先使用（并不是试用），所以微商本身就是其经营产品的受众人群之一。也只有微商本人认可了这款产品，才能为客户分享自己的变化和自己的使用心得，才能真正做到把自己内心的感受分享给其他人。微商在选品的时候要注意三点：女性用品受众最广；快消品复购率最高；尽量避免市场同质化产品。

宋肖峰选择了一款与众不同的产品，胶原蛋白饮品本身在微商市场上就是一个空缺。第一个吃螃蟹的人总会有很多红利。另外一点就是，其本人具有很有说服力的证据：其自己喝了胶原蛋白，鱼尾纹已经慢慢消失了。

12 全职宝妈立志不做“黄脸婆”，翡翠微商1月流水100万

□ 文 / 唐子涵

标签 宝妈 创业 奢侈品　　微信 tangzihan913

我叫唐子涵，是音乐学院毕业的，学的是音乐教育，毕业之后做过老师和歌唱演出。我非常喜欢邓丽君，经常模仿她的唱法登台演出，并在一次北京的邓丽君歌迷协会举办的全国性歌唱比赛中获得了十佳选手，也曾经在一次选美中拿到了广州赛区的冠军。但随着儿子渐渐长大，我就暂别了过去的舞台，努力在全职妈妈这个职业上尽心尽力。虽然照顾儿子是我心里最开心的事情，但日子久了，也会有种和社会脱节的感觉。这段时间每天都在家里、幼儿园、市场、厨房间来来回回，接触的都是油盐酱醋，久而久之，真的觉得会变成“黄脸婆”。等儿子睡了我在一旁想，虽然老公可以养我，他也愿意养我，但我不能一直这么下去！所以就萌生了要自己做些事情的想法。

好几年前，我和舅舅一起做过实体的翡翠批发生意，我陪他一起开料子，一起在他的工厂加工，所以我懂这方面的专业知识。但现在实体店并不好做，生意贸易什么的都渐渐发展到线上，想要有所发展必须与时俱进。刚好碰上了微信蓬勃的时候，微商也逐渐发展起来了，我就趁着这个势头，在微信上做起了翡翠批发生意。

刚开始做的时候只是一些好朋友和亲戚支持，生意也是一般般，没有形成规模。随着时间推进，由于我对翡翠懂得较多，再加上产品品质好、价格低，慢慢的，越来越多对翡翠珠宝有兴趣的客人主动加我，还有些客人买回去觉得物超所值

后主动提出做我的代理，我就这么一点点累积了客源。

由于翡翠是我的一个兴趣，所以很多时候我会和客人或者代理去探讨一些关于翡翠珠宝的话题和知识，慢慢和他们成了好朋友，之后也会谈谈别的兴趣和爱好。因此我觉得微商是一个有人情味的职业，大家可以聊家常，可以在朋友圈分享平时生活的点滴和心情，或者畅谈人生或者倾诉衷肠，这一点是其他线上交易平台无法比拟的。

不知不觉从事微商这个行业也有一年多的时间了，在这段时间里，我发展了代理还结交了许多朋友，这些都让我的知识更加完善。在身边的朋友和家人眼中，我是一个有事业的女性，不再是只会买菜、做饭、煲汤的全职妈妈，这点是我最值得为自己骄傲和高兴的。曾几何时，当我在默默洗菜、切菜的时候，想起一些有事业的昔日同窗，心里是无比羡慕，但那时真的不知自己能干点什么。其实赚钱不是最重要的，重要的是：**实现了人生的价值，找回了自己的自信。**

微商经验谈

Q：你是什么时候开始接触微商的？

A：我大概是在 2013 年年中的时候开始有这个想法的，一开始打算做自制化妆品，后来结合自己的情况，试试做了一下翡翠，结果由于品质和价格的关系很受大家喜欢，我就开始主做翡翠了。自制化妆品就是偶尔给不错的朋友，没有正式销售。当时想做的原因就是觉得这个可能是一个趋势，然后想试试，毕竟老公上班很辛苦，也想与他一起分担压力。现在我和舅舅成了很好的合作伙伴，因为有他，货源的品质、质量还有价格我这里都是第一手。

Q：你是怎么找到客源的？

A：我只是喜爱翡翠，其实我并没有太多的商业想法，就是把质量好的、价格有优势的翡翠推荐给有缘人，所以我没有正式的定位，真的喜爱翡翠的人都是我的人群吧。我做的时候其实没有刻意去加人，都是顺其自然的，一开始都是亲戚朋友，然后大家觉得很好，就会给我不断地推荐客户，就这样客源慢慢积累下来了。

Q：你现在的月流水能达到多少？

A：100万左右。

Q：你是如何稳定自己的销量的？

A：我没有促销手段，我只会很负责地分析和分享翡翠适合或不适合某一个人。销量一直都很稳定，因为购买过我的翡翠的人一直都会推荐更多的人来，这应该就是口碑吧。

Q：做微商过程中有什么印象深刻的事情吗？

A：印象最深刻的就是第一次上传两件翡翠的图片，可能是我的品质太好，价格太低，不到一个小时就被我的微信朋友买走了，这也是我的第一桶金，也是我更加坚定信心的来源。

Q：那你老公和你的家人支持你做微商吗？

A：支持啊，就是心疼我，觉得我太累了。

Q：现阶段你遇到的问题是什么？

A：我做的一直都比较顺畅，最大的问题就是随着客源越来越多，有些忙不过来，睡眠较少。但是我从一开始就没有想过过大商业化，所以我现在就是尽力服务好每个热爱翡翠的人。

Q：和其他微商有交流吗？

A：基本没什么交流的，去商业化是我一直保持和追寻的方向，我只想分享更多好翡翠给大家。

Q：你对微商的理解和看法是什么？

A：微商这个词其实有些难懂，更简单易懂的理解应该称为重关系的社交电子商务，这本来就是趋势。这个趋势会越来越明显，只不过它的经营方式会更倾向碎片化与代理的加入。

Q：做微商给你的生活带来了什么样的改变吗？

A：微商给我的生活带来的最大改变就是，我的价值得以度量，花钱再也不用向老公要了！

Q：你的目标和梦想是什么？

A：我的目标和梦想就是儿子健康成长，老公工作顺利，我生活开心，大家都越来越好！

海乘风点评

说到底微商还是社会关系电商，做一个有“人情味”的微商至关重要。在淘宝上买东西的时候经常会出现买完就算了，没有后续的服务的情况，和客户也建立不了联系。另外一点是客服属于企业，微商是个人行为，所以在服务上我想后者会略胜一筹。唐子涵因为个人天然的优势，在珠宝品类中把自己的微商事业做得有声有色，但是单兵作战的时代终会终结，因为这个品类的销售需要较高的专业知识，且适合分销不适合代理，所以找到一个好的合伙人显得十分重要。

13 为梦想90后辞职卖化妆品，组团队一个月流水近70万

文/温铭宇

标签 90后 创业 团队运作 化妆品　　微信 sn645541120

大家好，本人温铭宇，出生于1991年，从2014年6月份开始从事微商工作。话说这段路走得确实有些不容易（当然做什么都不容易）。我是从2013年开始意识到移动互联网越来越热，那个时候网上流传着各个互联网行业的大咖造梦移动互联网的故事，而我作为一个人群中最多只会被扫一眼的普通人，整天也在幻想着各种美好的互联网梦。当时我从事的工作就是在互联网公司做一名普通的销售人员，一个月可以拿到万把块钱的工资。终于在2014年年初我开始用微信了，仅用了两三个月的时间，我的微信里面就出现了一些卖护肤品的、成人用品的。有一天下班，同事说现在微信好烦人呀，到处都是广告，我都屏蔽删除了。我就笑了笑，随口回了一句“什么人都有嘛”。我这人有些另类，从小看电视跟多数人都不一样，喜欢看广告。于是乎就在那几天我在微信里面咨询了几个卖产品的人，他们说的其实都差不多，加盟代理、推广卖东西。一问他们的收入，都说还不错（我也没考察过），于是乎我就开始了一件代发的工作。开始没怎么用心，半个月一个产品没卖掉，可是我发现了一个现象，有很多所谓的朋友删除或屏蔽我了。

接下来我做了一个决定——辞职，然后全职做微商，当时就出于一个想法：我要通过做微商认清楚更多的所谓朋友，其次是我给别人都可以创造出那么多利润，为什么就不能给自己做呢？

第一个月运气不差，赚了四千多。中间发现了更多的问题：假货、朋友删除或

屏蔽、有人恶意破坏等。我每天自己上网找各种资料、渠道，然后也由一件代发模式转变到了分销代理模式，自己囤货。那个时候我先一点点囤，没敢太多，到了 9 月中旬的时候，我自己把团队发展到了十几个人，卖得越来越多，然后每天就管理团队，9 月份收入 3 万多。就这样不断地扩展团队，系统性地做到现在，每个月差不多四五万的收入吧。我也没调查过，但是我觉得比我做得好的人非常多，而我所代理的产品卖的人太多了，但我自认为现在过得还挺悠闲的，每天自然醒，想去哪里就去哪里。

我总结了一下，不管是做微商，还是开淘宝店，最重要都是产品质量，其次是自己的服务能给客户带来多好的体验。比如，你信息回复速度、介绍产品的情况、发货之后回复单号的情况、能否满足顾客提出的某些小要求等，不要认为这些细节不重要，你换位思考一下即可明白。特别是现在大家基本都是有团队的人，每个人都忙，管理团队不是单单教队员怎么推广方法，要教会他们理念。我虽然是采取放羊式，但是每天会检查作业，还要定期清理人。系统打造好了，只需要复制就可以了，不管什么产品都一样。重点在于：**你是否可以比别人有更多的坚持**。

我会自己花几千块钱带着跟我做的人去学习更高端的东西。没有永远的人才，你如果只想卖多少算多少，那你永远做不好。猪在风口飞的时代已经过去了，如果你清楚，现在是海潮来临了，你要让自己努力变成海燕才可以。

微商经验谈

Q：为什么会要辞职做微商？

A：我之前的工作是在一家网络公司做运营，所以经常接触微信上的营销知识，随着微信的不断白热化，我就产生了自己干的想法。我的原则是，换地方但是不换行业。

Q：家人支持你吗？

A：对于我的工作，家里人一直都是支持的，特别是我做微商，老婆特别支持。

Q：你在做什么产品？如何找上家和产品？

A：我从开始到现在都在做化妆品，虽然现在做的人越来越多，但这块毕竟是属于消耗品，就跟吃饭一样，只要有人，产品就会有市场，我是出于这个考虑选择这块的。因为我的朋友也在做这个，所以我一开始就是从他那边做起来的。

Q：产品选择的标准是什么？你还打算代理其他产品的打算吗？

A：对于化妆护肤品，说实话做微商的都清楚——市场很乱，各种爆款、假货等老生常谈，所以我选择产品的标准是，首先，我会选择有实力的公司的产品，当然我常选择在央视做广告的产品，这种产品质量和名气都有保证，既方便推出去，又能保证产品的质量安全。其次，我做的产品种类不多，就只有几种，因为卖多了，会因过于乱杂，反而卖不出去，做得少而精，会给顾客一种专业的感觉和态度。至于代理其他产品，后期我会根据发展情况而定，也就是看市场，有机会则有可能会涉及其他的产品。

Q：如何解决客源问题？

A：我会有任务，会用最笨的办法加 20 个人左右，比如摇一摇、贴吧之类的，不会一下子加很多，加多了也没用，最重要的是成交率。我会跟加进来的每个人都进行交流，以拉近距离，让他们觉得微信背后是一个有血有肉的人，让他们知道并且认可我的存在。这样我就会走进顾客心里，与他们成为朋友。不能上来就卖产品，除非你想被删除或者被屏蔽。

Q：你现在的月流水能做到多少？

A：我现在每个月的流水大概 60 多万，做得好的人比我多很多，类似我这样的微商现在其实一抓一大把。

Q：有什么好的销售方法？

A：我总结了一下，第一是别着急，跟顾客慢慢聊，**不要上来就切入到产品上去**，他们会有抵触情绪。第二还是要慢慢聊，聊天时候要循序渐进，**了解顾客，走近顾客**，让她们认可你。第三，就是要提出产品了，**平常要多关注顾客的动态，对他们的朋友圈进行评论，不要一味地刷广告**。就这样坚持下去，慢慢积累，很快就会见到成效。

Q：你的团队现在有多少人？

A：我的团队目前有一百多个人了。别人加入时会收取几百块的加盟费，所有的加盟费都是统一的，以后我不会再跟他们收取别的费用。每个月我会根据每个人的成绩给大家分红提成，以确保大家的积极性。

Q：团队是怎么管理、培训的？

A：团队管理我只做一点：每天布置任务，然后设立小组进行检查，看大家的完成情况，完成得好的我会给他们更多的奖励分红，这跟实体公司是一样的。

Q：跟其他微商团队有交流吗？

A：这个没有，我个人是不跟其他团队交流的。我觉得你要是真的能理解这个行业，那你仅看对方的动作就会清楚他们做了什么及准备做什么。

Q：你做微商有什么收获？

A：首先是金钱方面，做微商在收益上还是很可观的；其次是管理团队方面，我管理团队的经验不断提升，这为以后的发展积累了不少经验；还有就是互联网方面的一些思考吧。

Q：你下阶段的目标是什么？

A：下个阶段的目标很简单，我打算把团队扩大到两百人，并增加销售额。给团队中的人更多的分红。

Q：你对于微商有什么理解和看法？

A：我个人认为微商是移动互联网的半成品，直销模式，当然我采用的不是直销模式。我是用同一价格给每个人，根据每个人的销售额分给她们相应的分红。根据趋势，未来不会有大的爆发点，因为目前还没出现统一的规矩，我觉得微商会改变一大部分人的消费模式和观念。

海乘风点评

招募微商团队的小伙伴和创业一样。可把创业想象为一个平台。这个平台有上游的“小伙伴”和下游的创业本身这件事，可以把上游和下游这两个东西都放到创业平台上，你就是 leader。要招募小伙伴先要有对个人、对团队的信任，有了信任再有了“创业这件事”的契机，大家就可以聚集在一起。微商创业中如何招募小伙伴是一个很大的难题，这基本左右了微商团队将来的规模。温铭宇现在的团队有 100 多人，并且还在持续增加中，他的策略是把团队所有人的权益平衡好，不断地给团队鼓励和持续的监督，这保证了团队的活跃性。

14

小学教师兼职微商流水账：

5个月，卖面膜，百人代理，月入50万

❑ 文 / 文凤英

标签 兼职 团队运作 面膜　　微信 t61270603

这篇文章与其说是自传，不如说是记录我短短三个月的微商流水账。

相信很多微商朋友都和我一样，在刚接触微商的时候就认为，微商可以用四个字来定义：卖面膜的！但是随着深入的了解，你会发现，这个面膜其实没有自己想象的那么好卖，并不是在朋友圈发发广告别人就会来买，更不是多加一点人就可以卖出去。这里面，需要学习的东西太多了！

做微商不是一件轻松的事情，做一个成功的微商就更不容易了。当你有了一定客户的时候，你要去想，怎么样才能让你的代理不流失。但是所有的微商基本上都会面临这样一个问题——代理流失。每天努力地宣传，不停地发朋友圈，当你做得有点起色的时候，还得打包发货、进货，其实这些都不是最苦的。最头疼的是跟你做得好好的大代理，突然有一天他就消失了，不见了，把你拉黑了。这时你是彻底失去他了，真是超级无语。

从最初的单打独斗，到后来找到代理，自己建群、培训代理。通过不断总结，让我发现，只有不断地分享，让每个跟着你的人都能赚到钱，别人才有跟着你做的信心和动力。所以找到代理之后，不断地自我学习就又开始了，研究引流方法，编写课件，培训代理！整个过程用一个字来总结就是——累！

好在现在团队发展还是比较稳定的，让我有更多的信心做下去。我相信这次

创业将会改变我的一生。在这个过程中，没有输赢，因为不管最后微信营销能走多远，能赚到多少钱，我都收获了一段美好的奋斗经历，这是我青春奋斗的见证，我尝试过，我努力过！

献给所有的微商朋友！

微商经验谈

Q：您是什么时候开始接触微商的？

A：今年（2014年）暑假，7月份的时候，因为我是小学音乐老师，平时教一些孩子弹钢琴，上班时间比较自由，不用改作业，就想试一下微商。

Q：你是什么契机接触微商的？

A：我哥哥的一个朋友也是做微商的，我哥哥就建议我可以试一下。我个人对新鲜事很感兴趣，就尝试了一下。我家人都知道我在做微商，所以都很支持我。我婆婆帮我接小孩、煮饭，我老公帮我发货、推广，我就负责上班。

Q：你是怎么接触到现在的厂家的？

A：我是在百度贴吧上看到的，非常感兴趣，就联系上了。然后再去天猫官方店查询了一下，做了些调查，觉得很不错，质量可靠，就放心地做这个产品的代理了。

Q：你做过哪些调查？

A：我看过三草的天猫旗舰店，销量和好评我都一条一条地看了，普遍反映非常好。我在网上也搜索了它的各项资料，都是安全产品，质量会保证。我还去三草的公司考察过。

Q：你现在的流水能做到多少？

A：6位数，50万左右吧，我主要是发给代理，销售这块她们做得比较多。

Q：你的代理都是怎么加入的？

A：我就在朋友圈和百度贴吧里发了下，没有刻意去加人。我微信朋友圈里的人都是她们自己加进来的，我的代理们也是。她们看到我做得好，产品不错，用过之后就来咨询我，愿意的就加入了。

Q：你的代理团队现在多少人了？

A：我现在的直接代理已经有100个左右，整个团队已经有三四百个人了。我们团队没有具体的分工，但是我会给她们组织培训，公司也有定期的课程、如何操作微信、利用网络来推广自己、吸引粉丝，这些都是我自己总结或者听别人的课程总结来的，有些是在公司的培训时学会的。

Q：招代理有什么标准和要求吗？

A：我觉得招代理的要求是：积极向上，有集体合作精神，有团队意识，能换位思考，有利他精神！虽然微商这个平台的时间比较自由，但是毕竟这也是一份事业，要有一定的事业心和责任感。

Q：团队是如何管理的？

A：我们公司有一个汇款制度或者说任务，就是说我们有一定的销售业绩要求，达到业绩的话，我们会有相关的奖励，通常是物质方面的，比如车啊、旅行啊、金钱啊，达不到的话我们会有降级制度。

Q：做微商到现在遇到过什么问题或者质疑吗？

A：没有困境，心态放好，办法总比困难多，大不了就是少赚一点。做微商认识了很多志同道合的姐妹，每天除了想着赚钱还有很多的东西可以交流，互相倾听烦恼，互相加油打气，互相信任，没有现实生活中的猜疑和嫉妒。做微商让我获得了现实生活中缺失的好多东西。本来就是兼职，没有看得特别重要。我的团队是一个用爱心组建的团队，我们做微商时完成的成交都是因为爱！我经常跟我的队员说，**发自内心替别人着想，发自内心帮助别人，你的努力和付出总有人可以看到**！

Q：你跟其他微商有交流吗？

A：有，但是不多，因为我平时挺忙的，主要就交流哪些产品和品牌好卖，效果好之类的。

Q：你对微商有什么理解或者看法吗？

A：这是一个由年轻人发展起来的平台，目前没有像淘宝一样形成系统。这个靠诚信建立起来的朋友圈，需要大家共同来完善和保护，更需要有个关键的人物来领导。朋友圈只是一个媒介，大家应该把眼光放得更远，其实这一切都是因为有人在操作它，什么样的人做什么样的事情！

Q：做微商给你带来什么改变和收获吗？

A：让我认识了很多人，也赚到了钱，比上班收入多。当然，最大的收获是有几个比较交心的朋友跟着我！

Q：您现阶段的目标是什么？

A：我想提高自己，目标是带领伙伴们一起多赚点！

海乘风点评

代理流失是困扰很多人的一个问题，造成代理流失的原因是多种多样的，如代理窜货、换品牌、换品类或者离开微商行业。如果是换品牌和换品类，多半是因为品牌商的扶持和售后没有跟上或者代理本身有了更好的去处。那代理窜货的原因是最需要注意的，同一个品牌、同一款产品，他没有摒弃品牌商只是换了个上家。造成代理窜货，一般是因为对代理的关怀和真正的扶持不够。很多微商都是现实生活中的弱势群体，因为微商可以让大家有创业的机会，有传播信息的价值，但是他们也需要一定的指导和扶持。文凤英现在正在经历一个快速增长的过程，会感到精力和时间非常紧张，这说明她在不停地做有意义的事情。团队的意义在于分工合作，这样才可以复制工作，有了团队才会有更良性的发展，“累”也就会慢慢与自己脱离开来。

15

90 后兼职卖化妆品，6 个月小微商月入 4 万元

❑ 文 / 吴　艳

标签　90 后　毕业生　兼职　化妆品　　　微信　wuyan910622

不知道大家是否和我有同样的感受，若隐若现的童年、迷迷糊糊的青春期过后，就是彷徨的少女时代了。和生活在大城市的同龄人不同，我生在农村，长在农村，小时候的玩具就是用泥巴和树枝做各式各样的小东西。虽然我也是 90 后，但更像是 80 后那一代的。从家里面没通电，点煤油灯到现在各式各样的电灯，看得眼都花了。以前一放学就得去井边挑水、坡上砍柴，现在自来水到家，而且都用上煤气电炉了，想想这社会进步还真快！仿佛这些都还在昨天。

特别感谢我的父母，让我有机会念到大学，让我的人生和格局都扩大了，而且接触到的人和社会层次都不一样，让我受益匪浅！到后来也有幸接触到微商这块。

记得是 2014 年 5 月份的时候，同学给我打电话，说她妹妹在做微商，现在正在招代理，问我要不要做。那时候还很茫然，微商是什么？怎么做？对这些一点概念都没有。后来她解释说：微商就是你在微信上发点“说说”什么的，把你上家的“说说”复制到你的朋友圈上就行了。那时我想，这么简单的事情就能挣钱？那我也试试吧！一开始的时候是做服装和高仿奢侈品这块，上家又不带我，我就天天刷屏，可能是价格太贵了，那时根本无人问津，发了两个多月就卖了两套衣服，挣了 40 块钱。后来朋友收到货后都不是很满意，没质量问题又不能退，弄得特别尴尬。我开始有点犹豫了，该选择什么样的产品呢？哪方面是我擅长的呢？

中秋节回家的时候，遇到高中同学，和她聊天的时候谈到了我的难题。她问我，你不是对护肤这块特别懂吗，为什么不做护肤品这块呢？经过她的提醒，我突然意识到了：对呀，我最懂的就护肤这块，身边的朋友有啥皮肤问题都问我有啥办法解决。所以这块对我来说最好做，特别是面膜，这是高耗品，几乎每个女孩都需要它！而且我身边的姐妹这么多，总有几个需要吧！回来后我开始了解护肤产品。恰恰我一个好朋友在做护肤品这块，她代理的是思埠旗下的几款面膜，我从她那拿了两盒来用，感觉特别好，后来就从她那拿货，做了她的代理。第一个月就挣了一千多。尝到了甜头，就更卖力地促销了，慢慢的身边的朋友都从我这儿拿护肤品。用着感觉好的又给我介绍客户，后来也有了自己的代理。越做越开心，现在发现自己已深深爱上了这个行业了。

为了我的团队越做越大，空余时间我一直都在学习关于护肤和化妆的课程，然后教给我的代理们。因为有时候，买家们不一定是为了买东西才来找你，碰到皮肤出现什么状况了，来咨询下，我也要根据每个人的状况提出不同的建议。想成为一名优秀的护肤品代理，首先自己得是个美容专家，才能正确教授买家们产品的功效和使用方法。代理不光要有热情，不是光发发产品就可以了，还要有怎么加粉、怎么维护朋友圈、怎么做推广、怎么扩大自己规模的意识和决心。把自己看做是团队的核心，这样团队才会越来越强大。

我一直都坚信：**做自己喜欢做的事情，微笑待人，买家买的不止是产品，还是我们优质的服务**。你想他人怎样待你，你就先怎样待他人！

微商经验谈

Q：大学毕业后有找工作吗？什么工作？

A：有，我的专业是室内设计，所以工作也是这块的。

Q：现在还在做吗？

A：我现在还在做，做微商是我的兼职。

Q：你是什么时候开始做微商的？

A：今年五月份，到现在有六个多月了。我平时不干事的时候特别喜欢淘宝，有一天同学跟我说，她妹妹在做微商，问我有没有兴趣。那时候对这个什么概念都没有，微商是啥啊？她说，只要转一下她们的说说、朋友圈，就行了。

Q：你现在微商做的产品是什么？

A：护肤品，主要是思埠的护肤品，还有魔皂、减肥贴之类的。

Q：为什么会选择这些产品？

A：因为我对这一块比较懂，上大一的时候我就偶尔美容，接触了这方面的知识。肌肤出现了什么问题我都能解决，这是我的长项。我身边的朋友出现了问题都会来问我怎么解决，我之前做过玫琳凯的直销，经常到那边实习。我一开始做微商是因为我同学的妹妹是做高仿衣服之类的，我刚开始做的时候，卖了两个月的衣服，才下了两单，赚了 40 块钱。天天刷屏，都要放弃了，因为自己也没有太多的时间。后来我朋友说我在做护肤品这块，一个月都赚了两三千，她说：你本来就懂这快，为什么不做这块呢？我想想是啊，于是就跟着做了。她那边就是在做思埠的产品，那个时候产品正火。

Q：你是怎么解决货源问题的？

A：我直接找同学拿货，她就是我上家。我自己先拿了两盒用了一下，觉得还不错，就正式拿了些开始做。当然她其实也不算总代，所以到我这边价格有点高，但是现在市场太乱了，不敢找其他货源，就是将就着这样吧。

Q：你是怎么解决客源问题的？

A：客源都是我身边的朋友，我之前一直都是在做护肤这块，她们有问题都会问我，我就顺带给她们推荐我的产品，她们用了觉得很好，又给我推荐了新的客户，就这样慢慢通过口碑积累了客源。

Q：你是怎么招代理的？

A：我现在有 4 个代理，都是我的朋友或者我朋友的朋友。她们都是在用了之后觉得还不错，我再和她们说你除了自己用，还可以卖，若是如此，你再使用产品，价格就更低了。她们听了心动了，就加入了。

Q：你是怎么解决微信加人的问题的？

A：其实我之前都没有加过多少人，都是搜一下附近的人。一次偶然的机会了解到 P 家帮，那时才知道有这种微商群。后来我加了一些专业微商群，里面有很多人，我可以在群里面加人。

Q：你和其他微商有交流吗？平时交流些什么呢？

A：有，我自己建了一个群，专门解决护肤问题，虽然大家卖的产品可能不同，但是客户的问题都差不多。我懂得一些知识，就跟她们说。主要是她们跟我联系，觉得我能给她们解决问题，其他方面没有太多的交流。

Q：你现在的月流水能达到多少？

A：4万。

Q：你是怎么达到这个流水量的？

A：除了代理外，我主要是靠身边朋友介绍和回头客，她们不止买面膜，我会给她们推荐一整套产品。我每卖出去一套产品都会跟进，教她们怎么用，及时给她们解决问题，她们用得好的话都会继续用，还会给我带来新的客户。比如我给她们解决祛痘问题，那有痘痘问题的朋友都会来找我。因为我平时还有工作，所以没太多时间加人或者打理，现在我所有的客户全是身边的朋友、同事。

Q：在做微商的时候遇到过什么问题吗？

A：我现在遇到的问题就是不知道选择什么产品比较好，没有一个好的产品定位，还有如何带我的代理。因为我现在的代理都是新手，从来没接触过微商。我会建一个群，拉她们进来，有的人会不断地加人或者联系别的微商，我知道我这边给她们的价格没太大的优势，所以我有代理流失的问题。我想找新的一手货源，甚至成为总代，这样我给代理的价格会低一些。现在我给她们的价格只比我的拿货价高了5块钱，也就是说我只赚他们5块钱。

Q：你是怎么分辨产品真假的？

A：我会从她们那边拿一盒自己试一下，亲身尝试，有效果的话再进货。

Q：你朋友圈发广告多吗？

A：我很少发，一天就四五条。以前做衣服的时候一天会发十多条，但是没效果，而且招人烦，所以我现在一般都是早上说一下早安，分享一些笑话之类的，中午及下午分享些客户咨询、产品信息和微店信息，晚上发些心得。我身边朋友应该没有把我屏蔽吧。

Q：你对微商有什么理解和看法？

A：我觉得微商是个不错的途径，主要适合的人群是家庭主妇、带着小孩的妈妈。我都想自己结婚后全职做。我觉得它的前景会很好，又不是很累。

Q：为什么你觉得前景很好？

A：因为现在人手一部手机，大家都是一打开就看微信，比看QQ、淘宝还频繁，因此我觉得在微信上卖东西看到的人会更多。

Q：做微商会不会对你的生活或者工作产生影响？

A：会，我工作时，手机会开着，代理和客户会时不时来问问题，我就得马上回答她们。这使我整个计划都是碎的。比如我在画图的时候信息来了，我就得看信息，以前一个小时能完成的事情现在三个小时才能完成。

Q：家人和朋友对此有什么看法？

A：他们都挺支持我的，觉得挺好的。

Q：你以后的目标是什么？

A：我想把现在的流水做大，然后组建做一个强大的团队，带着大家一起赚钱。

海乘风点评

对于发展很快的微商团队和品牌商来说，他们遇到的最大的问题莫过于市场乱价和代理窜货，但是如果想很好地管控就要分析出现这种情况的原因。市场乱价是因为品牌方的管控不够严格，另外会有很多同类产品不断地对现有产品进行冲击，品牌方一旦售后和扶持跟不上就会出现乱价。代理窜货是因为代理可以从其他上家享受更好的培训和优惠，主要原因在于微商团队的leader。避免的方法就是提高团队的整体实力，有实力的品牌商会帮助团队提高实力以更好地帮助微商一起成长。吴艳是最早的“P家帮”的成员，每次在微商大咖分享完心得以后，她都会认真做好笔记总结，以便自己学习及分享给他人。目前，她的团队在发展中遇到货源问题，并且团队的管理不够规范。团队交流的时候最主要的是关怀，把团队小伙伴的事情当做自己的事情，大家一起来面对，这样的团队才会有凝聚力。

16 好村官带村民共同致富，卖蜂蜜年增收突破 20 万

❑ 文 / 谢国栋

标签 村官 兼职 食品　　　　微信 xieguodong130340

我叫谢国栋，北京市大学生村官，兼大学生村官超市负责人、honey 好想你负责人，微龄两年零三个月。我是在研究生二年级的时候接触微信的。一天回到宿舍听到舍友在讲微信，出于好奇，决定尝试一下，结果一不小心就爱上了“她”。现在一天不见她就会觉得少些什么。每天睡醒第一眼就是看“她”。起初接触微信，只是用来和朋友交流沟通，那时我感觉与其他聊天工具并没什么差异，只是一个媒介罢了（我承认自己在新鲜软件方面是个十足的技术盲），接触的时间长了才知道“她”的能力很强大，于是关注很多自己感兴趣的公众号，学习了很多知识。

说了这么多还没有详细介绍自己利用微信尝试创业的经历，下面和大家分享一下。硕士毕业后到北京的基层当大学生村官，起初只想干好工作，时间一长发现本地区村民有很多特产卖不出去，都是好东西，就是卖不上价钱。城里过来的商贩都会把农特产价格压得很低，当地村民辛辛苦苦劳动一年，结果被商贩把 40% 的利润拿走了。

在农村这种现实情况的刺激下，我这颗蠢蠢欲动的心又开始不安分了。想帮助当地农民推广特产。无巧不成书，上一届村官正在推广当地蜂蜜，详细一聊就动了心，于是跟着上一届村官开始销售蜂蜜。起初只是利用微信在朋友圈推广，首条微信发出去竟然卖出去一百多罐，很有成就感。

第二天、第三天……销量却在不断减少，后来我想，朋友圈子是不是太小了？于是建群以壮大自己的朋友圈，精心努力一个月竟然有一千多微友，不过销量并没有上去，而且在销售过程中遇到一个非常现实的问题，就是当自己的蜂蜜卖给陌生朋友时，如何结账、收账，如何保证信誉，这成了头等大事。于是和几个志同道合的村官朋友开起了淘宝，但是淘宝店装修、经营比较复杂，效果虽好但缺乏灵活性。正在迷茫时，“小微”再一次让我眼前一亮，当然这次是微店，效果还不错，2014 年，销量就突破一万瓶，我们团队也受到一些媒体的关注，如《中国青年报》、《昌平报》、《中国法制报》、《环球时报》（英文版）、《新天地杂志》、《京郊时报》等都对我们的蜂蜜进行了跟踪报道。

做得时间长了，我们的团队逐渐壮大，有了一个 4 人核心领导团，外加 40 多个高校代理，北京各个高校基本都有我们的代理，部分高校可以保证一小时内送蜜上门。对于北京以外的蜜友，我们用快递送货上门。目前蜂蜜的包装还是简装，因为我们有理由相信，最好的蜂蜜不怕包装简陋。我们要求每一个代理都建立自己的微信平台宣传推广，同时建立一个属于自己的微店，这样一来就减少了总店的压力，也激励每一个代理自己打理自己的生意。

回想创业过程，一切都是缘分，二位“微微”（即微信和微店）对我们帮助很大，降低了我们的运营成本，提高了成功几率。我们现在又趁热打铁，结合实际建立特产联盟，全国任何可以快递运输的特产都有可能成为我们的供应商，同时供应商也有可能成为我们的销售商。我们做的只一件事：让更多原生态特产走向市场，让更多消费者用上放心的产品。

写作本文时是凌晨 2 点，但我仍旧没有睡意，因为上了创业这条船，自己每天都很兴奋，精力过盛。说了这么多，最后感谢领导对我们工作的支持、感谢二位“微微”，感谢一路相伴的合作伙伴，感谢一路相随的蜜友，愿更多的朋友快乐每一天。

微商经验谈

Q：你是什么时候开始接触微商的？

A：微店是今年（2014 年）年初，要是微信也算的话，我去年 8 月份就开始了。

Q：为什么会选择在微信平台上销售蜂蜜？

A：早期我认识面比较窄，那个时候做蜂蜜，就只能靠朋友圈、QQ 圈、BBS 这些软件，后来看到朋友圈有很多人在做微商，觉得可以尝试一下。刚上手效果非常好，就坚持用它了，而且到今年发现微店运营得也很好，所以微店也很快成为主流渠道。早期我们也用过淘宝，当时店名是："大学生村官蜂蜜店"，后来还开了"大学生村官超市"，但是用淘宝不利于采用代理商模式，因为我们获得的信誉都是我们开淘宝店的人的信誉，对代理商没有利益。所以我们后面就想到了微店，我们的代理都必须开一家微店，卖我们给他们的蜂蜜，这样他卖多了，他的店的信誉就刷起来了。就算他后面不跟我们合作，他的信誉也还在。所以其实我们主要是在辅助代理，他们做好了，我们也能走得更快。

Q：做微商会影响村官工作吗？

A：不会，我们都是利用晚上、周末的时间，并在完成村中工作的基础上进行的。而且中央组织部都明确表示过，鼓励村官创业。设立村官的主要目的一方面是下到基层锻炼大学生，作为储备干部，另一方面就是帮助村民致富。所以在完成村委会日常工作后，就可以在闲暇时间尝试卖蜂蜜，这样可以带领当地一部分人就业，提高他们整体的收入，去年增收 5 万多元，今年整体突破 20 万元了。

Q：对于蜂农来说，你跟其他商贩最大区别在哪里？

A：我们最大的区别是不以赚钱为目的，而是通过电商平台帮助村民致富。过去商贩来蜂农这边收货时，他们会把价格压得很低，农民作为被动接受方，没有主动权，只能任由商人宰割。我们村官 2011 届的时候就发现了这个情况，开始着手帮助大家。我是 2013 届的村官，我们自己收蜂蜜并给蜂农提价，但几乎没有获利。瓶子 5 元，包装盒 3.6 元，邮费 8 ~ 14 元不等，从山上将蜂蜜运下来还要有一定的交通成本，这样算来发货的成本几乎与售价是持平的；如果邮寄量大，虽然邮费能降下来一点，但要算上时间成本，我们是不赚钱的。我们村官做微商，主要是为了锻炼自己，帮助农民增收，而不是为做生意，赚取利润。

Q：会影响其他商贩吗？

A：因为我们目前涉及的蜂蜜暂时只是我们这一个镇范围内的，之所以没涉及别的地方的蜂蜜，一方面是因为我们没那么大的能力，另一方面是因为我们对蜂蜜的质量要求很苛刻，必须经过检测，达不到我们的标准都不要，所以暂时我们目前固定的蜂农只有两家，这两家已经基本可以满足我们的需求，这样跟其他小商贩也不会产生太大冲突。

Q：如何解决客源问题？

A：我们的客源主要是大学生群体，因为我们起步的时候就是以土蜂蜜的形式，包装比较粗糙，所以想进商场还有一定问题，如果要办公司，则门槛较高，我们仅在这边三年，成本回收太慢，没必要。另一方面，学校有我们大量的师弟和师妹，比较好沟通。一个学校两万人还是有的，我们现在能覆盖到 27 个学校，人口基数其实已经够了，我们的量已经很大了。对比于推广到市场的成本与花销大、回收慢来说，这样更好。毕竟我们还有工作，我们创业团队的奋斗时间都是每天下班后六点半到晚上十点左右，所以我们很难跟正常的超市对接，只能通过网络这条线去推广。刚开始的时候我们就直接用微信朋友圈发一些消息状态，一方面推出我们的蜂蜜，另一方面招收代理。这样大学生村官和大学生创业团队就对接上了。我们目前的代理有 47 个，北京大一点的、女生多的高校基本都有我们的代理。我们的下一步工作就是保证一小时内使产品到达顾客手中。

Q：招代理有标准吗？

A：我们的要求第一个是有创业的想法和激情；第二个是肯弯下腰踏实工作，不要因为一瓶蜂蜜的利润低而有微词。你只有认真坚持下去，才能把这个事情做好。其实我们现在还在经营旅游业，我们想要从现在的代理中找一部分人成为我们下一步的合伙人，成为我们旅游公司的中坚力量。代理这一块其实也可以理解为我们为下一步选拔人才的过程。

Q：能跟我们解释一下旅游公司这块吗？

A：因为我们刚开始起步是卖蜂蜜，起家后发现我们镇还有很多旅游资源也可以推广，为农民增加收入。我们规划了六条旅游路线，每个月都有自己的活动，计划每年三月份组织大型相亲会，邀请媒体到场，这样我们就可以将延寿镇的旅游、农产品等结合到一起，形成更大的市场，还可以继续带动当地就业，形成一个整体的机制。

Q：下阶段的目标是什么？

A：我们其实已经开始转型了，我们整体的目标是以蜂蜜联系更多的蜜友，建立一个大的蜜友群、交流平台，邀请他们来参观旅游，让他们来玩。我们不仅是要做蜂蜜，更是要做一个有文化、有深度的品牌。因为我们这块最大的特点是延寿，出了很多百岁老人，他们经常饮用蜂蜜和当地的泉水，所以我们下一步的方向是把这些结合起来，做成一个文化商标。

Q：可以介绍一下你们团队吗？

A：我们核心团队保持在四个人，我们是合伙人关系，其他的都是代理商，是我们的合作伙伴。代理商分四级：初级、中级、高级和钻石级，如果到最后他能坚持下来，达到我们的要求，就可以成为我们的合伙人。因为我们平时的办公时间都是晚上 6 点多到 10 点，所以管理起来都是通过 QQ 和微信这两个平台，建立微信群、QQ 视频通话。每天晚上都会开会交流运营方面的问题。在蜂蜜专业知识方面，我们每天晚上都会组织学习，定期考核。我们对代理更多的是正面激励，做得好的会给奖励，做得不好也没关系，我们会帮助他进步。我们并不是看卖得好卖得多，而是看大家是否真正用心去做，是否有进步，是否有成长，是否有持久力，我们更多的是软实力方面的考核。那如果有进步，做得好，我们最直接的方式就是给予资金方面的奖励，在拿货时也会给予优惠。我们还会邀请他们参加创业培训课程，到时候我们会邀请那些进步比较大的代理免费参加。对于进步比较小的代理，我们会给他们帮助，会有专人跟他聊天，了解情况，分析情况，有针对性地提供一些建议和帮助。

Q：你对微商的理解和看法是什么？

A：我觉得微商跟过去的淘宝比起来，跑得很快，但因为是起步阶段，故还有些缺点，尤其是规范制度方面做得不是很好。现在很多人都在做微商，很多人都在卖产品，但若没有相关制度出台，很可能会越做越烂，因为谁都可以拿产品上去卖，没有一个标准，没有一个对消费者的保证，长久下来信誉会流失。所以必须得有一个像天猫、京东这种类型的平台，让顾客觉得放心。对于微店，很多人不敢接触就是因为大家没看到一个规范的东西。所以后期规范必须要跟上去，否则兴起得快，衰落得也会很快。微信会成为一个比较方便的平台，它是一个手机终端。马云曾表示，他关注的不是成交业绩，而是有多少人用手机登录淘宝购物。在这一点上，微商做到了，所以在这方面微商占了先机。所以我觉得微商未来的趋势总体来说还是好的！在 O2O 的模式下它的未来不可估量。

Q：如何保证蜂蜜的质量？

A：我们选择当地信用和口碑最好的蜂农，在质量上进行监督，保证蜂蜜的天然纯正。在我们这里拿过蜂蜜的同学都成了我们的老顾客，并向我们推荐了更多的同学前来购买。微商销售靠的就是良心和信誉，否则我们也不能长久发展。

海乘风点评

越来越多的人选择原生态、纯天然的有机食品，在健康领域，原生食品一直有很大的市场份额。我们统计得出，经营化妆品类的微商占到了整个微商群体的一半以上，这说明了两个问题：一个是这个品类的市场非常大；另外一个是将来会有很多品牌慢慢消失。对于原生食品来说，其受众人群很精准，并且复购率高，这才是真正稳步增长的品类。谢国栋村官创业已经给人眼前一亮的感觉，另外他们的团队都是大学生，这是我一直看好的一个趋势，我把这个趋势称为特殊渠道微商，其中包括：大学生、导游、健身教练等。这些将会是社会关系电商中的一个垂直细分市场，并且也是将来微商的一个分支。

17

70后骨干教师辞职做微商，卖干果2个月营收直逼10万

□ 文 / 孙　云

标签　70后　创业者　土特产　　　　微信　xjggykx

我叫孙云，现在在微信上销售新疆干果。能走到今天这一步，以前绝对没想到。20世纪五六十年代，我父母响应国家号召从山东支援边疆来到偏远的大西北——新疆阿勒泰地区兵团农十师，他们那一代为祖国的边疆奉献了一生，而我是土生土长的新疆人。我父母在我很小的时候就把我送回山东，到7岁才回到他们身边。现在我父母都在北疆阿勒泰的那边（那里因为有了喀纳斯而出名），我一个人在南疆库尔勒，我们相距一千多公里，我自己独自在外面。

我1996年大学毕业，那时候国家包分配，我被分到了国有的大企业，因个人原因，只工作一年就毅然辞职了。在所有人的目瞪口呆中我放弃了所有，什么稳定的工作、干部编制、分配指标。那时的新疆，辞职的几乎没有。后来我一个人经历各种心酸的打拼，但是没折腾出什么名堂。在年届三十的时候不得已又选择了稳定下来——以笔试满分、面试第一的成绩成为一名出色的初中数学老师。1998年参加全国教师讲课比赛的时候我获得了二等奖，新疆维吾尔自治区的一等奖，这个成绩已经算是非常不错的了。我在当地算是骨干教师，每年都会带中考毕业班，而且我教出的学生成绩都非常优秀，包括今年（2014年）我带的初三毕业班考试成绩也是我们这边前五名。在老师这个工作上其实我已经挺有成就了，处于领头羊的地位。

说起当老师的这些年，我也收获很多，我的学生现在过年时都会约好到我家里聚会，我也从这份工作中收获了成功的喜悦。但在事业的高峰期，我选择了改变自

己，今年我已经40岁了，突然感觉如果这样重复地生活一辈子实在没什么意思，人生就是一场旅行，一种经历，我为什么不能换一种活法，换一种人生呢？不折腾，活着还有什么意思？所以在2014年9月份的时候，我又一次辞职了，同样冒着天下大多数人之不韪。

接触微商真的很偶然，辞职的想法就是缘于想开个自己的小店，自己当老板。现在的人都比较注意养生，新疆气候最大的特点是早晚温差大，日照时间长，这种气候特点决定了新疆水果的优良品质，果实大、水分足、肉质细腻、产量高，最重要的是特别甜。新疆是我国距离海洋最远的省份，是典型的大陆性干旱型气候，这也是昼夜温差大的一个重要原因。这种气候对干果的晾制是一个得天独厚的优势。加之新疆人所发明的独特的晾房，让房间四壁皆孔，既遮蔽了阳光，又能形成自然的空气对流，这使得新疆的干果水分含量特别少，营养也毫不流失，这就是为什么新疆的干果可以存放一年，甚至两三年都不会变质的重要原因。干果的水分可以蒸发到仅剩百分之十几，这也是新疆的干果在国际市场上非常紧俏的一个重要原因，同时对于消费者来说也比较实惠。同样的价格，晾晒得越干实际买到的数量就越多。

新疆的干果是不经过任何加工、自然风干的真正意义上的干果。这也是新疆干果独有的，是新疆干果的优势和特长。

基于我对自己性格的了解和对新疆特产的信心，我毅然加入了微商这个大家庭。10月中旬开始装修自己的店面，10月23日开始有第一位顾客光临，我整天跟打了鸡血一样，每天都兴奋着，开心着，充满了激情。虽然挣钱不多，但微信营销带给我非常美好的体验，无论亲朋好友还是陌生朋友，我能给大家带去纯天然绿色有机好干果，我是喜悦并成功的，这与挣钱多少没有关系。在微商的路上我还是一个刚入门的小学生，改变身份做一个学习者，我也希望在创业的路上有人扶我一把，我也希望有属于自己的团队，我更希望交更多的朋友，彼此扶持。我会坚持，也会加倍努力！

微商经验谈

Q：辞去老师这个职位的时候家人知道吗？支持吗？

A：家人不知道，我没跟他们说。我老公知道，他刚开始不支持我，但是看我决心下得那么大，没有回头的余地，所以就没办法，默认支持了。等我做顺了，我会告诉家人的，免得他们担心！

Q：离开讲台，你有过后悔或者遗憾吗？

A：当然会有。因为我是很热爱教师这个职业的，当时教的学生每年都会聚会，来我家里看我，我也会很有成就感。但是总体上来说，现在这个状况我更喜欢些，因为以前 18 年的生活，没有什么创新和动力，进入微商之后，我每天都充满激情和动力。

Q：什么时候开始做微商的？为什么选择微商而不是其他平台？

A：真正开始做是今年 10 月份。一开始我纠结要不要开淘宝店，我当时很多同学就说，为什么你不开淘宝店？我们都在淘宝上买。但是我说我这个人比较诚信，不希望在淘宝跟陌生人解释半天，他还是不信任我的感觉。我就觉得在微信里面，我首先做的就是诚心、诚信，做事先做人，以交朋友的心态做产品推广，感觉工作会更愉快！

Q：你是怎么打开市场的？

A：我最开始是联系朋友和同学，让她们帮我一起宣传我的微店，现在我主要是在微博上分享我的动态和产品，和陌生人接触，慢慢地加他们。我供应给每一位顾客的产品都是有百分百质量保障的。我觉得每一个人都有一个大的生活圈子，所以我只要服务好眼前这个人，他周围的亲戚、朋友、同事等都可能会到我店里来。我就这样一个单、一个单地倾尽全力去做，慢慢也就打开了市场。

Q：你是怎么添加陌生人的？

A：我也是最近才开始慢慢加陌生人，我手机里有很多营销软件，主动加人的那种，但是我没有选择相信它们。我是在微博里和朋友圈里发一发我的状态、感悟和好的链接，发产品的消息。除了特殊情况，一般都控制在一天三条左右，慢慢和大家建立信任关系。其他的方法我也在慢慢摸索琢磨之中。

Q：你的货源是什么？

A：我所在的地方就是中国面积最大的地区级自治州，也叫华夏第一州——巴音郭楞蒙古自治州，古楼兰的遗址就在我们境内。我们这里是楼兰红枣的原产地，我的货源全是来自当地农民手中，我的亲戚就是种植红枣的，还有核桃、杏都是自己在树上吊干的。其他干果也是我们自己这边去当地的供应商或者农民那里去拿。

Q：你现在流水是多少？

A：我现在一个月大概几万。

Q：你的第一桶金是怎么获得的？

A：印象非常深刻，10月23号，我的朋友帮我转发了之后，他的一个朋友看到了就跟我聊了两句，然后就立马下单了，我当时特别兴奋。他也没跟我讲价。但当时我因为没经验，当地的新枣还没下来，我就只好发了去年的旧枣给他，发了之后我就担心了。我就跟他解释了，他收到之后果然不满意，然后给我很诚恳地提出了一些意见。我特别感谢他，说等到我们新枣下来后我立马给他重新发一次。之后我也是这么做的，他收到后说："怎么又给我发了？枣子非常好吃。我要不把钱给你吧？"我说："你是我的第一个客户，我非常感谢你，必须让你满意呀！"他说："我没做什么啊。"我说："你给我提意见了，当时没跟我讲价就直接下单，我不会让你吃亏的。"虽然我们后来没有联系，但是我相信他还是非常关心我的店铺的。我会永远记住这些帮助过我的朋友！

Q：目前遇到的困难是什么？

A：人脉问题。知道我的微店，知道我是微商的人还是很少。微店系统会自动把微店商户加到口袋购物平台，我的店从零做起，一个月就做到三颗心了。但怎么样把流量引到微店里去是一个很大的难题，这关系到长远稳定的客源。我希望长期做下去，我希望能像淘宝一样，陌生人能搜到我，这样我就不用为人脉发愁了。还有就是团队的问题。我现在一个人单打独斗，我的家人和亲戚都离我很远，帮不上忙，我老公也在上班，所以我很想招个代理。人脉问题的话，我自己在微信、微博上多逗留段时间，一天最少五六个小时，经常去关注别人，给别人点赞，评论一下，和大家成为朋友。我经常在朋友圈和微博里面关注别人的成功案例。

Q：你跟其他微商交流吗？

A：交流。刚开始交流的就是我要不要开淘宝店之类的问题，还有就是经营方法。其他人做代理非常方便，搜附近的人，再加上以前自己朋友圈的人脉。但是我是从头开始的，开拓的是陌生的市场，所以这些方法都不适合我，我在努力咨询这方面的问题。我跟周围的朋友吃饭时聊过这块，她们听完后很有兴趣，都想做微商了。但是我没办法把她们发展成我的代理，因为如果是搞干果类的话，她们肯定是更愿意自己开而不是帮别人干。

Q：你对微商这个概念有什么理解？

A：我觉得做**微商主要还是做人，现在的社会就是诚信社会**。由于经济发达了，人们对诚信很看重，所以我们做产品之前一定要先做人。产品质量一定要好，要让客户满意。我觉得微信发展趋势非常好，我以后肯定不会再开淘宝店，只要把微店做好就够了。我觉得以后大部分实体店都会被网络取代，我在新疆这么远的地方，远在海南或者东北的都能买到我的产品，吃到新鲜的特产干果，是一件非常好的事。他们虽然在超市里可以买到，但是不能保证是当年的新鲜产品，我却能保证。

Q：做微商到现在你的收获是什么？

A：我觉得第一点收获就是陌生人带给我的感动和信任。有一次我在微博上发了我的信息和图片，有一个朋友就加了我，说我的产品很好，了解了我的经历后她给我介绍了几个朋友。我觉得这种陌生人的信任特别好，让我感觉到了人与人之间的信任和帮助，这些给我带来了幸福的体验。第二个就是给我带来了新的人生。我在 40 岁的时候，人生的不惑之年，选择了这么一条道路。我现在非常明白为什么古人要称 40 为不惑，就因为这个年龄能明白自己要什么，想到了就立马去实施。我身边的老师很多会抱怨工作环境和生活的不公，但是没有勇气走出来。我觉得到了这个年纪，想到了就要去做。微商给了我一个更广阔的世界，做我自己想做的事情，除了赚钱，更多的是让我体验了成长、信任、支持和人间的温暖，让我重新找回了生活的美好，带给我莫大的感动。

Q：你今后的目标是什么？

A：希望更多的人知道我的店，了解我的店，希望认识更多五湖四海的朋友，边工作边生活，在自己的努力中体验人生百味。

海乘风点评

创业就在于“折腾”，微商也在于“折腾”，离开热爱的十多年的工作岗位，重新开始微商需要很大的勇气。可是她的这些故事需要让大家知道，这本身就是一个点，这个点我相信比产品的威力更大。孙老师所欠缺的就是通过互联网把自己推广出去，使自己成为品牌，成为媒体，产品就自然而然地被带动起来。零食品类的复购率非常高，但是很多客单价相对比较低，所以在选择产品的时候也需要注意。因为客单价低的产品不能形成很好的分销体系。分销的规模建立后，客户不但是一个传播方也会是一个消费方，并且可能变成自己微商团队的小伙伴。

18

从0收入到每月5万流水，无工作女孩儿做微商完美逆袭

□文/艳　子

标签　创业者　团队运作　面膜　阿胶　　微信　liuyingyan6921612

我是一个没有工作的人，每天就在家玩电脑和手机。有一天突然发现朋友圈有人在卖衣服，出于女人的好奇心，我就每天关注下，后来咨询卖家，他说可以一件代发，我就开始了自己的微商之路。第一天我刚做的时候，一直在兴奋地刷屏，第二天好多小伙伴都跟我说你怎么了，刷了那么多图，这样很费流量。这时我才意识到给别人造成困扰了。我坚持了半个月都没有人问。后来听说一个朋友一直在做面膜，效果很好，我就买了一盒试试。我是敏感肌肤，有些红血丝，没想到朋友的面膜我用了竟然不过敏。所以后来我一直坚持用，不但一直没有过敏现象，反而红丝有些淡了，所以后来我决定做这款面膜的代理商。因为我的上家很给力，他教会了我一些不错的销售方法和技巧，慢慢的我做得感觉还不错。

我首批进货一箱，利用微信朋友圈营销，十多天就销售一空。说实话，最先相信我的反而是陌生人。我的第一位顾客是我主动加她的，我主动和她聊了一些她的事情，在这个过程中并没有提到我的产品，就这样我们成了朋友。她问我是做什么的，我说我是微商，是卖面膜的，后来她说她脸上有些小痘痘，我就跟她推荐我的面膜。她第一次就相信了，买了我的面膜，用后反馈给我说很好用，并希望下次多拿些时我能给她优惠，因为她也想试着卖一下。于是，她就成了我的第一个代理。后来我组建了自己的团队，代理一天天增加，但是我和她之间，及我和其他代理之间，都像是朋友一样互相感染、互相进步。

我的团队中有个女同伴，她家里是卖阿胶的，在我们刚认识的时候她就送给我一盒。吃了一个月后，我感觉自己的身体和气色明显好了很多。所以我的团队做起了阿胶的生意。刚开始的时候，我会送给朋友亲戚，她们吃后感觉不错，就会自动帮我推广。我会把我及我的亲朋好友们吃阿胶的经历分享出去，慢慢的，知道我卖阿胶的人越来越多，信任我及我的产品的人也越来越多，自然而然的我的阿胶生意就火了。

以下便是我的一些微商经验。

（1）选择好产品。一定要选择可持续购买的消费品，要形成能产生二次购买的模式。很多小伙伴在微信朋友圈里卖衣服、杯子，这些东西都不容易形成二次购买，很多人买一次就不会再来买了，即使他们认为你的东西很好（同一款式的衣服，就算再好看，人们一般也只会买一件；而杯子，只要这次购买的不坏，很少有人会再次购买）。不管做什么产品都必须自己试过才能更好地和顾客讲解，微商的诚信很重要。

（2）选好上家。选择一个好上家真的非常重要，因为好的上家会定期开课培训，为你提供各种营销知识、技巧经验，还会及时为你排忧解难。

（3）和好友互动。在添加微信好友之后，要时常看微信朋友圈，为自己的好友点赞或发表评论。人都是有虚荣心的，所有人都希望自己被别人关注，你为他点赞或者评论了，他才会真的成为你的朋友。另外还要注意，平时发到朋友圈的内容一定要有自己的品位，我们要做一个充满正能量的、积极阳光的人。当然了，我们的主要目的并不是仅做个分享者，我们希望的是卖出东西，所以要巧妙地用分享式的方法进行转型，例如："小伙伴们，最近帮你们代购的这个产品，你们都用得非常好，我也非常喜欢为大家服务。为了更好地服务，大家，我就花了五万块钱取得了这个面膜的经营权，以后你们就有福气了，以后用产品就方便多了，价格肯定会便宜些！"你看，通过这一条微信消息就华丽地从一个分享者成功转型成一个经销商了！

（4）加好友的方法非常重要。首先，将 QQ 好友和手机通讯录中的朋友全加上，他们是你的第一批顾客，这些人多少跟你是有联系的，是有信任度的。然后是附近的人。附近的人有两种，一种是现实生活中的，一种是通过手机微信、陌陌寻找到的。还有就是 QQ 群和论坛里的资源，是取之不尽用之不竭的，写一些小常识加上自己的微信号大量去粘贴，人家觉得有用就会主动加你。

如果有机会，可以多参加一些培训、论坛、讲座、交流会，来这里的朋友都是为了认识更多的人，所以是一个增加好友的机会。把产品送给有影响力的人免费体验，他会帮你分享，可以起到一个宣传产品的作用，也可以帮你增加好友的数量。

自从做微商后，好多朋友说我变漂亮了，我也确实感觉到了，因为我更加自信了，我因自信而美丽。

微商经验谈

Q：你是什么时候开始做微商的？

A：今年（2014 年）6 月份开始关注的，具体做是 8 月初。最先是一个做面膜的朋友加的我，然后我看到她朋友圈里在发一些广告，觉得挺有意思，就跟她咨询了一下，就走上了微商的道路。她现在是我的上级代理，我现在还是在她那边拿货。从她那边拿货跟从公司那边拿货价格一样，公司给她提成而已。

Q：你提到自己首批进货就在微信朋友圈里销售一空，具体是怎么营销的？

A：我刚开始做之前用过这个面膜，也用了很长时间。才开始做的时候，我身边的朋友也都知道，他们刚开始都不看好，反而是一个陌生人先买的。我先跟她成为朋友，然后通过聊天拉近我们的关系。刚开始赠送的比较多，我做一些活动，只要转发到朋友圈，我就送产品，这样可先把自己的口碑做起来，为了加好友嘛。

Q：你是怎么加陌生人的？

A：有时候我们会去做一些传单，然后发传单，做一些线下活动。把线上线下的活动结合起来。

Q：你现在的月流水能做到多少？

A：四五万吧。

Q：你的团队现在有多少人了？都是代理吗？

A：12 个人，都是代理。

Q：你是怎么招代理的？

A：我会发一些招聘启事，比如在 58 同城或者是自己发传单，她们会来应聘。还有一些是好友和客户主动联系我的，她们用着觉得不错，就来咨询我能不能加入。

Q：做微商过程中有什么令你印象深刻的事情吗？

A：开始做之前我征求过家人和朋友的意见，他们都不太支持我，所以我开始做了，就没告诉他们。不过还好刚开始做的时候拿货不是很多，我就是拿自己的钱，稍微进了一点，然后和第一个顾客，也就前边我说的那个陌生人成为朋友，我们互相加油，那时候感觉自己有动力了，就继续坚持下来了。

Q：你的家人现在知道你在做微商吗？

A：现在知道了，他们现在还是很支持的，觉得这是我的一份事业，挺好的。

Q：和其他微商有交流吗？

A：肯定得有，每天都得去聊一些产品或者是销售方法。成为朋友了，还会去聊一些家庭的事。

Q：你对微商的理解和看法是什么？

A：现在做微商卖假货的很多，导致很多人都对微商很怀疑，导致很多人都不敢或者不太认可微商。这跟淘宝刚出现时一样，他们刚开始都不敢在网上购买。但是我觉得以后会随着信任的加深和质量的把关，淘汰掉那些做假货的，微商会越做越好的。

Q：做微商对你的生活有什么改变吗？你有什么收获？

A：刚开始的时候应该是因为自己要做微商，要了解这块，所以会自己试用很多产品，感觉自己皮肤变好了，也变得更有自信了。然后正式开始做微商后，等于有了自己的事业，能赚钱了，在金钱上得到了鼓励，所以每天活得更加充实了。再有就是有了很多微商的好朋友，做微商的朋友都相处得非常好。

Q：你现阶段的目标是什么？

A：希望自己的团队越来越强大，找到一个好的公司和品牌，让自己的团队更稳定并不断扩大！

海乘风点评

朋友圈是微商做营销的场所，朋友圈也是每个人的日记本，细细地观察每个人的朋友圈你就会知道他的喜怒哀乐。单纯的朋友圈刷屏会被太多人厌烦，但是不断用朋友圈分享，利己利他，会获得大家的关注。营销推广环节在微商里显示得极其重要，锁定精准客户要做到这几点：锁定受众人群；找到他们的需求；找到对应的需求产品；找到场景。

艳子进入微商的时间不算很晚，但是在市场的大环境影响下固定自己的产品品类，选择可信的品牌和强化团队建设显得十分重要。

19

国企女孩任性代理韩恩百雀羚，90后兼职第一月轻松创收1万

□ 文/羽　晨

标签　90后 兼职 化妆品　　微信　1158311758

1992年出生在云南山区的一个小村庄的我，怀揣着童年梦想慢慢长大，如今已不再是那个无忧无虑的少年。独自一人在外多年，内心不知何时开始对很多节日充满了恐惧，刚开始害怕国庆节、五一，后来慢慢开始害怕春节、中秋节等。为何恐惧？因为害怕如死水般可以预见的人生，害怕按部就班的生活。

独自一人太久，慢慢变得孤独，变得无助，但是面对生活，无论多么恐惧和害怕都得前进。

90后，很多人都不看好，总认为90后只会靠父母啃老。但不是每个90后的家庭都是富二代或者官二代，靠父母的只是那么一小部分。生活在农村的、贫困山区的一样是90后，他们所面临的是在有限的条件下努力读书，为了心中的梦想而拼搏，而我只是拼搏人群中的一个而已！由于家庭原因，为了能尽早就业，2008年我放弃了县一中选择了中专院校。很快两年以后面临着实习，找工作单位。按照父亲的意愿我如愿以偿通过笔试、面试进了相对稳定的国营单位，开始了按部就班的生活和工作。

到了一个陌生的城市，面对陌生的路、陌生的人，一步一步小心翼翼地行走，以实习生的身份进入公司。在不断努力下，工作刚开始不久就得到了领导的认可，也随即拿到了绩效奖并顺利签订劳动合同。我用这笔奖金报读了函授大专，随后调

动了岗位。2013 年 9 月公司下属的一个营业厅空缺一名店面经理，我的努力得到了领导的认可，再次进行岗位的调动，从此又增添了一份忙碌。一晃在单位快四年了，按部就班不是我的理想生活，我一直在寻找更好的生活方式。

按部就班的生活会渐渐消磨掉一个人的激情，感觉自己慢慢地提前进入老年人悠闲的生活状态，从而生活也就失去了所谓的安全感。安全感不是别人给的，而是自己给的，当自己有了坚实的肩膀将会找回生活的激情。有些人觉得女孩子找一个家庭条件好的男朋友，合适的时候结婚生子就可以安稳一生。但是，理想很梦幻，现实很骨感，并不是所有人都可以不劳而获。对于那些努力没有收获的人，我想说：至少你努力过！

今年（2014 年）8 月我接触到了微商行业，通过朋友的介绍慢慢踏进了微商行业。刚开始接触微商四处碰壁，不知如何销售，不知如何与人沟通，更不知道其中存在的各种问题。开始要面对亲朋好友的反对、朋友的异样眼光和很多人的不理解，但是我还是选择了坚持自己的梦想：拥有一份自己的小事业，通过自己的双手创造更多的属于自己的财富。财富不一定是钱，知识也是一种财富，经验也是一种财富。

踏上微商路以后，我深刻体会到：凡事只要坚持了就会成功，学习是坚持的基础，坚持是成功的基础！很多人误以为微商就是在朋友圈刷屏就可以了，刚开始不懂我也这么认为，真正接触了微商以后才知道它的奥秘所在。同时，在这个行业领域里，我深刻感受到了梦想不再遥远，也不再靠那微薄的工资来拘束地生活，不再觉得自己的收入是那么的少，不会再因为钱而纠结一件漂亮衣服到底买不买。很多同龄的女孩子都会想，这何必呢？找一个有钱的老公嫁了那不就什么都有了？我认为，那只是物质上的富有，但是在精神财富方面依然会很缺乏。快乐的人不一定有钱，有钱的人不一定快乐！自己为自己开辟的财富道路，即使很辛苦、很心酸，但也是开心充实的。

通过 4 个多月的不断摸索、不断学习，微商之路慢慢已经步入正轨。现在我有幸成为了韩恩总代、百雀羚战略市代、韩恩国际讲师、女王国际高级讲师。

我始终相信：**不要等待机会而要创造机会**！靠自己，做生活的女王！

微商经验谈

Q：你是什么时候接触微商的？到现在做多久了？

A：8 月份接触，9 月份开始做的，无意中接触的。看到朋友圈有人在做，刚好遇上韩恩国际招商，我就咨询了一下之后就加入了。

Q：那你加入韩恩之前对它有了解吗？

A：有。我先查了下它的产品，试用以后才决定做的。我的皮肤对化妆品比较敏感，我自己试用没问题，基本就可以保证产品的品质。

Q：刚开始你是怎么解决货源问题的？

A：一开始是跟我一个很好的朋友联系上的。之前我们也打算做点什么。正好遇上了韩恩招商。现在我跟她是平级市代理商，都是从公司拿货。

Q：你家人知道你现在做微商吗？

A：知道一点。老人不懂这些东西，我只跟他说是通过网络销售。说多了他也听不懂，我是单亲家庭，我跟我爸生活。我们两个各自在一个城市生活。

Q：那他支持吗？

A：我做任何事情我爸都支持。只要不违法。

Q：做微商会影响你现在这份工作吗？

A：互不影响。我上班，上半天休息半天。

Q：你是怎么解决微信朋友圈加人问题？

A：第一个方法是手机通讯录导入，第二个方法是导入 QQ 联系人，第三个方法是导入微博联系人，第四个方法是在 58 同城等网站上发布自己的信息，另外还有在人人、赶集、糯米团等等各大软件上发布自己的信息，吸引大家来加我。效果还不错。

Q：你现在的流水一个月多少？

A：做的第一个月因为更偏重于学习，所以月流水不多，一万左右。但是现在已经慢慢走上正轨了。

Q：你是怎么营销自己的产品？

A：刷屏我是不会去干的，通常我自己遇上刷屏的都屏蔽。我觉得最重要的就是诚信为本，言简意赅，优质服务。质量取胜是必需的，第一是产品质量，第二是服务质量。

Q：现阶段你遇到过什么困境或者瓶颈？

A：团队建设方面吧，我希望把自己的团队建设起来并且不断扩大。我现在正在努力建设自己的团队，现在有几个人与我一起奋斗，她们全是我的批发商和业务助理。助理就是没钱投资的人，负责帮忙处理一些微信上的事情和客户的事情，通常是宝妈和学生。好多东西我还在学。我们有一个共同的目标：让自己强大起来。

Q：平时和其他微商交流多吗？

A：挺多的。我们通常会交流些加人方法、营销方法和技巧等业务上的问题。平时也会交流些心得。

Q：你觉得微商是个什么样的概念？

A：以前以为微商就是刷屏，接触以后发现不是那么回事，做微商也是需要讲究方法的，里面有很多东西可以挖掘。现在微商正是兴起的时候，我觉得未来微商也将会像淘宝一样，大家都在微商平台购物。

Q：做微商给你的生活带来什么样的改变？你的目标和梦想是什么？

A：首先当然是经济上有了一定的收入，这让我们有了成就感；其次也算是实现了个人的小梦想，即有一份属于自己的小事业。就目前来说我的目标就是把微商这份小事业做好，组建起自己更强大的团队，我希望自己能在这份事业上获得快乐。

海乘风点评

羽晨从个人微商蜕变成了微商的培训讲师，现在她在不断扩大自己的微商团队。最初只有单兵作战，现在已经有 20 多个人的团队一起分工协作了。在微商里大家通常会说有新的“玩法”，而不会说有什么新的推广方法。因为微商的变化太快了，每次新的方法大家都是抱着娱乐的心态去尝试，而且通常都会收到意想不到的效果，比如 C2B 抱团去拿代理授权、客户资源互换、推广资源互换等。微商“快”的特点让很多人受益，也让很多人看到了希望。最初羽晨只是一个新手微商，可是现在已经步入了大咖行列，不断地在各大品牌之间分享她自己的故事。

20 宝妈解密面膜微商，月入30万仅是开始

❑ 文 / 周　琦

标签　宝妈　团队运作　面膜　　　　微信　87065077

我做微商也快一年了。记得我是从去年（2013年）11月底看到同事朋友圈里分享了条新动态，是关于面膜的，在好奇心的驱使下就留言询问了，然后同事给了片试用装，没想到竟然特别适合敏感肌的我。之前皮肤因为在美容院护理导致角质层被破坏，什么护肤品都没法用，连最温和的海藻面膜敷了也过敏，当时真是没脸见人了，三天两头往医院跑。后来历经怀孕生子，皮肤慢慢才修复了，但是还是不能瞎折腾，一碰到换季就过敏。因为同事用了效果不错就又一次尝试做小白鼠了。女人爱美的心理大概只有女人才能理解了。没想到一用了这款面膜，第二天皮肤出奇的好，于是我就开始关注起该品牌，接着12月底有幸参加了该品牌老总讲的营销课程，内容太精彩了，特别实在又实用，当时听了就特别激动，感觉思路一下子被打开了，于是开始了我的营销之路。

其实如果没听过那堂课我打心眼里讨厌销售，毕竟女孩子脸皮薄不喜欢去做热脸贴冷屁股的事，讨厌被拒绝的挫败感。听完课之后我彻底拜服了，原来营销和推销有很大的区别，我们要学会去营销而不是推销，就这样我慢慢开始了我的微商生涯。写软文分享到朋友圈，因为平时人缘还不错，没想到好多朋友都被我发的内容吸引了，从而都以团购的名义纷纷要求来凑单。记得那会儿马上快过年了，怕工厂断货，我就疯狂地进了100盒面膜，没想到第一天就分销了36盒，接着第二天、第三天……不到半个月时间面膜就销售完了，而且还欠货了。当时特别有感触，没想到靠这小小的面膜秒杀我的工资，而且我知道这仅仅是刚开始。

我对它更加着迷了，每天会与客户和小伙伴们一起交流，并跟踪、反馈、制订计划。我相信微商能挖掘我内心的小宇宙，会逼着我放大自己的潜能。当然也有不少朋友质疑我是不是加入传销了，因为我每天都很疯狂，以至于好多受不了的亲朋好友把我屏蔽了，但我一点都没气馁。我只知道，卖面膜一星期就能秒杀我的工资，我有什么理由不去坚持！我还要做儿子的好榜样，不再像怨妇似的抱怨生活、吐槽生活，我也相信越努力越幸运，相信独立的女人才是智慧女人的首选。现在的我已经组建了自己的团队，我从小代理成长到总代理，感觉日子过得特别充实。微商给我带来最大的改变就是经济独立了，改善了全家人的生活品质。

我总结了自己做微商的心得，其实只有一句话：**交朋友，学习为人处世**。一辈子能碰到几个信任你的人？所以一定要努力做好货，服务至上。首先我代理的产品我自己做小白鼠第一个试用，只有自己认可的产品方可推荐给身边的亲朋好友，如果连自己都不敢用就推荐给客户是一种不负责任的卖家。中介谁都会做，把别人的产品搬到自己朋友圈发布，别人问你体验心得，你一问三不知还得问你上家，别人问你拿货你说要预定然后再向上家申请一件代发，这样的买卖你能问心无愧？我做不到。还有，千万不能在朋友圈里做假货，微信营销就是起于微，立于信，从微小的关系一步步到信任。善于沟通，勤于经营，做生意不要急于赚钱，不要总想着我要赚多少多少，得到多大多大的利润，不管什么时候，你都要从一个顾客的角度去推荐自己的产品，设身处地为顾客着想，这样才会得到顾客的好评。

做微商不一定能富甲一方，但一定可以让你白手起家，前提是态度第一。过去的一年，是朋友圈的红利期，而到了今年年底，会进入洗牌期和规范期，在这个时候，团队和平台的作用就会非常大，而单兵作战成功的几率就会小很多。我们要抓紧时间建设和打造自己的团队，这样才能在下面的时期生存下去。

微商经验谈

Q：你是什么时候开始接触微商的？

A：2013 年 11 月份。

Q：接触微商之前你是什么工作？

A：我是公司后勤，现在依然还在工作。我的领导把微商介绍给我。刚开始我是在她那边拿货，现在我是直接找厂家拿货。

Q：你现在月流水能做到多少？

A：月流水不固定，五位数六位数都有，刚开始的时候是五位数多一点，现在一般都二三十万流水。

Q：你有什么销售技巧吗？

A：我主要是写软文分享到朋友圈，主要是写自己体验产品的过程，把自己最真实的想法写下来。因为那个时候代理也少，做微商的人也不多，相对来说分享这块还是比较实用的。还有就是充分利用晒微信账单、支付宝账单等来吸引代理。

Q：你团队现在又多少人？

A：团队代理现在有五六十个。

Q：你是怎么招到这些代理的？

A：我的代理大部分都是朋友或者朋友介绍的，很多都是她们用过我的产品之后，觉得很不错，所以也想自己试一下。

Q：做微商也有一年了，这中间有什么令你印象深刻的事情吗？

A：做微商的时候刷屏会比较厉害，又是工资条又是产品广告，粉丝、朋友就很抵触，很不喜欢，慢慢就疏远了。但很多聊得来的、志同道合的朋友就会留下来，我们会相互交流帮助，其他的朋友可能就是走个过场而已。这方面可能比较深刻吧。

Q：你是怎么看这个状况的？有想要解决这个问题吗？

A：我也不能怎么办，顺其自然吧，我不能放弃现在的事业，虽然这个是兼职，但是收入完全能秒杀我的工资，我有什么理由不去做吗？

Q：平时和其他的微商交流些什么？

A：交流些客户反馈信息和销售经验之类的。

Q：你对微商这个概念有什么理解或者说看法吗？

A：我觉得现在的朋友圈比较趋向于一个统一的形象，尤其是团队形象，这个比较重要。现在已经不是单打独斗的时代，一个人没办法把一个牌子做大做响，肯定需要团队合作，是要靠团队的互帮互助，一起把这个品牌推出去。

Q：做微商给你的生活带来什么改变吗？

A：我从一开始试用，到小代理，然后到现在变成了总代理，每天都很忙，身体甚至会出现一些透支的情况。

Q：你的家人支持吗？

A：刚开始不太支持，觉得耽误时间。现在好多了，他们觉得微商还是蛮灵活的，但他们也希望我先休息一段时间。

Q：你现在的目标和梦想是什么？

A：因为我现在是兼职，平时工作也不忙，我会继续做下去。我的目标就是给自己买一套学区房，改善一下环境，提高一下生活质量，给家人、给孩子更好的生活！

海乘风点评

“起于微，立于信”周琦对微商做了完美的诠释。她因为本着营销而不推销的初衷，现在才变成了经济独立的女性。我接触的女性很多在生活和事业中是弱势群体，繁重的生活压力和狭窄的社交圈扼杀了她们对生活的美好憧憬。可是做微商的女性，尤其是经济独立的女性让我确实看到了很大的改变。以前是围着老公转，现在是老公围着她们转。这样不但经济独立了，也有了自己的事业。推销是被动销售，以产品为主不断地围绕着产品对潜在客户进行游说。微商是主动销售，因为大家对你的产品产生了信任才会购买产品。移动互联网是微商产生的基石，它有灵活性、碎片化的特点，我们看到微信是永远在线的。微商在移动互联网的平台上可以把自身的优势发挥得淋漓尽致，只要受众人群剪不断和微商的联系，迟早都会产生成交。

21

90 后卖面膜月入 8 万，“败家女”做微商仅仅半年

□ 文 / 禚文娟

标签 90 后 兼职 化妆品　　微信 fangqi530899

我叫禚文娟，标准 90 后，和所有年轻女孩子一样我也喜欢逛街、买衣服，而且花钱经常大手大脚，请客吃饭、唱歌，过着挥金如土的生活。幸好毕业的时候自己攒了一部分钱，不然刚踏入社会的我肯定要当“啃老族”。

毕业后，我有幸进入了国企，很不错的工作和环境待遇，但工作枯燥。虽然这份工作相对稳定，但我更向往自由的工作状态，所以我辞职了。我是个任性的孩子，做什么都喜欢按照自己的意愿，没有工作的日子很享受，不用早起，有点积蓄，也不需要赚钱。但是时间久了就会空虚，所以在自己家的店里帮忙，虽然没有之前工作轻松，但多了很多自由时间。

我一直在玩微信，看到朋友圈有发关于衣服、包包、化妆品之类的信息，因为女孩的爱美之心，我也经常会关注朋友圈动态。时间久了看到人家发发图片就可以赚钱，就想为什么我就不可以呢？通过对市场进行分析以后我也开始了我微商之路。开始只是发些产品图片还有上家的反馈图片，很有干劲，每天发图发反馈。上家定期会要我囤货。朋友圈卖货就是要把自己做成个人品牌。很多所谓的微营销专家，一开始教你如何加粉、如何才能获得关注，可从来没有落地的方案，很多时候他们也只是理论专家，操作方案其实就那么几种。

我一直在卖韩恩的气垫 BB，借此总结微商的一些心得。

（1）好产品是成功的一半。实力品牌，有特色。做一个产品就要做质量上乘、品质可靠的。产品品质是微商的关键，微商是靠质量吃饭的，不要认为消费者可以任意欺骗。

（2）抱团运作胜过单打独斗。个人的力量是弱小的，哪怕你有多个微信、微博大号，几百万的粉丝，但你精力毕竟有限，且一个人覆盖面总会是窄的，故月入过万尚可，却很难有更大的突破。

（3）朋友圈不仅仅是卖货，也是你的事业，更是你的个人品牌，一味地吆喝是不行的。资源整合、专业关注、坚持更新才是王道。做微商要与品牌共同成长，你把这个行业当事业，它才会回报给你等同的报酬。

（4）**微信等平台只是你的营销武器，而非阵地**！踏踏实实深耕产品，融入自己的专业，服务好客户，这些是更加重要的事。

（5）积累资源，发展分销。首先产品必须是靠谱的，这是得到顾客认可的第一步。要是你的客户都变成代理，想想这会带来多少收益？

（6）想做好微商，首先要给自己定位。你只想卖卖货，还是想提升自己的能力？现在的社会已经不是只看文凭的时代了，“一样的学历，不一样的能力”。想成功靠的是机遇、努力、实力、经验。切记不要干巴巴地发广告，发广告会让人感觉你是在敷衍，而不是沟通。谁也不愿意接受敷衍，是不是？

其实90后中有太多成功的例子，我只是冰山一角。只要抓准机遇，你也可以。90后不是弱者，我们只是没有找到适合发展的平台。利用社交平台，牵手实力品牌，就能爆发自己的闪光点！

微商经验谈

Q：对于应届生来说，能进入国企有份轻松悠闲的工作是很多人的目标，你当时为什么要放弃那份工作呢？

A：因为我觉得每天都过着朝九晚五的日子，非常机械化，拿着死工资，没意思。

Q：你父母支持辞职吗？

A：我家里条件也还可以，父母对我也比较放纵，我平时也挺任性的，不想做就不做了。所以我父母不支持也不反对。

Q：你是什么契机开始做微商的？什么时候开始的？到现在多久了？

A：我做微商有半年左右了。去年的时候我在微信上看到一些朋友发的一些手表啊、衣服啊之类的，后来又看到一些报道说微商能赚钱，感觉挺有意思，就尝试了一下。

Q：你是在哪里看到的这些报道的？

A：好多，比如朋友圈的转载、新闻的报道，还有些专业的电子商务的书籍。我只是简单了解了一下。

Q：你做之前都做过哪些市场分析？

A：我有个本地的朋友开淘宝，卖本地坚果，但是利润不高，我感觉那个不是很好做，然后又因为我爱美，喜欢化妆，所以也大致了解了一下化妆品之类的，觉得那个可以上手。

Q：刚开始你是卖什么的？

A：刚开始是一些面膜，思埠集团的魔法面膜。这个面膜去年挺出名的，我感觉做什么东西都要做最好的。我看到附近的人也有在卖这个的，所以就尝试了一下。我想这个面膜价格不是很高，我就随便带着卖一下。我想找一些新颖的东西比如彩妆来销售，面膜每天都用，没什么特殊性。

Q：你是怎么找到上家的？

A：我是在网上找了一个上家，先投资了几千块钱，看一下情况。但是她们是一个非常小的组织，不是很专业，虽然也有些讲课，但是没什么实际的东西，就是让你赶快囤货啊，让你努力卖啊，根本接触不到高层，学不到东西。

Q：你如何解决客源问题？

A：我开始只是简单地传一些图片，她们想要我就说你先拿去用吧，用着感觉好给我宣传就是了。加好友的话就是导入手机、QQ 中的人，先把这一部分人添加了，我发的东西就有了基本的点阅量。然后我认真经营自己的账号，发布的东西都不会太随意，起码要言之有物，质量可靠。做到这样，我找了一些大号、自媒体之类的做些推广，让客户主动来加我，这是非常靠谱的，加入的人对东西有需求，自然就是我为主，她们为客。好产品自己会说话，不用自己死皮赖脸地去推销。如果产品的定位是女性，那就得找女性用户多的论坛、QQ 群、博客、蘑菇街、美丽说等平台进行推广。好的软文，可以带来非常精准的用户。只能勤奋地发，得到的粉丝其质量远远要大于其他方式得到的粉丝。另外，对于粉丝，质量要远大于数量。故加粉的同时要注意互动，让流量更为精准，成交转化才会有效果，一味加粉是不靠谱的。

Q：有遇到过什么问题或者困境吗？

A：做微商得每天去回访，问人家用的效果怎么样啊，然后记录下来，并解决她们的问题。我倒是没有遇到过朋友圈屏蔽问题。之前我刷过两天的服装，但感觉不对劲，这是枯燥的商业化玩法，我自己不想这样做。

Q：你现在在做什么？你是怎么加入韩恩国际的？为什么要加入韩恩？

A：那个月韩恩上了我们本地的报纸，我就去体验了一下，之后我又做了一些调查了解一下韩恩的运作，了解之后感觉公司还是非常大的，就主动加入了。

Q：你现在的月流水大概是多少？

A：保底有几万块的流水，一般都是8万左右。我会招代理，自己也会努力。我经常忙通宵，或者每天只睡几个小时。我想再多了解一些成功的例子，然后结合自己的实际情况慢慢调整。

Q：你如何招代理？

A：一方面是熟人转化，我觉得她们感兴趣的话就会去发展成我的代理。对于陌生人，我不会一开始就切入这块，也不会非常商业，我会先慢慢了解她们的需求和情况，比如做微商多久了、是小代理还是其他的，总之就是问她们这个怎么样，那个怎么样，关心她们。她们觉得我的领导能力还不错，值得信任，就会成为我的代理。这是一个过程。

Q：你跟其他微商接触吗？

A：接触，我们会经常各抒己见。遇到问题我们会相互提出些建议和改进的方法。平时我们工作归工作，生活归生活，互相帮助。

Q：你对微商的理解是什么？

A：我觉得，微商会有一个稳步上升的阶段，微商越来越多，越来越规范。

Q：做微商给你的生活带来了哪些改变？

A：我觉得微商挺好玩的，抛开有利润可赚之外，我们还能交到很多朋友，聊得来的朋友，还可有机会与各位大咖、达人零距离交流。卖货往往是其次的，扩充人脉圈、开阔眼界才是最重要的！我也能通过微商展示自己的能力。

Q：你的目标和梦想是什么？

A：我的梦想很实际，也不是特别的大，就是想有自己的房子和车子，然后自己注册公司，自己有能力过更好的生活。

海乘风点评

从化妆品微商来看，大多数品牌商的游戏规则与线下无异，都是三层代理结构。三层代理结构在微商中的优势是信息可以得到快速传播，渠道可以快速扩展，但劣势也是显而易见的，如果后续力量没有跟上，很有可能出现市场乱价、代理窜货、信任缺失，甚至“崩盘”。所以如果上级代理商要求你一直囤货，这就需要考虑两方面的问题：是不是品牌方的投入不足？是不是上级代理商的能力不足？如果一款产品最终不能走到消费者手中，我想这应该不是一个良性的模式，所以对待囤货的问题我的建议是量力而为。有些人可以把压力变为动力，但有些人会因为压力产生更多的负面情绪，但禚文娟是一个有些叛逆的女孩，她具有其他人没有的敏锐特质。文中看似简简单单的回答，却是她背后付出很多努力的结果。

22 vivi 朵妈团队：创始人自曝小面膜月入100万的秘密

□ 文 / 赵薇薇

标签 宝妈 团队运作 面膜 化妆品 微信 vivi-0607

我是朵妈——赵薇薇，出生于浙江台州的一个小城镇，父母都是普通工薪阶层。虽然爸妈收入不是特别高，但因为我是独女，爸妈从小对我非常宠爱，百依百顺。我上幼儿园时就是学校的舞蹈小演员，每年都会被选去参加区里的舞蹈比赛。可是到了小学时反而懵懵懂懂，不知道自己到底喜欢什么、想要什么，只知道整天读书。到了初中，我终于找回了自己的爱好——舞蹈，并一直往这个方向前进。舞蹈帮助了我很多，让我的性格变得越来越开朗，越来越爱笑。做微商会小有成绩跟我的开朗性格是分不开的。

从幼儿园到大学一路走来，舞蹈让我改变很多，在杭州师范大学就读期间，老师给了我很多机会，当时我是班里的学习委员，还是社团里的积极活跃分子，并且在周末总是在外面承接各种商业演出，这些都锻炼了我的社会适应能力。毕业后我选择了少儿舞蹈教学工作，到现在为止已经做了8年，并且有了自己的舞蹈培训学校，接触了形形色色的家长，这为我的微商之路奠定了一定的基础。

和大家一样，刚开始微信对我来说只是聊天工具，慢慢的朋友圈里开始出现卖各类化妆品的和衣服的，那时候的微商在我眼里有点不靠谱，只上传图片和文字，没有实物，没有卖家信誉，还是淘宝靠谱些。但我还是从朋友那里买了朋友圈里推广的第一盒面膜，并且一直在孕期使用，感觉还不赖，自己因此也萌发了做微商的念头。我自己开了个实体包店，在怀孕期间总是偶尔发发店里包包的新款，顺便也发了一些鞋子的照片，竟然有人购买。后来我一个非常要好的朋友开始在朋友圈做护肤品，她告诉我，只要找到好的一手货源，有一定的沟通能力和营销技巧，微信真的可以赚钱。她说刚开始是会有很多质疑，但通过朋友的使用并得到肯定后，她们会相互介绍，知道产品的人越来越多，她做得也越来越大。可是由于当时大腹便便，就一直没有行动，现在想起来真的是后悔万分，因为我那时耽误了半年之久，毕竟每一行都是谁先进入谁先赚钱。在生完朵宝坐完月子之后，我就马上付诸行动，立马向我朋友要货。首次我也是对自己没有什么信心，也没敢多拿，只拿了 20 盒面膜。一拿到手我立马就试用，然后用手机把自己敷膜的先后状况都拍下来，编辑了一段软文发了出去。没想到，第一个晚上就有 2 个朋友、3 个学生家长向我要这款面膜，我当时心里那个激动呀。开头还不赖呀，我马上自己编辑软文，每天发 2 条关于这款面膜的功效介绍以安定朋友圈人心。可是当时我也走了很多弯路，也曾一度复制粘贴，朋友发什么，我就发什么，卖的东西实在太杂太乱了，不光面膜，还有当时的爆款。后来我慢慢调整了自己的模式，只做中高端护肤品，编辑属于自己的软文，拍摄属于自己的产品图片，也慢慢有了自己的团队——vivi 朵妈团队。

我觉得经营微信朋友圈最主要的就是养圈，这不是随便刷刷屏就可以的。比如我，不管是不是客户，他们的每次问价我都开心回答，每次购买都让对方轻松愉快，就这样渐渐地有了第一批不是熟人的顾客，然后通过推荐加好友的方法加进来 400 个好友，这些好友中的一半现在都发展成为我的固定顾客了，他们还在不断地帮我再推荐人。很庆幸我在做微商之前自己所累积的人脉相当有质量。我觉得做事先做人，很多时候你做人比较成功，那么不管你做什么事情总是会有很多朋友来帮助你。我觉得不管做人还是做事，都应该不拘小节，要大气要不断提升自己，要放大自己的格局。

想要维护好自己的朋友圈，就必须多渠道推广。推广的方式绝对不仅限于朋友圈，扩大你微信影响力才是真正要好好做的。微博、QQ、贴吧、各类社群、招聘网站等，通过所有能发布信息的渠道来积累人气以激活和吸引粉丝。当然，在微信朋友圈不能干巴巴地只发广告，这样缺乏人文关怀即人情味。可以在朋友圈创造专属个人的腔调，加入自己生活的元素和思想，宣传自己的特长，例如我第二职业是舞蹈老师，故我偶尔会上传舞蹈类的图文，让大家更多地了解我。

大家都喜欢正能量的人，多在朋友圈传播你的正能量，时间一长，大家慢慢被你感染，受你鼓舞，也就真的会被你吸引，从而想了解你的产品，这就是大咖们所说的自媒体！不要小看自媒体的力量，现在很多做我产品的人都是因为在朋友圈受我影响，在没了解产品的情况下跟我慢慢做起来的！

微商做到今天，已经有 11 个月了。这快一年的时间的确让我成长很多，收获也很多。到今天，我有了自己的销售团队——朵妈团队。一个好的团队，是需要管理和配合的，一定要用心经营。想做微商，**一定要下定决心，找对路子，选择正确的产品，掌握营销技巧，坚持下去**，这就是成功的秘诀！

我知道现在我做得还远远不够，朋友圈人数也远远不够，才 1000 多个人，但是我现在管理的团队有 19 个人，也已突破每月 10 万的纯利润，虽然和许多微商大咖们比起来，我还远远不足，但是我相信我可以越走越好，越走越远，因为我急顾客所急想顾客所想，急代理所急，想代理所想。每天我都学习一些专业的护肤小知识，每天让自己更加充实更加优秀，这样吸引的代理也会更加优秀，这就是吸引力法则。

今天微信在网络营销方面的价值正在越来越被大家所认可。也许你们也已经感觉到了，越来越多的企业间的竞争已经从传统互联网转移到了手机端，人们从 PC 上解放出来，只要带上手机就可以随时随地通过移动互联网做生意，这就是微信带来的商业革命。这是最好的时代，也是最美的时代！利用微信带来的商机，一起来创造属于大家的财富！

微商经验谈

Q：你是什么时候开始做微商的？

A：我是从产后 2 个月左右开始正式做微商的，也就是在 2014 年的 2 月份正式加入的微营销的。在此之前我就开了一家实体店，是以经营皮具为主。

Q：你同时还在做舞蹈老师，而且开了舞蹈培训学校，还要照顾自己的孩子，这样会有时间冲突吗？

A：首先时间冲突肯定是有的，但是既然已经加入了微商，那么肯定是要自己去调配时间。行行都有难处。我们看到微商光鲜亮丽的表面，却根本不知道每个微商背后的艰辛。舞蹈是我从小喜爱的，没想过放弃。而且那些可爱的小宝贝的妈妈们也成了我忠实的微信粉丝。其实我一直对自己的孩子有愧疚感，因为从她 10 个半月断奶后一直都没很用心地照顾她，但是每天晚上我必须腾出半个小时和她做亲子互动。

Q：你家人支持你做微商吗？

A：我们全家人都很支持我，以前我要办舞蹈培训中心，爸爸妈妈也是全力支持我，结果我小有成绩。产后又做微商，爸妈和老公都很支持我，现在老公偶尔还会帮我一起管理团队。妈妈和小姨一起帮我带朵朵，所以我的成绩跟我的爸爸妈妈是分不开的。

Q：你现在在做什么产品？

A：我现在做的是 RC 芮娜森和温特女神面膜。

Q：为什么会选择做这个产品？做过前期的市场规划和产品调查吗？

A：选择这两个主打产品是因为我使用后觉得好，因为我喜欢把自己用过的觉得好的东西分享给大家。RC 是我怀孕时开始使用的产品，当时用的时候各方面都检测过，所以很放心。今年 8 月加入温特女神也是经过各方面考察和使用检测后才决定的。这两个产品一个属于中高端，一个走平民路线，而且都有她们自己的客户群体。

Q：你现在每个月的月流水能做到多少？

A：100 多万。

Q：你是如何做到这个流水的？

A：我除了自己做销售、营销外，还有 20 多个下级代理。我很庆幸身边的朋友都非常相信我，一直买我做的几款产品并且一直持续购买、帮我转介绍。当然每个微商肯定有各种各样的问题，特别是有些顾客在使用产品后有排异现象和过敏现象，我总是会第一时间让她们拍照给我看看，然后给出一个针对她的解决方案。我平时会浏览各种护肤网站增长自己的专业知识。在换季期的周末我会给顾客发个护肤小知识，渐渐地顾客越来越认可我。

Q：如何组建和管理自己的代理团队？

Q：一开始我的第一个代理是我的朋友。后来朋友圈里很多的朋友、顾客看到我做得非常不错，就自己主动来找我了。我实体店里的代理都是我自己找的，我会找那些本身有实体店或者经验的来当代理，这样他们会自己走货，不用我担心。但是我还是会定期给她们培训，把自己的销售经验和想法告诉她们。我们团队会有定期培训，教大家怎么营销，怎么和客户交流之类的知识。

Q：平时和其他微商交流多吗？

A：会有些交流，但跟其他品牌的微商交流不多，主要还是交流如何找代理之类的问题。

Q：你对微商的理解和看法是什么？

A：我以前就是一个淘宝的忠实买家，所以我也是第一批买微商推出产品的买家，对于微商我一直不抵触，觉得微商不同于淘宝：微商是利用自己的朋友圈的人脉推荐和分享给朋友们产品。自从加入微商后，我觉得这是一个诚信微商可以开拓的电商平台，如果一直想做爆款、卖假货，他们肯定是走不长远的。将来诚信的卖家肯定是会越来越好，那些做假货的会越来越差。

Q：做微商给你的生活带来什么样的改变吗？你的目标和梦想是什么？

A：做微商给我带来的最大改变不是收入的变化，而是个人价值又提升了。以前我是个好老师，现在是当好妈妈得同时还当成功微商，带好整个团队。我的目标就是让更多人接受电商趋势，了解并认可朋友圈的产品，创立自己的品牌产品并且做好、做大、做远。

海乘风点评

传统实体店的经营很多时候客流量不能很好掌控，客人从进入店铺到出店铺只有短短几分钟时间，如果没有心仪的产品这个客户流量就不会得到有效转化。移动互联网时代我们会把客户加为微信好友，从而和客户成为朋友。当有客户想要的新产品时，就算当时不能转化，但因为联系不断，销售迟早会产生。

赵薇薇因为舞蹈编织了自己的人际关系网，奠定了最初的从事微商的基础。对于微商团队的运营，她并不是不负责任地招代理，而是选择性地招收有经验的代理并不断把自己的知识分享出去。她认为服务要比产品本身更加重要，所以她不断地给朋友分享护肤的知识。现在很多顾客已经变成了她的代理商，另外她又具备很好的学习能力，在营销和选择产品上有很多可取之处。

23

从淘宝到微商，90后辣妈卖内衣月入10几万

文/江婷婷

标签 90后 宝妈 内衣　　微信 JTTgj520

我叫江婷婷，是一位90后妈妈。我初中毕业后没有上高中而是上了5年制的大专。我和许多人想法不一样，在初中那个年代大家都想着努力考上高中，但是我不这么想，不是说高中不好，就是觉得太死板，我想早一点看看外面的花花世界。那时候因为年纪还小，所以听了我父亲的话选择一所建筑专业的学校。

2007年初中毕业上了现在的南通理工大学的建筑专业，大学生活真的和初中完全不一样。离开爸爸妈妈，一切都要靠自己的新奇生活一点都不会让我觉得不适应。在大学前两年真的只顾着玩，直到第三年因妈妈的身体问题，我一下就感觉他们会老去，他们现在为了我辛苦赚钱，而我却只顾潇洒玩乐。从那时候开始，我决定好好学习，好好想想自己的未来。其实我一直觉得建筑行业并不适合我，我喜欢销售，喜欢和人交流。第五年，学校要求我们自己找实习单位，那年暑假父亲让在家等着，说托人送我继续学建筑，被我拒绝了，我通过自己的努力找了一份不错的实习工作。

2012年9月份我正式入职了，进入北京联龙博通公司。这是一份和银行接轨的工作，但它属于销售，是关于我们平时看到的电子银行的。通过培训我很快掌握了里面的诀窍，而且那时候我真的很喜欢也很珍惜那份工作，这是我第一份也是最后一份工作。那时候我被分在了一个离学校比较近的网点。因为看我年纪小，银行的那些前辈们很照顾我，我也想通过努力给公司创造好的效益，所以那时候就和老

师打好招呼去学校办业务。那时候晚上我的朋友们就经常陪我一起跑班级，一起帮我登记人数，做业务激活。当时虽然比较辛苦，但是我很快乐、很充实。

时间过得很快，转眼就是毕业季，同学老师领导都以为我会留在那个不错的工作环境里，可我却没有，而是选择了和我相识相爱5年的男友结婚。大家感觉这个选择也还不错，先成家后立业。

2013年2月18号，迎来了我生命中第3个最重要的男人，也就是我儿子。由于我们太年轻，两边父母又都没有时间帮我们带孩子，于是我走上了家庭主妇的路。看着儿子的成长其实也是一种幸福。只要他对我笑一笑，我就会感觉所有的疲劳和烦恼都被抛到了九霄云外。可能是性格问题吧，我不想安于现状，我甚至拿着保暖内衣去摆过地摊，不是为了赚钱，只是不想让自己和社会脱节。

2013年6月份在家里人的支持下，我们注册了公司，走上了淘宝之路。之前虽然我一直在淘宝上购物，但是真的没有想过开网店，而且做天猫是要下很大本钱的。那时候虽然我已经非常努力了，但是效果并不理想。

2014年1月我继续家庭主妇的生活，天天在家玩玩手机、上上网、陪陪儿子。我想，我的人生不会就这样了吧？慢慢的，朋友圈里开始出现卖各类化妆品和衣服的。那时候的微商在我的眼里有点不靠谱，只上传图片和文字，没有实物，没有卖家信誉，能成交吗？我觉得还是淘宝靠谱些。后来我一个非常要好的朋友开始在朋友圈卖护肤品，她告诉我，只要找到好的一手货源，有一定的沟通能力和营销技巧，微信真的可以赚钱。

那时候我就开始想，我是不是也可以把我的保暖衣在朋友圈中卖卖看？其实一开始我并没想有什么效果（季节性的东西，而且当时天气根本不冷），但是没想到的是，竟然有那么多朋友支持。真的很感谢那些朋友一直对我的支持和信任。说句实话，做微商都是为了我家的宝贝，这样我可以一边照顾儿子，一边给他赚点零花钱。和很多妈妈一样，我只是想好好看着他长大。时间很短暂，何必计较太多？人只有开心健康一切都值得了，所以我要把幸福温暖的东西分享给大家。

这就是我，一位90后妈妈。现在的妈妈不一定只会看孩子，我们也可以有想法，也可以实现自己的梦想，只要坚持，付出和回报永远是成正比的。所以大家一起努力吧，为了自己的迪奥，老公的奥迪，更加为了宝贝的奥利奥哦，加油！

微商经验谈

Q：你父母为什么让你读建筑院校？出来后你又选择了完全不一样的道路，他们支持吗？

A：我其实不喜欢建筑这种东西，男孩子可能会更有兴趣。我父母觉得读建筑以后发展会好些，他们本身是搞装潢的，喜欢建筑方面的东西。后来我跟他们说了我不喜欢建筑，我要自己选择别的工作，他们还是很支持的，毕竟我也大了，有自己的选择能力。毕业后因为我跟我丈夫不是一个地方的人，我如果继续留在那边工作的话，可能会和他异地，这会使我觉得很可惜，毕竟有了那么多年的感情，会舍不得，所以我现在就跟着他，在他家乡和我家乡两边走。

Q：你家人现在知道你在做微商吗？

A：暂时不知道，她们以为我在家里带孩子。

Q：你为什么会选择保暖内衣做产品？

A：因为产品是我们家的企业生产的。

Q：做微商之前也做过淘宝，销量好吗？和现在微商比起来怎么样？

A：淘宝会好一点，因为淘宝那边我也会做一些促销活动，微商这块最近才开始的，而且我的产品季节性比较强，其实说实话不太适合拿来做微商。因为天气原因，这个只能冬天穿。

Q：现在的月流水能做到多少？

A：十万左右。

Q：你是怎么解决微信朋友圈加人问题的？

A：我先是从自己认识的人开始卖的，朋友圈没有太刻意去加人。

Q：有自己的团队吗？

A：正在组建，有几位顾客看到我发的朋友圈后来买我的产品，试过我们的产品后觉得物美价廉，毕竟是我们自己的工厂生产的，价格是最低的，质量又非常好，所以主动来帮我代卖。后来我的同学们看到我的产品和我在朋友圈、QQ 空间发的状态后联系上我，用过我的产品后觉得很好，自然就成了我的代理。

Q：组建团队招代理的标准是什么？

A：我觉得最重要的是代理必须诚信靠谱，因为我对自己的产品质量完全有信心，而且我的产品品牌也是很响亮的，所以在微商这个平台上，代理的诚信很重要，不然客户不敢去买我的产品，担心是假冒或者是次品，这就需要我的代理靠他们自己的人品和诚信去说服顾客。我目前的代理都是我的熟人，我对他们很放心。

Q：平时和其他微商有交流吗？

A：很少，主要是一开始看到自己的朋友圈里有人在发一些广告、化妆品，我就去咨询她们是怎么弄的。她们说做微商很不错，有很多利润，问我有没有兴趣代理他们的化妆品，我说不用了，我自己有产品可以做，所以就开始做了起来。因为她其实也是小代理，所以能学到的不多。我朋友圈里的微商不多，也没有时间主动添加别人。

Q：现阶段有什么问题吗？

A：因为我的产品是季节性的，所以在销售上后劲会不足。另外，我也很少跟其他微商联系，没有什么经验可以学习，主要就是靠自己感觉摸索。以后我会去多听一些网上的微商培训，争取多和大家交流。

Q：做微商过程中有遇到过什么印象深刻的事情吗？

A：我觉得做微商信任非常重要。我有个朋友看到我朋友圈发图之后觉得很不错，就找我拿了几套，还帮我带到公司去，然后他们公司反响很好，于是就向我又拿了一箱货。她们觉得我的货不错又是正品，而且比专卖店里的要便宜很多，所以购买热情非常高。

Q：做微商给你的生活带来什么样的改变吗？您的目标和梦想是什么？

A：经济上会有点收获吧，但生活上更忙碌了。因为有孩子，所以我忙的时候可能就照顾不到他，只能等我忙完的时候收拾残局。我的家人因为也很忙，所以帮不上忙。毕竟我的产品是季节性的东西，所以目标就是在秋冬季节尽量把销量提上去。

Q：你考虑过更换一下产品吗？

A：想过，毕竟现在的产品过了冬天就做不了，我现在可以先用自己的产品慢慢打开市场，然后等季节过了我再考虑换别的产品。具体换什么产品我还没决定。

海乘风点评

选择与众不同的路可以看到别人看不到的风景。为什么大学会有很多热门学科？可是过了风潮，曾经的热门学科也会变得冷门。设立热门学科的原因是趋势，热门学科变冷是因为人才的饱和，所以我们要学会跟随趋势跟上时代变迁最终学会看见趋势。江婷婷在 2013 年进入淘宝，没有赶上红利期，但是她看到了微商的商机。因为以前做过销售，对生活不甘且有决心做好，所以她进入了微商领域，这确实是很多微商的现状。微商本质是通过弱关系的建立，从弱关系变为强关系再产生购买的一个过程。强关系或者信任的建立就是渠道的建立，当渠道建立起来以后，需要拓宽自己的品类或者产品，这样才能实现价值的最大化。现在的江婷婷正是处在这样一个节点上。

24

Aigele 辣妈团队：50 人团队创 200 万月流水

文 / 张双双

标签 宝妈 团队运作 护肤品　　微信 sshaiwaigou

我叫张双双，来自浙江温岭，是“Aigele 辣妈团队”的创始人，目前代理了法国两大护肤品牌——Aigele 和 Sylvia。我从事微商近 3 年了，是最早一批接触微商的人。记得做微商之前我刚生完宝宝，那时算是专职太太、专职妈妈，一个偶然的机会我成为了一名小代理，而发展到现在已经做到了全国总代理，也拥有了自己的公司。在这个过程中，我经历过无数艰辛和质疑。有人问过我，是如何应对开始时的困境的？我的回答只有简单的两个字——“坚持”！

我记得，刚生完宝宝的时候，在家甚是无聊，所以总是约朋友来家玩。后来为了帮我打发时间，一个朋友专门来我家教我玩微博和微信。当时我立刻觉得通过这些手机里的软件跟朋友交流很是方便，而且微博的信息量很大，似乎全球信息都可以掌握在手。那时候因为爱美，于是我开始在微博上关注一些国外的护肤品，并开始通过手机购买，一次次愉快的购物体验让我非常惊讶：在家里竟然就可以买到远在国外的高端护肤品，而且这些产品效果很赞，这让当时的我在产后短短几个月就恢复了“美”的自信。于是我开始在朋友圈分享我的护肤心得，没想到，竟然得到不少朋友的肯定，甚至有朋友找我代购。我发现这是不错的商机，这不但可以丰富我的生活，又可以分享美丽。于是代理了一些这样的护肤品，成为了最初的小代理。其实当时的高端产品消费群体很不成熟，而且当时我微信里仅有几十位好友，这根本形不成什么购买能力。但是凭借着每天在微博的平台上更新信息，很快我的产品就引起了不少微博粉丝的关注，他们也同时也关注了我的微信。大家从朋友开始建立信任，分享护肤心得。微信购物最新潮、最有特点的就是它的交易模式是以“诚信”为基础的，在这里没有淘宝的信用保证，也没有正规的支付保障。这种建立在诚信基础上的购买模式就这样引领了潮流，慢慢地被更多的人接受。于是我的微商之路开启了。从零售到批发，产品的囤货量不断加大，客户从零到有，从十到百，产品良好的口碑让我在这个圈子里小有名气，很多客户会慕名而来，且信任感十足。也有一些客户转化为我的代理。一年时间虽然没有刻意扩充发展，但我的团队确是在逐渐壮大，月销售额从几千到几万甚至几十万。

时代在发展，微商也随着时代的进程在不断变化。我意识到，现在微商不再是单打独斗就可以站稳脚跟的了，微商要继续发展，需要强大的团队作为依靠。所以我决定选择可长期发展的产品，建立核心团队，努力学习团队的管理，同时兼顾着微商的推广和营销。基于此，2014 年我为了将高品质的护肤品带入中端消费群体市场，从国外代理了法国 Aigele 品牌，以“价值大于价格”的理念进军中端消费市场，并组建了“Aigele 辣妈团队”。我们的团队聚集了不少来自全国各地的辣妈、精英。因为同为女人，同为人母，所以我们有着共同的梦想、共同的追求：渴望拥有自信、独立、尊严和高品质的生活。最终我们聚在一起打造这个品牌的未来。

我不愿意跟着市场所谓的“爆款”走，我有属于自己的品牌和品质要求，我用心做着对得起良心的好产品并传播美丽。我宁愿“细水长流”把它当成一份事业去经营。我始终坚信：**产品即人品，我应该用自己的人格去赢得粉丝的信任，让微商融入自己的生活**。

微商之路贵在“坚持”。

微商经验谈

Q：什么契机下获得现在的法国品牌 Aigele 和 Sylvia 的代理权？

A：我第一次接触 Sylvia 的时候是通过别的经销商，那时候我是别人的小代理。慢慢做大了，现在我们都是直接到香港，找那些专门代理国际品牌的公司。现在我们去那边签署协议，就可以代理了。

Q：为什么会选择它们？

A：因为它们的效果非常好，又有市场可以做。虽然产品比较高端，但是因为我自己比较喜欢护肤，对化妆品这块相对了解，知道只要产品质量好，口碑做起来后还是会有一定的市场前景的。

Q：你还会代理其他产品吗？

A：护肤品还在考察，其他类型的产品如果适合微商做的话，也会慢慢引进过来。

Q：你现在的团队多大了？

A：我直接管辖的有 50 多个，她们下面的代理我没办法统计，数量太大了。

Q：团队如何分工？

A：团队成员都是代理，而我们公司其他东西都是外包的，比如策划、广告、文案等。我主要抓营销。

Q：团队的月流水能做到多少？

A：平均一个月一两百万，从我这边走的量是那么多，我们团队整个的话我没办法统计，可能还会更多。

Q：你是如何管理自己的团队的？

A：我觉得现在微信团队跟公司基层管理其实是一样的，我们也有上下级，我们也是管好自己的下级即可，也就是说我管好我们的一级代理或者总代，她们再一层一层地管理好自己的团队。我们培训也是这样，公司会给我们下面直属的代理培训，每个月有一些任务，直接分配给我们去做。比如说我们这个月有活动，这个活动应该达到多少的具体营业额，这个活动应该有哪些需要转发或者运作的地方，我们会有很细的规划，然后我们会逐条去完成这些任务。我们也会有奖励，我们会有公司新产品的信息培训以及一些营销知识的培训，很多新代理加进来后，老代理会对他们进行培训以及经验分享。我们会开一些公开课，大家在一起交流经验。奖励制度方面，我们有季度考核、年度考核，考核通过的话会有些奖励，比如奖金、出去旅游等各种福利。

Q：你的团队成员有同时代理其他产品的情况吗？若是有，你怎么处理？

A：有。但是我们有严格的明文规定，你做了我们的品牌护肤品，其他的同类产品是不能做的，因为这个有冲突。如果你代理了我们的产品，同时代理其他的保健品或者衣服、鞋子之类的，我们没有限制。除了同行的有冲突的护肤品，我们基本都不限制。

Q：做了三年的微商，有什么经验分享吗？

A：我觉得“坚持”很重要。万事开头难，大家会觉得开始的几个月太难做了，不想做了，但是往往机会都在后面，你放弃可能就流失了。还有就是做微商选择一个对的产品、一个好的上家是非常重要的，这直接关系到你今后的发展路线。我觉得现在微商这个行业发展会越来越好，会有越来越多的人加入，商机还是蛮大的。

Q：你觉得选择什么样的产品是对的？

A：像我们化妆品这块的话，首先你要考虑它的品质，不能一味地追求爆款、低价出售，而忽略产品质量。如果你想做这行，想要细水长流的话，必须你对行业产品是认可的，对它有一定的了解，在这个基础上发展起来才可以。

Q：如何辨认好的上家？

A：是否是好的上家，要是看他与你是不是志同道合，是不是有一个共识，即一起去做这个产品，把这个当事业来做。上家不能是那种只为了赚钱、图暴利，而对你不管不顾的人。好的上家要有一定的实力，背后有一定的公司或者集团做后盾。而像我们这种自我创业出来的，要对团队的团结性很看重，要对产品质量把关很严。这些都是好的上家的体现。当然对供货商来说，主要就是看产品质量，我们也会根据市场上的反应和要求跟他们沟通联系，提出相应的要求，让他们做出相应的改正和调整。

Q：那你觉得上家招代理的标准是什么？

A：作为我们自己而言，我们招代理的时候也是有一定标准的，不是谁来就给谁。比如你来拿个总代，那就要看看你是不是有一定的人脉基础，是不是有能力发展自己的下属团队，另外你的资金也必须到位。如果你要招下级的代理，还要看你是不是有信心做，是不是在用心做。

Q：想过做自己的产品品牌吗？

A：有是有，但我觉得这需要一定的经验和积累。如果想做自己的品牌，不管是自己的服装还是护肤品，因为都有很多优秀的 OEM(定点生产，代工）工厂，你要去非常详细地了解产品的源头在哪里、原料供应商哪家比较好、研发人员哪些比较好等，很多相关的渠道都必须弄好。然后自己注册公司，整合资源，注册自己的品牌，再招兵买马，所以还是需要一定的积累的。

Q：跟其他微商团队有交流吗？

A：比较少，但是好的优秀的团队，我们还是会向他们学习，平时我们也会关注他们的发展，不断吸取经验，不断进步。

Q：你对微商是什么看法？你是怎么理解的？

A：有好的一面也有担忧的一面。我觉得微商这两年发展得很迅速，让人觉得它有一个发展前景，很多人愿意加入进来，就像以前的淘宝刚开始没人看好，后来越多人做一样，商机就在里面了，会带动很多行业的发展。那些没有工作的刚生完孩子的宝妈或者学生等，都可以有自己的事业，这是值得肯定的。但是现在微商行业有点乱，也有很多钻空子赚暴利的钱。但是我觉得群众的眼睛是雪亮的，市场永远是朝着优胜劣汰的方向走，所以在未来几年内，我还是很看好微商的。

Q：公司团队下阶段的目标是什么？

A：我们现在是以线上为主，我们最终的目标是线上线下相结合。现在的目标和方向是努力扩充我们的线上，把我们的团队和产品更好地传播出去。

海乘风点评

微商属于创新行业，既然是创新，那就说明这是一条别人没有走过的新路，要想成功就要走到最前面，用最小的成本、最快的时间去试错，只有这样才能有最大的机会调头转型。双双是最早接触微商创业的一批人，她也是从个人到团队最后到自品牌的真正的实践者和先行者，也正是这一批人造就了“微商风口”。她有很敏锐的商业嗅觉，她发现通过分享变成达人可以产生推荐购买，在成为真正的微商后，组建的“Aigele 辣妈团队”大部分成员都是她以前的客户。她通过产品买卖以外的增值服务赢得了隐性的朋友财富，通过朋友成就了自己的微商事业。可是美中不足的是，创业初期没有对行业内的人抱有开放的、相互学习分享的心态，发现这个问题后，“Aigele 辣妈团队”已经采取了积极主动的态度，不断地和其他微商和品牌方进行交流、合作。

25 追梦军团：

千人全职妈妈团立志人均月入10万

❑ 文/田　茹

标签　宝妈　团队运作　面膜　　　　微信　tian-ru

我叫田茹，业内都叫我智能小公主，来自北京。我是一名全职微商，也是一名全职妈妈。2014年我有了女儿雅歌，经历荣升妈妈的喜悦，家庭琐事也骤然多了。我从小好强，但婚后紧接着怀孕，没有工作给我支撑，变得懒散很多。掌心向上的日子是可耻的，于是创业的种子便在那时开始发芽。刚坐完月子，我了解到一款新型材质的面膜，拿下了一级代理。6月中旬，我正式加入微商行列，从零售、散批、授权代理逐步做起，如今已创办了北京采妮诗生物科技有限公司，成为这款面膜的分公司负责人。

在做微商之前我是一家培训集团的主持人、品牌推广师，每天面对的不是资产几千万/几亿的老板就是国内外资深的培训师，所以突然让我以低姿态为了一盒260块钱的面膜跟陌生人介绍良久，其实在心理上是有一定挑战的。但我深知"**成功的人心态要归零**"，于是我不断归零，并不断用心跟每一个顾客沟通，如今最早的那批顾客已经成了我的代理，我直属团队500多人，全团队1000余人。我们有自己的名字——"追梦军团"。我们参加了多次《美丽俏佳人》的现场录制，作为优秀经销商奖励出国学习旅游两次，可以说是微商界的绝对黑马。当然，这一切和每一位代理的用心坚持是分不开的。

我觉得，微商成功需要几个要素：

（1）定位。微商分两种：渠道供应商；专业微商打造者。前者需要大量的金钱以保证各种爆款的最低拿货价；后者专注于一两个品牌，捆绑共赢。

（2）团队。“小成功靠个人、大成功靠团队”，钱是人赚的，人才是企业发展第一生命力。永远不要算计小钱，钱要和队友一起分，蛋糕大了，分到的就多了。

（3）产品。好产品是你做微商的通行证，好的产品具备以下特质：大众需求高；重复购买率高（损耗品）；有亮点；一手货源；公司宣传力度大。我当时对比了很多品牌，最终确定采妮诗。

（4）诚信。“为商即为人”，人对了，事就对了。常怀感恩之心，毋以善小而不为，毋以恶小而为之。

微商已经彻底改变了我的生活，它不仅大大提升了我的收入，还使我更自信快乐。微商加人的渠道其实大家都知道：微博、QQ 群、论坛、58 同城、赶集网、线下实体店等，这本身是一个靠量累积的过程，急功近利是不可以的。我会坚持监督代理每天的加粉数量、收入数，我每月的流水将近 100 万，但我的使命是保证代理们能赚到钱。

如今，北京采妮诗生物科技有限公司已组织优秀经销商赴巴厘岛旅游、塞班岛旅游、参加节目录制（例如《美丽俏佳人》）等。当然，这只是开始。我们还有更远的、更大的目标需要去实现。2015 年年底，我们要冲刺 2000 人团队，我要让我的代理月入都达到 10 万！

微商经验谈

Q：做微商之前你是干什么的？

A：我是一个企业管理方面的培训师，从销售员开始慢慢做成了一线培训师。但是这个行业对身体透支很严重，所以自从认识我老公之后我就不工作了，而是在家做全职太太，因为工作和生活是无法兼顾的。

Q：你是什么时候开始做微商的？是怎么会知道微商这个概念的？

A：我正式做是 2014 年 6 月份，但是我从去年就了解到这行。去年的时候我朋友圈里就有很多代购，衣服、鞋子之类的。那时我了解到有了微商这个职业，当时就挺感兴趣的，但是那会还没意识到这已经成为一个产业了。直到今年 6 月份的时候我生完孩子并坐完月子才开始正式做了。

Q：一开始做的是什么产品？

A：俏十岁面膜，因为它在微商界是很火的，很多微商都是从这个开始。当然我跟那些元老是没法比，我看到朋友圈很多人在卖这个面膜，就先从朋友那拿了一盒用，用完后觉得不错，就想着先拿十几二十盒去我朋友圈分享，结果没想到很容易就卖出去了，东西还没到别人就预订了。我觉得这个挺好赚钱的，因为女人嘛，怀孕生孩子都会产生消极的想法，整个考虑的东西也会消极点，所以我就想转移下注意力，然后我就了解到了现在的牌子。因为这是个新产品，觉得挺好的，就开始做起来了。

Q：你一开始卖俏十岁面膜的时候很快就销售出去了，顾客都是朋友吗？

A：虽然我正式做是在今年 6 月份，但是我从去年开始就加了一些人，都是和我一样的宝妈，我在备孕的时候什么都不懂，所以加了很多论坛、交流群，比如快乐辣妈之类的，我在上面看到别人卖东西，就图自己买东西能省点，所以就加了一些人，但是不多，也就几百人吧。可以说那个时候我还是积累资源了，但是没有想到要去做微商，因为那时候还没有这个意识。

Q：为什么选择现在的产品？

A：因为我以前就做培训师，所以明白定位非常重要，我不想把自己定位成代购，然后卖一些杂七杂八的化妆品，弄得自己像个杂货铺。我就想选一个好的产品，首先这个产品必须有亮点，其次这个产品必须是控价的，再次则是产品的生产公司要能给我一定的发展空间。采妮诗这个品牌是今年 4 月份刚刚上市的，材质是生物纤维，当时是微信首推，当然现在很多产品都在模仿它了。它的控价非常严，是统一的。再加上它是一个新的产品，我可以有很大的发展空间，所以就做了。

Q：除了这款产品外，你还代理其他产品吗？

A：也代理了另外一个牌子。之所以代理这个牌子，纯粹是因为我的一些代理们想做，我就去做一下，但是主要的精力还是在这边。

Q：你现在的团队规模很大，是怎么组建自己的团队的？

A：这些代理基本都是陌生人，很少有朋友和同学，因为我不喜欢主动给人介绍，老朋友、老同学都是看我做得不错，然后被吸引过来的。陌生人的话一开始我是主动跟她们沟通的，她们本身是在我的朋友圈里，我会给她们群发信息，就说什么什么产品在招代理，你渴望提高收入，体现你自身价值，就欢迎加入我们的团，结果效果还不错。后来的代理都是宝妈们看到我做得好赚到钱了主动加入的。因为当宝妈的时候大家的心理都差不多，然后我成功之后她们觉得：既然你可以，为什么我不可以呢？所以就加入进来了。我觉得做微商其实首先要把人做起来，这一点很多人都不懂，甚至还在朋友圈里专门写只工作不闲聊。你得让别人觉得你有人情味，这个事是最关键的。我觉得这群宝妈之所以信任我，就是因为我是比较有人情味的。

Q：你是怎么管理和提升自己的团队的？

A：我们是层层管理的。比如说我现在是这个品牌的分公司主管，那我就只管理我的总代理和一级代理，剩下的二级经销商或者特约经销商，全部交给我的代理去管理。我很重视培训，我的代理很信任我的原因就是我善于培训。还有就是我善于学习和整理，我会去总结一些美容护肤知识、营销技巧、加人技巧、引流技巧等，我会把它们做成课件。我在团队内部打造了 20 个微营销讲师，让他们去给那些新代理、老代理做培训分享，让她们保证每周新代理进来都能学到东西。

Q：你的团队定位和目标是什么？

A：我是以公司模式来做自己的团队的，接下来我想借助微商的这个势，把我们的品牌、团队打造出来。我借鉴一些传统行业的经销商会议和培训公司的一些说明。

Q：你平时工作会不会因为时间、精力与家庭发生冲突？

A：因为我的孩子现在还不到七个月，算是比较好带的时期。另外，我比较感谢我老公，一直都是我们两个相互协作，互相做这个事情。我老公非常支持我做微商。

Q：平时跟其他微商团队有互动吗？交流些什么？

A：肯定是互相输入一些正能量，比如目前的微商发展趋势。另外我们还会就怎么样带好团队进行交流，比如会交流怎么样输入一些新的力量，怎么样做才会更好之类的。

Q：你对微商有什么理解和看法吗？你觉得微商未来的发展趋势如何？

A：很多人觉得微商不就是卖东西吗？我不这样认为，我觉得微商就是一个趋势性的产业，是我们没有办法去逆转的，我们必须顺势而为。我觉得你早做肯定早赚钱。现在就是这样：有的人在观望，有的人在赚钱。我觉得微商在以后还会有个爆发期，但是我认为微商现在正处于洗牌的过程，逐渐会屏蔽、淘汰掉一些卖假货的，小打小闹的，不注重学习、团队、培训的，留下那些善于思考很踏实的微商。我感觉国家肯定会介入来规范微商产业，因为太巨大了。很多人因为微商赚到了很多钱，虽然这是好事，但是必须有制度和法律的制约。

Q：做微商到现在，你最大的收获是什么？

A：认识了五湖四海的朋友！如果不做微商，很多人一辈子都不会认识，但是我们有共同的价值观，在一起进步，一起发展，这是我一生都值得珍藏的事情。

海乘风点评

定位非常重要，在进入微商的时候就要想好自己的角色：品牌商、运营商、微商团队、第三方服务。田茹就给了她自己一个清楚的定位，也给“追梦军团”的小伙伴们一个很精准的定位，所以现在田茹的“追梦军团”拥有 20 多个微商讲师。定位为“微商”就需要在产品品类、朋友圈和营销方法方面形成一套系统的规范。首先，要让大家知道你并对你的产品有信心，这就要求你不能抱着赚一笔就不开了的打算。另外，营销体系需要建立起来，做到不断地和其他团队交流，不断地取长补短。在“术”的层面也有很多小细节，朋友圈发什么样子的图文，是否是正能量，是否是原创，都会给我们带来意想不到的收获。

26 小飞象留学日本做代购，找产品吸粉丝异国微商生意经

□ 文 / 小飞象

标签 学生 代购 化妆品 美容产品 微信 tamimi_

我来日本差不多有小半年了，其实一直没有认真计划过做代购，准确地说现在也不完全是，更多的算是自己爱买爱逛顺便给朋友捎上一份。因为本身对化妆品方面挺感兴趣，自己不断尝试适合本人的产品，找到真正有效、实用的东西是非常有意义的。找到好的，用过之后，我便习惯向朋友推荐，慢慢开始常有人咨询产品信息。于是，就这么误打误撞地成为了所谓的“小微商”。对，到目前为止其实我所谓的“客户”60% 都是认识的同学、朋友以及朋友的朋友。或许我正处于所谓的“代购大军”的初期，逐渐迈入这个已半饱和的市场。虽然只是作为留学生偶尔帮想要某一产品的国内的同学、朋友们代买，但我也算是在这方面做过许多功课的。在代购的过程中能预见的麻烦事太多，作为一个处于初期阶段的日本小代购，在这里我把自己的一些小经验分享给大家。

首先你要知道你所处的国家有什么东西比国内要好，比如质量高、生产商优质、产品是限量的或是民俗文化特色产物。这样，即使是代购存在花费时间长、价格略高等缺点，客户也依然会选择你。日本顶级护肤品 SKLL 就是很明显的优秀产品，它的生产地不同，成分含量便有些许不同。这个时候，本地生产的 SKLL 就会列入代购的首选。

说到我自己，真正赚钱是从 10 月底开始的。这个时候日本的化妆品、护肤品开始出台圣诞套装，当然都是限量的，需要预约。同一品牌，在不同国家、地区，

定位和走向都不一致，日本算是有鲜明特色和独特开放式风格的，我想这也是日本代购一直能够保持稳定的关键点之一。

其次，要特别注意寄送问题。要想做代购微商，就需要了解国际快递的价格、时间，及哪些东西属于违禁品。在给产品定价前估算邮费很重要，不然容易造成亏损。有一部分代购选择在国内囤货然后作为现货出售，这些我想只能是常用品，例如之前的圣诞限量就不存在提前在国内囤货的可能，并且目前国内已经出现不少冒充海外产地的假货，在价格方面我们绝不可能比这些货物更有优势，加之客户并不知道这些货是假的，他们又怎么可能选择我们？如果是初期代购，不建议国内大量囤货，在保证了一定客源与信任度之后可以考虑。

最后一点，汇率问题。日本2014年后半年汇率一直猛跌，刚来日本的时候6.3，12月已经到5.02。这为做代购的人造成非常多的问题。汇率走低，手上的日币亏损自然不用说，帮客户买东西时，你还要不断解释，购买时的汇率，你所收取的费用，特别是在日币如此不稳定的情况下。

总之，建议做代购要用良心去销售，定价不要太高，服务也要有足够耐心。对我个人来说，是比较相信口碑营销的。现在微商各种方便，为提供优质服务打下了基础，有了优质的服务，自然就会有长期客户群。

微商经验谈

Q：为什么会选择做微商代购？

A：其实一开始并没有计划过这件事，因为来日本读书，慢慢有朋友和家人询问我一些日本的产品，希望帮他们带回国或者帮忙买。后来我渐渐熟悉了日本的产品、商场情况，发现对比国内的产品，这里的产品在质量与价格上都有较大的优势。所以我若是做代购的话，他们可以拿到质量有保障的产品。

Q：做代购到现在有多久了？

A：没多久，从正式盈利开始算，到现在才2个多月。

Q：除了在微信上，还在其他地方宣传过自己可以帮别人代购的信息吗？

A：一开始大家知道我去日本后都会直接联系我，后来我也在微信、淘宝和微店上做宣传。在淘宝上因为我的只是销售额较小的店，所以淘宝提供的一些宣传方式并不适合我，可能花费很大的精力却收效甚微。因此我便开始另辟蹊径，从一些细节入手。例如在主营商品的关键词上，我会尽量多添加一些与所售宝贝相关的关键词，这样容易被其他网站或客户搜索到，有助于提高店铺的知名度和浏览量。宝贝数量的增加也与此类似（注意不要重复发布），由于每个宝贝被买家看到的几率是一样的，所以宝贝数量多肯定能增长浏览量，点击的人多了，销量自然会增长。对产品来说，一定要注意分好类目，不然模糊了客户的视线，会影响店铺的形象，也不利于买家查看。我也会偶尔写一些购物指南，勤动手写些东西，买家在参考购物指南的同时就了解到了我和我的店铺。因为我出售的大多为护肤品，所以买家收到货物之后并不是就结束了，后续的使用效果才是我所看重的。他们的使用反馈非常重要，后续与他们的耐心沟通对产生口碑会有重大影响。所以在买家进行评论和反馈前，我会积极与他们沟通，以帮助他们把产品发挥到最佳状态，这种无形的沟通更是一种良性的宣传。说到微信，其实我平时生活基本离不开它，比如朋友圈可以让我随时分享自己的状态。我每天都会接触一些日本的新产品，这些产品中只要效果不错我就会直接发到朋友圈。微信具有上传信息速度快、简易等优点，所以我喜欢用微信来传播商品信息。微信里的朋友也会时不时帮忙转发，告诉别人我在日本，可以帮忙代购。

Q：在日本是如何解决客源问题的？

A：起初我的客人大部分是我的同学或熟识的朋友，大家年龄层差不多，喜欢的东西也相近。等我开始熟悉日本这边的产品信息、折扣活动之后，很容易就开始帮他们采购。而他们的朋友也会通过他们知道我在日本，可以帮忙代购，有需要都会直接添加我微信进行咨询。后来这些朋友和朋友的朋友开始推荐给家人、亲戚友邻，慢慢的客户面也就展开了。

因为只是一份兼职，没有计划过把它作为重心，毕竟要以学习为主，所以不会去主动寻找客户。因为产品优质的事实，有需要的人自然也就来找我了。一般也是顾客指定特定的产品，才会帮忙代购。例如比较难买的限量款、活动款，所以我并不是以客流量大为目标。

Q：会影响学习吗？

A：会花费些许精力，但并不会影响学习，自己合理分配时间便可以把握好。

Q：家人知道吗？支持吗？

A：一开始不知道，两个月之后知道了，开始持反对意见，认为本身学习很辛苦不需要做这些。但我跟她们解释说，在代购的过程中，逐渐适应日本的生活，口语交流也开始变得顺畅，遇见一些特殊状况自己也可独立解决，这样的学习过程是很有作用的，也并不会耽误学习。相对于一般学生去便利店、餐厅兼职，这样的工作更加适合我。也就这样持续下来了。

Q：现在主要代购哪些产品？

A：主要针对中高端价位的护肤品和美容仪，然后附加一些客户指定的需求品。我所代购的产品都是先自己试用，并且确定效果不错后才会推荐给客户。好的产品与客户的信赖才是持久的源泉。

Q：和其他的代购前辈有交流吗？

A：有的，之前一位深圳做代购的前辈联系过我。她拥有大量的客源，代购地区包括澳大利亚、美国、英国。希望我这边能成为他们日本的一个分区。但考虑到这样的规模比较大，要承担较大风险，作为学生并不适合，所以我拒绝了。当然，我和她还交流过一些工作中的经验，受益匪浅。另外，我和国内与我情况差不多的卖家也有过一些交流，我们现在有一部分交叉客户，交流之后可合理化价格，互相提供资源。

Q：你觉得自己做代购有什么收获？

A：在代购的过程中，有很多之前自己不会去做功课的产品领域，现在都开始去研究了。比如手表、电器，以前自己给家里购置全凭店员介绍或者官方说明，现在开始尝试着去熟悉产品，这使我对如何去正确选择适合自己的产品有了一些经验，不再浪费不必要的支出，给朋友家人的建议也变得专业了。然后，我经常与日本的商家、物流打交道，对于只身在外的留学生来说，与日本社会又多了一层接触，不论是语言还是生活，这是很不错的。最后，慢慢总结下来，这也算是工作的完整经验架构，对以后的就职、提高办事能力都会有帮助的。

Q：下阶段的目标是什么？有没有想过把代购当成一份正式的工作或者事业去做？

A：通过这几个月的接触，我感觉这是一份挺靠谱的兼职。下阶段打算做一个整体的规划，做一个专门类的产品代购，包括正式的网店、独立名牌设计。但应该不会作为正式工作或者说事业。不论它带来的客观利益有多少，但最开始来日本的计划里没有它。可以在轴心之外偶尔放羊，但总归一切都要按照中心来转，即首先要完成自己来日本的主要目的。

海乘风点评

对于微商，尤其是代购微商，小飞象有天然的优势，因为她是日本的留学生，她的代购真实性可以得到保证。我们看到小飞象通过真正的朋友圈入手，把弱营销、强服务的做法发挥得淋漓尽致。PC时代电子商务最后的销售转化很多落地端在淘宝、独立电商平台，可是微商即使没有第三方支付担保也可以形成交易，这是因为微商要先建立信任才会产生交易行为。而小飞象在这里把淘宝作为了一个引流的手段并不是交易的手段，也就是微商的一个延伸。微商团队的形成有一个显著的特点，都是由小做到大，都是从零做到自有品牌。小飞象通过“代购”来形成口碑传播进而形成客户圈。当微商有了销售渠道就可以把产品多样化，这正是一个小微商变为微商团队的蜕变过程。

27 不满利润10万创立品牌潒美，只为自己代言我是微商女王

❑ 文 / 安太平

标签 创业者 团队运作 化妆品　　微信 shitutu0220

我叫安太平，来自辽宁大连，目前是大连森丽商贸有限公司的负责人。我创立了自己的品牌。我一直对于美容护肤方面很感兴趣，大学时期在很多护肤品公司实习过，也经常参与一些直销产品的护肤课程，对护肤品有较深的了解。我也会研究产品的成分及功效，我会用自己做各种各样的实验。

大四课业不那么繁重，闲暇无聊的时候，就萌生了要自己做一些事情的想法，当时想要开一个小店。但是周围的同学实习的实习，考研的考研，在大家的雄心壮志之下，我的这个想法就有点单薄了，也没有人配合我，所以，我就一个人默默地走进了微商的大家庭。最开始的时候并不辛苦，只不过别人“不理解”和“瞧不上”，总是让我不开心。

最开始的时候，我给几个品牌的护肤品做过代理，门槛不高的就做一级或二级代理，门槛高的就只能做个小代理了，从最开始的没囤货，到后来我就默默地进货了。我一箱一箱地从楼下搬到寝室，这使我从一个娇弱的姑娘变成强悍的女汉子。在这个过程中，有很多人信任我，在短短半年的时间内，我从一个需要家里救济的女大学生，变成了开着宝马到处送货的女销售员。虽然很辛苦，但是之后获得的认可感，比一个月销售额达到几百万更让我愉快。两年时间，虽然并没有刻意发展壮大，销售额也越来越多，我也变得越来越自信。

后来，野心的膨胀让我越来越不满足于自己十几万的净利润，在对护肤品有了一

个更深的认知之后，我决定建立自己的品牌——潒美。女人如水，却又葳蕤端庄，千面女人，才能大美倾城。用中国最传统的美，幻化出最莫测的美。用最适合中国皮肤的成分，为中国女性提供一个最贴合皮肤的产品。这就是我创立潒美的初衷。之后我利用了在自己的专业——市场营销学中学到的知识，研究了很多微商运营中的问题，做了一个较严密的企业发展计划书，并总结了在运营流程中可能会出现的问题。苦苦寻找很久之后，终于有一个香港公司看中了我的商业计划，愿意为我投资。这让我觉得，要做一个日后的经典化妆品品牌并不是奢望。于是我带着之前的分销开始创业。

从生产厂家的挑选、产品成分的挑选，到包装的设计，所有的事情都是我和以前分销的人亲力亲为。大家无比的信任让我更加坚定了自己的看法：选择带领大家创业一同赚钱的道路完全正确。我们是一个新的公司、新的品牌、新的集体，所有愿意信任我的客户和分销都能在这里找到自己的声音，所有的满意不满意都能得到回复。在看过了这么多的前车之鉴后，我能确保在目前市场不太明朗的前提下稳住价格，保证市场平台的健康，以分销的利益最大化作为中心，并运用自己的专业知识，创建一个属于大家的品牌。

年轻，野心，将一直伴随着我。我们不取悦任何人，我们不为任何人而活，有梦想，不怕输。一起努力，定然会看见不一样的美丽风景。

微商经验谈

Q：最早是什么时候开始做微商的？为什么会选择做微商？

A：2011 年 5 月，那个时候马上就要毕业了，同学都工作去了，但是我不愿意从事那种朝九晚五的工作，所以就决定自己干点什么。我又实在不愿意问家里要钱，就想到在微信上卖卖东西。那时候，身边朋友用微信的还不是很多，当时看准了在微信上卖东西的人较少，竞争力比较小，而且就算卖不好还能多认识一些人，聊聊天什么的，感觉不错。基于这些原因，我选择了微商。

Q：一开始是做什么的？

A：最开始也是机缘巧合吧，之前在台湾玩的时候，认识一个卖化妆品的姐姐，在得知我想自己卖点什么，就帮我在台湾联系了一个厂家。其实我根本就没有什么上家，我一直跟着总公司在卖，所以我对化妆品公司运作这一块也是比较了解的。我一直蛮感谢那个姐姐给我的机会，让我学到了不少知识。

Q：一开始为什么会选择做护肤品？对选择产品你有什么标准吗？

A：我一直对于美容护肤方面很感兴趣，大学时期在很多护肤品公司实习过，也经常参与一些直销产品的护肤课程，对护肤品有较深的了解。我也会研究产品的成分及功效，还会用自己做各种各样的实验。因为我个人对化妆品成分这一块比较了解，所以我挑选产品不仅仅是自己用着比较好，还有会对各种功效及副作用进行比较完整的分析和对比，只有副作用足够低才会推荐给别人。因为在最初的微信，还是卖给认识的人，总不能不负责任。

Q：从最初小代理到现在创立了自己的品牌，你有什么营销方法和大家分享吗？

A：将心比心吧，对一个人好，他总是会知道的，当你用心了，客户自然就来了。还有就是做事情要仔细，比如有时候是送给长辈的礼物，我就会做一个比较温馨的包装。送领导，就做一个高端一点的包装。有时候不太懂护肤的人，我们专业的护肤团队就会耐心地帮她解决问题。卖产品不仅仅是卖出去就行了，要对自己的品牌负责。每一个来过咨询的客户，我们都有一个记录表，无论是买了还是没买，我们都会建立一个完全保密的皮肤档案，跟踪他的皮肤问题。在这个销售的过程中，我让我所有的分销都变得更加专业，而且不只是专业的护肤咨询团队。我们有一个特别全方位的产品成分对照表，足以解决各种客户的各种问题。

Q：你是如何定位自己的品牌的？

A：我们想要全方位打造适合中国女性的护肤品。适合不同人群的不同皮肤，并且在客户并不了自己皮肤问题的时候，能够有针对性地一对一提供私人专业的护肤建议。我们有专人管理客户皮肤护理档案，见证每一位客户美丽蜕变的过程。

Q：创立自己的品牌后，打算继续选择微商这个平台吗？为什么？

A：我不会放弃微商这个平台，因为用它聊天更方便，这也就意味着售后的时候更便捷。我与很多客户和分销都成为了朋友，我们分享彼此的生活，一起变得越来越美丽。当然我们也会积极发展线下平台，开实体店之类的。

Q：你现在的公司团队有多少人了？你招代理的标准是什么？

A：专业销售团队十几个，带队的都是曾经参与过一些直销品牌的销售讲师。专业护肤咨询团队十个左右，其中有一个还是我的高中同学，在韩国读研时专业就是化妆品化学成分，实习期间也在韩国很多化妆品公司工作过，简直就是跨国咨询。我招代理主要是看他们是否有责任心、有上进心、有毅力，能够和公司同甘苦。其实也没有什么具体的标准，我比较随性吧，就是看这个适不适合我，能不能玩到一起去。这个品牌就好像我的亲儿子，一定要找爱他的哥哥、姐姐、叔叔、阿姨。

Q：平时跟其他微商有交流吗？

A：有，我跟很多微商都是好朋友。我们有同样的作息时间，更容易变成好朋友。我们了解彼此的委屈和挫折，所以更有共同语言。

Q：你对微商有什么理解和看法？

A：我对微信这个平台一直很有信心，因为本来它就是建立在一个朋友圈上的平台，没有任何门槛，所有想要赚钱的人都可以在这个平台上销售自己的产品。在实际从事微商之后，我觉得这个平台上，卖家良莠不齐，这使得很多不良因素混到其中。但是微商已经进入一个更靠谱的时代，这种建立在诚信基础上的购买模式，将会慢慢被更多的人所接受，也会越来越健全。

Q：你下阶段的目标是什么？

A：从产品本身看，想要制作出更多种类的产品，让客户有更多的选择。现阶段，最重要的就是建立一个核心能力，内部整合和外部交易相结合，将产品的销售和对于分销的培养相结合。将外部交易的结果，拿到培养分销的综合素质上去，让我的每一个分销都出类拔萃，完全有能力可以应对其他领域的问题。以分销的利益最大化作为中心，打造一个属于大家的品牌。

海乘风点评

对于一个新兴的事物，大多数人不愿去接受，从而造成不接受、看不懂、想不通的现象。微商初期也是一样，直到各大微商团队和品牌商得到了市场的验证才出现了第二波浪潮。2014 年是微商的红利年，2015 很多大品牌看到了趋势，这会是大品牌大规模介入的年份。安太平用自己的经历告诉了周围的人，微商是可行的，并且是一个趋势，因为她的成功给她增加了很强的背书，她从普通的学生做到了一个朋友圈的自明星。微商在销售的时候，不是单纯卖产品，提供更多增值服务是非常必要的。比如安太平的做法：如果客户是要送亲人，就需要一个温馨的包装，送领导就要一个高端的包装。另外一项增值服务就是和客户、代理商成为好朋友，照顾到他们的感情，增强他们的信任度，当你为他们考虑的时候他们也会为你考虑。

28

俏薇CEO、微商女人邦创始人告诉你如何月入100万

❏ 文 / 苏雨薇

标签 创业者 团队运作 化妆品　　微信 suyuwei34304070

“俏笑嫣然如桃花，傲立挺拔赛蔷薇”。大家好，我是俏薇化妆品公司CEO、微商女人邦创始人苏雨薇，大家都喊我薇薇安老师。我出生在山东一个普通家庭，由于生活的贫困，所以我从上大学开始就勤工俭学，自己做生意。因为明白所有的机会都来之不易，所以面对每一次的机遇我都视若珍宝。即使快速地攀登到一个高峰点也不忘初心继续努力。回想起来好像我一直生活在争议之中，但也一直在争议之中快速成长，在争议之中被越来越多的人认可、尊重！

记得16年前初进大学校园，别人还在憧憬新生活的时候，我就已经联系好了学校里的勤工俭学，在别人同情异样的注视下我坦然地正视着。当越来越多条件不好的同学意识到应该为家庭减负并开始勤工俭学的时候，我已经利用在超市打工之便摸清楚了货源，开始自己做起生意了——卖卫生巾。当别人质疑我能否卖出去的时候，我已经成了我们那群孩子里最有钱的学生了，而我仍然可以拿着当时对我们来说不菲的奖学金。

在非议和羡慕中大学毕业了，我没有跟家里索取一分钱，而是带着自己的积蓄去了几千里之外的广州。很多同学有了好的家庭或者嫁入好的人家，而我仍然只能靠自己。在人才市场我没有千挑万选，而是快速加入一家化妆品公司。12年前那不是一个规范的行业，很多人认为这不是正当工作。12年前我虽然不是第一个化妆品行业的大学生，也算是凤毛麟角。当时很多人不能接受我竟然愿意为800块钱而那么努力地工作。但是我仍然选择在很多人的反对声中放弃了回母校做老师的机会，而是走进

了美容行业。因为在那里让我看到更多的上升空间。12 年了我始终坚持在一个行业里，从最初的文职到后来的市场营运总监，这 12 年让我完成了职业生涯中还算完美的蜕变。记得大学同学告诉她的母亲我又在开始做什么的时候，那位阿姨说："是那个上学时候特别能折腾的孩子吗？"是的，真的是对我剖析得很彻底：爱折腾的孩子。当很多人认为我已经进入很完美的人生状态时我就又跳进了另一个通道里面重新摸索。董事长营运特助，企业里面一人之下所有人之上，可是我又毅然地从零开始了。

这次所有的人都不理解了，就连一直支持我折腾的先生乐天也沉默了。我辞职了。我做微商了。我卖几十块钱一盒的面膜了。我要卖多少盒才能赚到几十万的年薪啊！我不再是被人仰望的领导，我成了同事口中的推销员。所以这次我继续孤军奋战，继续遭受非议，不同于以前，我现在是一个母亲了，还是一个承担家庭经济重担的核心。可是我就这么没有任何预兆地辞职，做大家看不到希望甚至不知道的微商了。

拿着用信用卡刷回来一堆货，我开始罗列意向顾客群。同事、同学、身边的朋友，也许是人格魅力的影响，我没有别人很苦难的创业经历，我很顺利地开展了我第一批客户。我制定了转介绍奖励制度，我的老客人都在帮我推荐新客人，我以一种莫名的顺利快速地组建了一批团购客人。4 个月时间我用自己赚的钱给姐姐盘下一家宝宝游泳洗澡的店，给自己买了一辆宝马。然后很多同事朋友给我电话："我老婆在家没事能跟你做微商吗？""我姐姐刚辞职能跟你学习吗？"可以。只要想通过自己的努力改变命运的人，只要她愿意进来。于是我从做团购改成做总代。一个品牌、两个品牌……不到一年时间我拿下了十几个品牌的总代，队伍由原来的 10 几个到 200 个，快速倍增。

9 月份我正式成立了俏薇公司，我带着一批全职妈妈、白领、公务员、在校大学生迅速实现了自己的人生价值。现在销售产品只是我们的基本工作。我又转换了新的模式，把每个城市作为俏薇的分站点，吸纳了一批站点的负责人。我要实现的是优质的生活，建立一个以精神独立、时间自由、经济自负为主题的团队——微商女人邦。我们的理念是每个女人都要如花般妖娆地怒放着，在群花中肆意展现自己的独特。

微商经验谈

Q：在学校您就开始自己勤工俭学，当时主要是做什么呢？受到过同学的非议或者另类的眼光吗？

A：当时我在食堂卖饭，这样自己一个月伙食就解决了，另外还负责公共教室打扫，一个月 80 元的补助，这样我的零花钱也解决了。还有帮超市理货，慢慢探索货源，以便自己做生意。另外我还卖卫生巾，谈了一些宿舍的单子，因为我的货比超市便宜，并且她们每个月的时间我都有做记录，然后都提前送，所以生意不错。当时很多同学不能接受别人玩的时候我却要满校园跑着去打工，感觉没必要。我一直是认为，人有能力就应该过品质生活，但是每个阶段的品质理解不同。比如我一边看似贫穷要打工，一边又会去旅游或者购买品质的生活用品，我个人不认为勤工俭学丢人，而且所有的生活都是根据自己的收入来定的。我不喜欢把自己搞得可怜兮兮的。我独立，我一切靠自己，所以从头到尾我都很自信。

Q：大学毕业后为什么会选择独自去广州工作？工作内容和工资待遇如何？

A：大学毕业我选择在一家化妆品公司做前台文员，不包吃住，800 元一个月。在物价很高的广州这个薪酬是徘徊在生存的水平线上。但是我没有更多的经验，而且喜欢化妆品这个行业，更重要的是我感觉低学历、低要求的门槛，可以让我更快成功。记得当时选择广州就是因为这里商业氛围浓厚，就业机会多。后来的经历证明确实如此，我凭借自己的努力，在这个大学生凤毛麟角的行业获得了更多上升的空间，才快速实现了职场生涯的蜕变。

Q：您是什么时候接触微商的？

A：2013 年听了谭小平老师的一堂课，当时是公司派遣我和另外一位同事去学习的，当时的课程技术比较突出，所以没有特别在意。后来在国外出差的时候遇到了很多代购，才更进一步知道了微商的运作思路。一开始，大家都是质疑，而我则开始研究它背后的可运作性，然后看到了商机大潮的趋势。虽然我工作年薪很高，但时间相对不自由，微商这种商机趋势的到来让我感觉到兴奋。

Q：一下从高高在上的领导变成现在的微商，同事和朋友们非议多吗？你是怎么面对这些非议的？

A：很多。还记得当时去公司送货的时候，一个当时在公司级别没有我高的品牌经理当着很多同事的面说："苏总，你老总不做却去做推销员，还是卖个几十块钱的面膜，脑子进水了吧？"我记得非常清楚，他说完了这话我没有做任何回应。可能他感觉无趣或者不好意思吧，就话锋转了说来两盒送老婆，战友一场支持一下。我淡定地递了两盒，告诉他："用好了再找我。"很感谢当时很多同事知道我创业很支持我的生意，自己用了还推荐客户给我，非常感动。

Q：你先生一开始不支持你做微商，现在呢？你家人支持你做微商吗？

A：对，我先生是一个不敢冒险的人，害怕改变，因为当时我是家里的经济支柱，所以他最多的是没有安全感。但是今年7月份他辞职回家和我一起创业了。我家里人从来都是我决定做什么都无条件支持的，在他们心里我的选择肯定没错。

Q：一开始你做的是什么产品？为什么会选择这个产品？

A：我现在在做百爱康面膜，因为之前就在用的，而且用了很多年，感觉品质不错值得去做。

Q：你现在的流水能达到多少？

A：每月100万左右。

Q：你做微商崛起的速度非常快，有什么窍门或者方法吗？

A：没有窍门。我觉得第一就是我是这方面专业的，10多年的专业护肤经验让很多人信任我；第二是我的产品质量好，所以回头率非常高；第三是我的营销策略，我采用体验式销售，就先让他们试用，再决定要不要，成交率在95%。另外我的人脉在很大程度上给了我很大帮助，我的性格以及工作性质为我提供了很多优质的潜在客源。

Q：你现在的队伍有多大了？

A：我自己公司分站有18个，代理团队300多人。

Q：你是怎么壮大和管理自己的团队？

A：第一批代理都是我的第一批顾客转化来的。因为有了好的开始，身边很多人看到了希望所以自己来找我。还有同事、朋友、同学推荐的家人、朋友。可以说我是从熟人圈子开始做的，然后通过熟人带动更多的陌生人，但是陌生人其实与我人脉圈子有着千丝万缕的联系。还有一部分是厂家推荐的。因为很多人去厂家咨询，但厂家没有那么多总代名额，一般他们会推荐给我帮助带起来，因为我曾经是专门做市场营运的。因为我知道产品优势，采用体验式销售，开始的产品全部免费送，同时采用转介绍奖励机制，所以第一批客人后我几乎没有再找过客源。还有我的产品不零售，只团购。第一次团购后都会沟通成代理。这是我迅速组建团队，并实现倍增的原因。团队管理的话，首先是分类，分成公司直属团队——俏薇优品团队和代理商团队——各品牌代理商，还有针对团购客人，我们会给她们福利。管理的话我们会有培训。直属团队参与公司分红，根据特长分派不同的团队工作。

Q：做微商有什么印象深刻的经历吗？或者说遇到过什么困境吗？

A：我做微商的时候才开始努力学微信，我甚至不知道什么是陌陌。不知道应该怎么在论坛发帖子，最开始完全是人肉式的组建团队，因为网络推广是我的弱项。互联网营销时代我不懂互联网，不会借力。我真的是完全靠激情和努力才有了现在的成绩。

Q：你对微商这个概念有什么理解和看法？

A：一是给更多想创业梦想的人一次转折的机会。二是不靠广告轰炸，而靠品质优势。因为微商就是成交信誉。三是没有营销，好的产品就是最好的营销。

Q：做微商那么久有什么收获或者说成就吗？

A：最大的收获是带着很多全职妈妈、白领，实现了他们满意的人生价值，让更多女性实现了精神独立、时间自由、经济自付，创建了微商女人邦。

Q：你下个阶段的目标是什么？

A：开一家女性生活馆，产品只是附带，在这里可以聊女性话题，可以聊时尚，可以组织公益活动，可以做很多我们平时想做而没有时间或者自己不想单独做的事情。

海乘风点评

很多人年轻的时候选择了安逸的生活，他们没有比他人付出更多的努力和汗水，那当然最后的收成也要少很多。苏雨薇是“爱折腾、有激情的孩子”微商创业者最需要具备的品质就是不安分，只有不安分才可以不断地往前走，才可以摔倒了再爬起来。她使用的体验式销售是一大亮点，先让用户体验，用好了再购买；第二点就是，通过之前的积累，快速把团队和流水做大，帮她度过了最难的时期。第三点就是品牌商在招收总代的时候总是名额有限，那品牌方会对总代有一些扶持政策，所以品牌商和代理商是相互扶持的关系。有时候我们会听到有人这样说：拿了某某品牌的总代理就坐在家里等收钱吧。其实这并不是夸张的说法，可是作为创业者我觉得应该利己利他、共赢合作，这需要适当地把主动权掌握在自己手中。

辅助他人创业成功，扶持他人创业成功是很多创业者走过的路，我看到“微商女人邦”正在走自己的创业路。

29

两个公司负责人，兼职做微商月入 20 万

❑ 文 / 马　倩

标签 90 后 兼职 团队运作 面膜　　微信 maqian_19900613

我叫马倩，来自江苏省徐州市睢宁县，1990 年 6 月 13 日出生。

从小就独立的我，做任何事情都不麻烦父母，在我很小的时候，父母在供销社开店做生意，没时间管我，也许从小就有点继承父母的经商之道吧，我总感觉自己非常适合做生意。我总喜欢一些和别人不一样的东西，可是即使当时喜欢的东西，一段时间就会慢慢厌烦，也许是因为年龄比较小，不懂得坚持。不过现在在做了两个公司之后，慢慢的不再像年轻时候那么容易放弃了。

现在我是两个公司的负责人：苏州高斯伯数码科技有限公司，苏州青春派电影工作室，一个主做企业宣传，一个主要针对私人定制。我接触微商是在今年（2014 年）的 5 月底，那时候是我们公司最忙的时候。我们公司是做视频类产品的，刚开始我是主管公司的后期部门，做技术攻关这块的，所以在忙的时候我基本上没有任何时间去想别的事情，一心埋在产品质量的把关、与产品开发上。可是不知道为什么，刚开始接触微商，我就喜欢上做微商了。也许是因为从小父母都是做生意的。我的营销念头又露头了，蠢蠢欲动。正巧公司有建立完整营销部的打算，于是，我就把我之前封存的关系圈用起来了，在一个月之内，我的朋友圈又活跃起来了。

在认识了很多人，包括陌生人之后，在与他们的交谈时，我发现我最终还是应该回到商人这条道上来，技术枯燥乏味，不太合适我的性格。

现在从开始做微商到现在，快半年时间了，公司的销售业绩在慢慢提高，微商

之路也越走越宽，每个月微商营业额在 20 万左右，出货量在几百箱。

在微商这条路上，真的学到很多，我现在将很多微营销的东西用于我的公司上面，也收获不小。公司原先做小型微电影、活动片，现在基本上转型成功了，接到很多大型宣传片、企业资料片、微电影……我们的目标是要做最优质的产品、最优秀的电影。

把微商的知识用于传统行业是我们公司负责人要做的，也是必须要抓紧时间学习的。因为传统行业在现代新型商业模式的冲击下，优势将越来越小。我们必须努力紧紧跟随时代的潮头，在微商这条路上面越走越远。

微商经验谈

Q：你现在是两个影视公司的负责人，又是后期，工作很忙。你还在当时最忙的时候做微商，这对你工作有影响吗？

A：刚开始肯定有影响，一个东西刚开始做的时候，精力得全搭在里面。

Q：你的公司其他人知道你在做微商吗？支持吗？

A：有一部分人知道，比如领导啊、核心人员啊及其他一些人。有人感觉蛮好的，有人不赞同，他们担心会影响我工作。我家人朋友也都知道，他们都很支持，我现在做微商有一半的代理都是我自己的朋友。当然另外一半是陌生人，自己加的。

Q：你是怎么加陌生人的呢？

A：我在刚开始弄的时候基本上手机是不离身的，不管是吃饭时还是干别的时，到一个新的地方，比如说我到一个饭店吃饭，我就会打开附近的人加一下，如果说我在火车站，我也会打开附近的人加一下。刚开始我加的比较勤快，后来我加了群，互换的那种，在里面加人，还有推广，有那种专门的人会给你推广，你把图片和资料给他，他会帮你推广，这样大家感兴趣会来加你。

Q：你是什么契机开始接触微商的？

A：今年 5 月份，因为我有朋友是做韩国代购的，我看了下做这个的人还蛮多的，我的化妆品基本都是在她们那边买的，听她们说做微商怎么怎么样，我因为自己的化妆品都是她们那边买的，所以也想自己试一下，觉得就是卖东西嘛，毕竟自己家里人一直是卖东西的，就做了。做了几个月，觉得还不错。我是顺其自然，没太刻意去追求什么。

Q：你现在是在做什么产品？为什么要选择这个产品？

A：面膜，因为现在面膜也蛮多的，我代理的面膜大家敷了也很有效果。面膜这东西，有没有用其实还是蛮好检测出来的，用过一片两片，就可以发现里面有没有那种荧光剂等之类的东西，我卖之前自己都试用过，做过这方面的调查，所以觉得还不错。我现在也代卖些其他东西，我卖的东西必须是自己先用过、觉得好的，如果觉得质量不过关我是不会去卖的。

Q：你是怎么组建这个团队的？

A：其实组建团队还挺难的，大家都知道，每个人的思想你没办法统一，尤其是刚开始的时候，有的人想做，有的人还没下定决心去做，所以说那时候在你的群里面，有些人已经做了，有些人还是在观望着，所以说你做的时候有很大压力，一旦有人反映不好的话（因为我们知道面膜肯定有些人用会有过敏之类的情况）就会影响其他人。我在组建团队的时候这种事情都碰到过，我基本上就是出现问题后尽量去化解，我会去确认看到底是面膜的问题还是人的问题。如果是面膜的问题那就是不适合用，就不卖了；如果不是，比如说某个人用了感觉痘痘越来越厉害了，我就去给她们分析，你为什么会起痘痘，是熬夜还是怎么，我会建议她去医院检查，看到底是不是面膜造成的问题。有些代理反映这些问题后，我会继续追问下去，问她们解决了没有，查清楚是什么导致的问题。她们觉得我很负责任，口碑慢慢就起来了。另外我个人还制定了一个方案，厂家没有制定这个方案，我会给我代理说，也就这个面膜你拿去卖，不好的话你给我退回来。当然到目前为止还没有退货的，毕竟我在产品质量把关上做得还不错。

Q：做微商给你带来哪些收获？

A：其实我这个人脾气还是蛮急的，说话很凶，做微商之后跟别人交流尤其是不认识的人，我学着站在别人的角度，理解别人，对别人说话的态度也有改变。我在员工面前是比较强势的，但做微商就完全是另外一个人了。

Q：做微商对你的工作有什么帮助吗？

A：我觉得做微商和做线下有很多营销模式是相通的，我现在把做微商的一些东西运用到了我的公司上面，公司现在在营销的力度和方式上面都已经有了一些改变，而且很有成效。就是说我把面膜送给顾客，一方面为我的产品做了宣传，另一方面还给公司做了宣传。另外我还做了幸运娃娃，价值两百多元，我也会送给客户，作为我们公司的心意，去赞助交流。像 11 月 11 号我参加了一个赞助活动，这也算是给我们公司做了宣传。所以说我的微商和我的公司已经算是融为一体了，不需要分开了。

Q：你平时跟其他的微商交流些什么？

A：我现在也会去听有些经验比较多的微商开的课，跟大家互动交流。我还会和一些老的团队交流怎么找代理、做宣传之类的。

Q：你对微商有什么理解或者说看法吗？

A：我觉得这是一个蛮好的趋势。像之前房地产行业发展得非常迅猛，所以现在店铺都很贵，很多人都没办法去创业，去开服装店、护肤品店。像我自己就是，我如果没有微商这个东西的话，肯定会本本分分地去做自己的东西，不会去考虑这卖产品，因为我没有那么多精力和金钱去开店。微商出来后，我觉得信息整合更好了，另一方面很多人之前都不敢相信网上购物，现在大家却觉得这个东西投资很小，回报又快。对于顾客来说，她们都能拿到更好、更多的产品。因为我们知道微商的东西大多是给朋友的，然后朋友再介绍，所以说产品质量必须要好，质量不好没有人会去买。做微商，使客户买产品时少了很多中间环节，所以他们买到的产品虽然不能算很便宜，但是质量肯定没问题。

Q：你的目标和梦想是什么？

A：我现在对于自己做微商这块已经挺满意了，我不会去过多要求什么，顺其自然吧。对于自己现在的事业这块，我会把自己微商结合到事业中去，让它们共同发展，但同样不会强求什么。

海乘风点评

做了这么多事情，走了这么多的路，我想我们都在做一件事情——“认识自己”，这也是我所追求的境界。当你认识了自己以后，你会知道你想要什么、你想做什么、你的价值观是什么，你的世界观也会慢慢形成。马倩一直在认识自己，从技术岗位转向销售岗位不断尝试、不断挑战自己。在做微商的时候马倩会不断得到回报，比如交到新的朋友、获得很好的收入甚至是背书。另外现在很多微商团队和品牌商都有拍摄微电影和广告的需求，这正好可以做一个资源整合。现在看来，她选了一条最稳妥的路，把微商作为兼职，这不代表不好，因为她可以得到更加全面的发展，这是一个难得的机会。

30

2520团队：大学生也能轻松月入10几万

文/Cherry 陈瑞雪

标签 90后 大学生 团队运作 零食　　微信 jkls2520

大家好，我是Cherry陈瑞雪，是做进口零食生意的微商。我1994年出生，现在在河北科技师范学院读大三。我们2520进口零食是在我读大二时的暑假期间成立的。在暑假前，有一次和室友聊天，谈到大三了课程不是特别紧，觉得应该充分利用业余时间，丰富一下大学生活。那时候又恰逢朋友圈里已经有好多搞化妆品、衣服代购的了，我们就觉得这种方式特别好，商量着也代购一些东西，丰富自己的同时，也能减轻家里负担。

之所以选择销售进口零食，是因为我觉得食品从小孩到老人都会需要，各个年龄段都会买，受众多，销售范围广，而且进口零食比较新颖。我们选的是国内市面上没有卖的，会更受大家欢迎。

算来到现在为止，做微商已经四个月了。开始我是给别人做代理的，想着一天能赚个三四十块钱就行，但做上以后发现做微商既可以接触更多的人，又可以拓展自己的思维，增强自己的交流，这让我对微商这个行业有了新的认识，我决定把它做到最好。于是我开始寻求更加便宜、便捷的拿货方式。通过努力，一个月后，我跳过了上家，找到批发商，直接从厂家拿货，一下子价格就比之前便宜了很多，这样更燃起了我的动力。一开始进货金额很小，我逐步制定出自己的宣传方式、销售渠道，随着拿货量的增加，我们的工作也越来越繁重，每天除了上课之外，还要安排发货、包快递、送快递。

随着与我们合作的厂商越来越多，我组建了自己的团队，而且团队越来越大，现在我下面有上千个代理，上百个加盟人。我将销售捷径授予我的加盟人们，他们现在做得都很好。周围的人看到我生意越来越好，也来问我："可不可以做你代理啊？"亲戚朋友也会推荐身边的人跟我一起做微商。

当然这期间也会有很多想不到的困难，比如顾客咨询各式各样的问题、售后问题，代理加盟们销售过程中的阻碍问题。每天从睁眼开始，我都要抱着手机回复大家各种消息。想要有收获就得有付出，我想这就是做微商必须付出的吧。现在我们的 2520 进口零食越来越正规，从包装箱到包装袋再到团队间的合作都有了一整套的规定。下一步，我准备进一步丰富我们的进口零食种类，然后让团队更加强大，带动更多的人一起在微商的道路上继续前行。我希望每一个代理、加盟都能充满正能量，都能因自己是微商而自豪。

现在我不一定是最优秀的，但我要通过努力成为最优秀的，成为大学生创业的典范。

微商经验谈

Q：为什么会做微商？

A：刚开始的时候只是单纯地看到朋友圈有人在做微商，我也就想赚点零用钱。没想到后面越做越大，也慢慢找到了门路，一下子就发展下来了。

Q：为什么会选择做零食微商？

A：因为现在做化妆品的人太多了，我不想跟大家一样。另外就是，我想要选择一个自己感兴趣的东西，我自己本身也是个"吃货"，所以对零食比较了解。而且我认为，零食直接批发到手里，不仅可以以微商的形式去卖，还可以在市面上直接卖给别人。我觉得这样比较好。

Q：找到的门路是什么？

A：我是从别人的小代理开始做起的，做了半个多月的时候，发现进口零食批发这个圈子其实就这么多人，大家基本情况也都了解，所以我上家的厂家就直接联系到我了，他们答应可以以更低的价格给我货。

Q：你对代理的产品有要求吗？

A：首先我自己得感兴趣，如果我都不感兴趣，顾客怎么会有兴趣？其次必须包装新颖，要有吸引力，然后我会买来试吃，如果味道可以，那我就会考虑做。而且必须是合法合规的，质量达标，不能是偷税漏税或者三无产品。

Q：一开始是如何找到上家的？

A：好多地方，比如百度贴吧、朋友圈、QQ空间等，我先联系到他们，然后慢慢做大了，就能顺藤摸瓜认识更多的人。

Q：你是怎么打开市场的？

A：广告宣传。你能见到的地方都尽量进行广告宣传就可以了，QQ空间和朋友圈这两个就不用说了，还有微博、人人、百度贴吧、豆瓣网、美拍之类的。打广告的话我觉得要言简意赅，不用说太多，太多了大家反而会烦你。直接告诉大家你这有进口零食，他们就会直接加你的。

Q：做微商对你学习生活有影响吗？

A：有，平时会比较忙。但是大多数情况下我用琐碎的时间来做的，况且团队人越来越多，大家的分工也越明确，所以我也会慢慢变得不那么忙了。

Q：你的家人和朋友知道你做微商吗？支持吗？

A：知道，家人刚开始的时候不怎么看好，现在越做越大了，每个月能固定给我妈打一点钱，她们现在就很支持我了，觉得我现在做的也算是一个事业。一开始的时候她觉得我能赚够自己的零花钱就不错了，没想到会做成这样。同学们也知道，很多人都想跟着我一块干。他们要么直接做我代理，要么直接从我这边拿货，送给亲戚朋友。

Q：你的产品都卖给谁？

A：主要是陌生人，但我没有主动添加过陌生人，都是他们看到广告后加我的。我下面的代理有很多，通过代理这块会有很多生意，我基本不用担心。

Q：现在的月流水多少？

A：十多万。我主要是给代理。

Q：代理团队有多大？

A：我的代理至少有上千个吧，没数过。他们都是我在别的地方进行宣传时感兴趣，自己主动加我的。

Q：你招代理的标准是什么？

A：其实我没有什么标准，因为是卖零食，我会跟他们说，只要你愿意坚持下去，就会成功的。我自己也是这样一步一步走过来的，必须坚持，否则没戏，赚不到钱，顶多就跟我妈说的那样，一天就赚个饭钱。但是坚持下去的话，肯定会越做越大。很多现在的代理加盟都做得很大了。因为我的代理中好多都是中学生，他们都是利用课余时间在做，他们中甚至有些都没有支付宝，需要拿现金去银行给我打款。所以其实我对他们没有太多约束，不会像其他品牌微商那样，对他们有业绩要求。

Q：团队是怎么管理的?

A：我对他们唯一的要求就是坚持。平时节假日的时候我还会给他们发放奖励，比如优惠或者奖金。如果加盟我的话，我会给他最低价，一件代发的也是最低价，我会把自己怎么一步步走过的都告诉他。很多人跟着我一直坚持到现在，他们下面的代理也都上千了。

Q：有什么销售方法分享吗?

A：其实我觉得自己做得还不够好，毕竟时间不长，而且我主要是批发给下面的代理，所以销售方法这块自己也不是特别强。我直面代理和加盟，没有和顾客一对一交流。如果非要说销售方法的话，我觉得最好的就是把最大的优惠给了代理们，他们批发满多少我就给他们一些奖励，激发他们的兴趣和斗志，比如满多少钱我可以给他们送食品之类的。

Q：遇到过什么困境或者印象深刻的事情吗?

A：因为现在的快递公司发件系统其实还是有一定的漏洞和缺陷的，还是一个不太完整的体系，要是有人代签的话怎么办？真出现这样的情况，代理们就拿不到货了。或者路途中这些货物发生损坏啊什么的，很多情况下都会我自己赔钱进去。甚至有些人自己签收了东西后还会告诉我他没有签收。遇到这样的情况我也没办法，也不能太较真，我就直接赔钱。我比较大大咧咧，懒得去跟他们说这些，宁可赔钱让自己省心。

Q：你对微商有什么理解和看法吗?

A：做之前我觉得微商就跟传销一样，做了以后感觉完全不一样。我觉得它未来的市场还是很大的。它跟淘宝不一样，比淘宝更方便快捷，而且能提高人与人之间的信任度。做时间长了以后发现好多人在我睡着或者不在的时候，会直接按照下单格式下单，直接支付宝汇款，然后截图并发给我，找我拿货。这充分说明，他们跟着我时间长了，信任感也逐渐增强。另外就是，我觉得微信人人都要用，但是淘宝不一定，所以微商浏览量会比淘宝更大些，会有更多的人去买、去关注。

Q：做微商有什么收获？

A：金钱肯定是最大的收获，还有就是我和别人的信任度提高了。我跟我的小伙伴们在这方面还在不断地摸索和进步中。另外，做微商提高了我和其他人生意上的往来和交流，提高了我的营销能力。还有就是处理一些小问题的时候，我的心态会更好，能放平衡，心平气和地解决问题。

Q：现阶段目标是什么？

A：产品方面是把零食这块继续做大，产品种类增加。销售方面的话想走批发路线，现在已经差不多一半做批发了，因为做批发的话虽然挣的钱不够多，但是薄利多销，一次流水大，这样我就不用这么累这么辛苦，能省很多事。

海乘风点评

Cherry 陈瑞雪，我更愿意叫她“卖零食的小女孩”，因为她只是个大学生但是可以把生意做得如此之大。微商具备进入门槛低、退出易的特点，不需要什么投入，很多弱势人群可以借此逆袭。对于一个还没有完全接触社会的大学生来说，做微商可以扩展人脉圈，提高自我的技能，还可以扩展思维。陈瑞雪确实可称为大学生创业的典范，她用自己的行动不断地影响着其他的人，让其他人加入到了自己的“2520 团队”中。另外，食品类产品和其他产品有些不同，其他产品都需要做很多的增值服务，但是食品类要少很多售前、售后服务。微商更要先建立社会关系才有购买，做零食类微商可以以产品带动关系，然后再以关系产生购买。

31

90 后美女学霸留学韩国，做代购月入 10 万就是任性

□ 文 / 邱滢菲

标签 90 后 大学生 代购 护肤品 化妆品　微信 243310152

跟所有的 90 后女孩一样，经过了初高中枯燥紧张的生活，来到了期盼已久的大学，因为当时特别喜欢东方神起，所以报了韩语专业。在大学的第二年，学校有了去韩国交换留学的名额，这对于我来说是一个难得的机会，在大二刚开学，我就离开了父母，一个人去了陌生的国度。

来到韩国，起初的不适应，但没用多久就和小伙伴相处融洽了，每天除了上课下课，课余时间就是和舍友们逛街吃美食。这样的生活看似很不错，但是有一个问题：韩国的物价普遍比国内的高。我在国内大学一个月生活费大约是 1000 元人民币，来到韩国，第一个月的生活费就将近 2000 元人民币，其 50% 花在“吃”上，30% 花在“打扮”上,20% 花在书籍和每个月的时尚杂志上。这些都是不得不用的，没有办法节省下来。慢慢地我注意到了，好多周围的同学们都在打工，一个周或者一天的时薪也是不错。因为我的成绩一直都名列前茅，课余时间很多，所以我决定要靠自己的双手去挣取自己的生活费。就这样，从发传单、做汽配工厂流水线、做饭店兼职、去化妆品工厂，一直到后来比较轻松舒适的咖啡店职员、韩国翻译，几乎所有能做的我都做过了。拿到工资的时候，是我最开心的时候，但是我始终有自己的想法，比起累的活儿，轻松的更能学到东西的工作是我一直想做的。

我来韩国留学的消息很快在我的朋友圈、亲人同学中都传开了，每天找我聊什么的都有。不过最多的还是“韩国美女帅哥是不是很多呀”“韩国人皮肤是不是都

很好啊”之类的问题。在来韩国之前，我就知道很多韩国护肤化妆品都很不错，平时我逛街的时候也特别喜欢去店里试用产品。起初，都是朋友、家人让我回国的时候带回相应的化妆品，后来发现一发不可收拾了。当时“微信朋友圈”使用还不是很广泛，我平时喜欢拍自己用的化妆品和给家人买的护肤品的照片，并传到 QQ 空间或者微信朋友圈上，然后就会有很多人问发的东西是什么，在回答的过程中，我发现自己还是很享受这个过程的。慢慢的，我觉得这是一件我可以做且愿意做的事儿。然后这样一做就是三年半，从微信朋友圈一步步发展到现在，有了自己的实体店和一个小团队，回顾走过的路，有时候甚至整晚忙得没时间睡觉。晚上要更新产品、整理产品订单，白天还要上课，但是因为自己喜欢，加上很多买家的支持让我坚持了下来。我现在算是一名资深海外代购，为了追求完美，我一直都在学习韩国护肤和化妆课程，比如去皮肤诊所做皮肤护理和医师交流护肤经验等。因为有时候，买家们不一定是为了买东西才来找你，碰到皮肤出现状况，来咨询我的，我也会根据每个人的状况提出不同的建议。我要求我的代理们一定要学习，只有这样才能正确地帮买家们了解产品功效和使用方法。代理不仅要有热情，也不仅是发产品信息，还要加粉、维护朋友圈、做推广、扩大自己的规模。只有把自己看做是团队的核心，自己的团队才会越来越强大。

我一直坚信：做自己喜欢做的事情，微笑待人，买家买的不止是产品，还是优质的服务。

微商经验谈

Q：你是什么时候接触微商的？

A：算下来应该有三年多了。刚开始微商还不流行，我只是在朋友圈发照片、发介绍，没想到居然成为第一代微商了。

Q：你是什么契机下做微商的？

A：在去韩国之前就对韩国护肤品和化妆品略有耳闻，加之去了亲身体验了之后，确定很好。国内的家人、朋友也有不少要我帮着带的，他们用后也无一不说好，这使我产生了做代购的想法。

Q：你是做什么产品的？为什么要选择这个产品？

A：韩国护肤品化妆品是我一直在做的，今年（2014 年）秋季我开始做韩国本土设计师设计的包包和衣服。我想我的实体店应该多元化。自从我开始决定做微商，每天都在学习，了解各种护肤品和化妆品的成分，性能以及是否有危害。因为我坚信，只有自己清楚了解了，才算是对买家负责。不好用的东西我一般不卖。买家们非常信任我，每次购买时都会告诉我他们的皮肤状态让我推荐。

Q：你是如何获得货源的？

A：三年多我一直都是去韩国专柜拿货的，一些时下爆款也有，但是最多的还是我自己用了觉得不错的东西。

Q：现在每月的流水能达到多少？

A：大约 10 万，我的客户所有年龄层的都有，所以产品也必须适合各年龄层、各种消费人群。但是主要人群还是定位在 30 到 50 之间具有一定消费能力又着实需要“改变”的已婚妇女。现在微信、微博、淘宝和实体店都是一体，客源主要来源于实体店，当然直接来自微信的好友也有不少。

Q：你是如何稳定自己的销量的？

A：实体店供应越来越大，每天微信上问的人也越来越多，淘宝每天也有下单，三管齐下，销量肯定会有。最重要的还是东西好，服务好。

Q：你的实体店是什么时候开的？

A：今年 8 月底开的，在浙江宁波，打算明年在我的家乡海门也开一家，有了实体店，买家们对我们就更信任了。

Q：为什么选择在宁波开店？

A：一是因为宁波那里经济比较发达，二是我的代理很多都是宁波本地的。

Q：你是如何招代理的？

A：有些是朋友介绍的，有些是通过微博认识的。我们有共同的目标，所以能在一起做事情。我们与其说是一个团队，倒不如说是正在壮大的队伍，除了国内，甚至在英国、意大利、澳大利亚都有我的代理。我一直认为优质代理非常重要，因为每个人都是团队里的核心。我们平时基本上是通过微信沟通，偶尔也会打电话。

Q：你们平时是怎么分工的？

A：她们都有自己的销售圈子，所以我只负责给她们发货，平时交流一些产品用后感想。我们没有更复杂的分工。当然，新产品我还是坚持自己先做，感觉没问题了才会交给代理们。

Q：做微商卖产品的过程中遇到过什么问题吗？你是如何解决这些问题的？

A：在朋友圈刷屏就会遭到朋友屏蔽啊，但是很多同学朋友还是很乐意看我朋友圈的，因为不光是产品信息，我也会发一些有趣的生活的小片段。曾经有个买家说，跟了我三年多，自己失意的时候就会看我的朋友圈以获得力量。对于那些屏蔽责备我的亲们，开始我还会告诉她们我产品的优势，她们很多都会听从我的建议，但也有固执的，那我也只能视而不见了。还有就是一些不良竞争问题。一些做假产品的人，打着国外产品的牌子，使一些不在国外的人也成为了海外代购，对于这种我尽量是让她们成为我的代理，但由于成本的巨大差距，对于只看利润不看品质的人，我只能删除好友并且告知我的好友们千万要小心购买。

Q：有什么印象深刻的事情吗？

A：在我做韩国代购的初期，有一次一位买家告诉我，我的产品图片看上去像是假的。其实当时是刚刚到货，没时间拍细节就直接把箱子一起拍了。我很耐心地跟她解释说，你也在我这里买过近万的产品了，每一次反馈都说很好，如果只是因为产品图片问题就否定的话，那无论对你还是对我都是一种损失。她想想也有道理就跟我道歉了，这算是个小插曲吧。

Q：这个事情对你的销售有影响吗？

A：当然没有，后来她还是很欢快地和我交流产品使用感受。通过这件事让我知道了一个事实：其实买家们都是很细心的，一点点细节都会看得很仔细，所以我在每个环节都尽量做到完美。

Q：你现在这样会影响学业吗？

A：不会。我会把时间分配得很好，倒是有时候学业一忙，淘宝更新就不能及时了，然后就有好多买家抗议。

Q：你的家人支持吗？

A：当然支持啊，非常支持，所以明年准备在家乡也开一个小店铺。

Q：现阶段你遇到的问题是什么？

A：现在遇到的问题是实体店的装修问题和导购问题。因为涉及的资金要分配出来，所以暂时不更新产品，准备把店铺装修得更专业些。

Q：你和其他微商交流多吗？你们是怎么互帮互助的？

A：我只和真正的同行交流，卖假货或者国内乱七八糟的杂牌子的微商我一般都会屏蔽掉。因为道不同不相为谋。同行的名片我也时常会在我朋友圈里做推广。我的微商朋友很多都不是和我一样做护肤品的，做什么的都有，我们会交流产品，还有怎样推广的一些心得。

Q：你对微商有什么理解和看法？

A：这个行业只有勤奋、脚踏实地的人才能走到最后，想要投机取巧或快赚狠赚一般都会被买家淘汰，买家的人气是慢慢积累的，微商开辟了一个投入少、前期利润低但是后期慢慢会壮大的新买卖模式，以后会有一个很不错的前景。

Q：做微商有给你的生活带来什么样的改变吗？

A：做这个让我每天的生活更加忙碌，更有活力啦！

Q：你的目标和梦想是什么？

A：我的短期目标是尽快使实体店和网店都走上正轨，成真正专业化妆品店；长远目标是像所有女企业家一样，拥有自己的品牌！

海乘风点评

微商早期常见的一种形式就是海外代购，因为海外代购的风潮使得很多人看到了微商的商机。但是现在朋友圈中山寨和“三无”产品层出不穷，这是所有人最需要注意的。邱滢菲因为韩国留学取得了大家对产品的信任，加之她本人对化妆品的见解，自然就形成了销售转换。微商大多数是正能量的，因为不好的情绪会直接影响他人，当我们去观察很多微商的朋友圈时，会发现销货能力强的微商所发的并不是纯商业的图文消息，而是结合了自己的生活，是一本自己的生活日记。而邱滢菲可以用自己的朋友圈影响她的客户，客户通过看她的朋友圈可以摆脱失意的状态，所以我觉得把她的朋友圈称为“最好朋友圈”毫不为过。

32 女王国际：

创始人自解组百人团队、做成功微商之秘

文 / 邵星舒

标签 创业者 团队运作 护肤品 微信 h1178162288

1 年前，我是一名古筝教师、歌手、艺人，参加各种演出、比赛、活动。1 年后，我创办了自己的商贸公司、拥有了百位代理团队、成为了五个品牌的合作商，自己做了老板。很多人问我，为什么从艺人转型做了微商？我大学的专业是古筝，从小便开始接触音乐，大二那年，我成立了山东第一支新民乐乐队，并担任队长。大学毕业后，我和几个女孩带着乐器闯北京，成功晋级 CCTV 央视 1 套《星光大道》年赛，可惜竞争太残酷，没有走到最后。一直从事演艺事业的我，从来没有想过有一天会去做生意。有一次，姐妹告诉我有一款面膜非常好用，现在卖得特别火，当时我还有点不屑，她们说："星舒，你太适合做护肤品了，你皮肤好又懂得养生和保养，你绝对能做好。"朋友的话让我对微商有了兴趣。于是，我踏出了微商的第一步，开始了对产品的考察、进货。

人生在世，每一天都需要学习，要有颗积极向上的心，有不耻下问求学的心态，这是做好每件事的基础。一直以来都有很多人来咨询我相关微商的问题，其中有些甚至不是我的代理，但我都会一一详细讲解。大家有学习的心这点是非常好的，这也是我想告诉大家的。一开始我接触微营销的时候，每天都会翻阅很多微商的朋友圈，看很多微营销的资料，去参加很多培训课。我喜欢举一反三、换位思考，设身处地地想顾客需要什么、代理需要什么。刚开始，做得还算顺利，每天都有单子。那时我是从小批发商手里拿货，但不到半个月，我就投资加盟了品牌，成为正式的代理商。这一行业，让我越来越有兴趣，我几乎没日没夜地抱着手机研究

如何做好。家人朋友说我着了魔，早知道就不支持我做微商了。慢慢的，代理越来越多，到现在很多伙伴还是一直跟着我，我们见证着彼此的成长……半年后，我手里有了三个品牌，团队越来越大，自己顾不过来，做这个就顾不上那个，致使很多代理都流失了，这使我感到非常的惋惜。于是我决定开公司。公司成立后，我还组建了“女王国际”团队。我把一群独立、自主、上进、自信的女人聚在了一起，我们有共同的人生理念，并且一直在吸引着更多优秀的女性加入！后续加盟的两个品牌，我担任讲师、品牌策划、市场总监。现在，我深知做企业不是做事业，做事业不是做事情，每一步都是积累。当你回头看看，你会发现你已经走了很远很远，积累了很多很多。不要小看每件事情，例如加粉丝、写软文、做互动……这些看似很小的事情，你如果能够坚持做下来，就会有很多的积累，会是能量的转换、爆发。现在我们当地的媒体、报纸来采访我，问我如何在那么短时间内成功？我的回答是：成功不是偶然！我背后的付出大家看不到，我每天凌晨 2 点还在忙着整理东西，还在忙着开会、忙着写方案你们也看不到。

我经常跟我的代理开玩笑说一句话：你们在睡觉的时候，我在抱着手机；你们上厕所的时候，我也会抱着手机；你们出去玩、逛街买东西的时候，我抱着手机；你们在聊天、聚会的时候，我抱着手机；你们在吃饭的时候，我抱着手机，（我妈妈说我经常吃半截饭人就不见了）；你们晚上看电视、看韩剧的时候，我还是抱着手机……我的行动大家也许都做了，但是你坚持做了吗？你真正用心做了吗？亲们，如果你也是这样的，那么你就会成功，或者会比我更成功！

现在看着我的公司、我的团队越来越壮大，每一位伙伴越来越优秀，我的人生价值也得到了体现。女人，想要的不就是一份安全感和存在感吗？对我来说，钱不是最重要的，最重要的是大家一起共同创造财富！不仅仅是微商这条路，我们现在要做的事情很多，所以，我要抓紧时间，带领着大家踏上更广阔的天地，只为这辈子能够做我们自己！努力！加油！

微商经验谈

Q：作为艺人你非常成功，你应该很喜欢这个身份吧？现在放弃这个身份去做微商，有后悔或者遗憾吗？

A：很喜欢。有遗憾但是没有后悔，遗憾是因为没有坚持自己的爱好，但是后悔没有，因为我对自己现在的事业也很满意。

Q：你当初的梦想是想开一个私人会所，可是现在你带领着女王国际在微商上开拓，这个梦想和你现在的微商事业冲突吗？

A：不冲突，我性格比较强势、独立，所以想有个自己的天地，所以我更想创建一个女性的、美容方面的、带有娱乐性的、专门针对自己的一个圈子。

Q：那你现在创立的女王国际算这样的一个圈子吗？

A：对，女王国际是我们现在的一个团队，这个团队完全符合我的想法。

Q：你是什么时候接触微商的？到现在多久了？

A：去年下半年，到现在一年了。

Q：你主要做什么产品？

A：我目前代理了 5 个品牌，都是跟公司合作的。刚开始做的是万色水母，后来美蒂凯丝、美迪莱，还有韩恩国际和女王梦这五个。

Q：为什么要选择这些品牌？

A：首先我会考察品牌，我比较看重它的长远发展，系统化、有规章制度的发展，我觉得这些对于组织团队来说非常好，我不看好凭借价格优势进行运作的产品。我在代理每款产品的时候都会去尝试，自己用一段时间，感觉不错后再去它们公司考察，跟它们的领导和负责人沟通，觉得可以合作就会去加盟合作。

Q：刚开始你是怎么找到货源的？

A：其实我一直属于这个圈子，我周围很多人都在做这块，只要坚持，慢慢就会得到很多找到货源和上级代理的机会，就看自己能不能抓住了。

Q：你是怎么精准定位顾客的？

A：我的顾客有代理和纯顾客。一开始我会用些传统加粉丝的方法，比如加陌生人之类的，但是后来我听了一些课程，也跟我的上家和其他微商进行了沟通，就知道了怎么去加好友，怎么去发朋友圈。其实只有一句话：慢慢去影响她们，去感染她们。其实以前多半我不是主动出击，而是别人来找我，问我这个产品怎么代理啊、这个产品是不是好用、多少钱等。

Q：你是什么时候开始组建自己的团队的？

A：其实我在一开始做万色水母的时候就开始招加盟、招代理商了，那时积累了一些自己的代理，刚开始就做得比较顺利。上个月的时候我建立了女王国际。之前我一直在考虑要不要整合，因为我的代理很多，比较散，我代理的品牌也比较多，后来就把她们整合了起来，成立了女王国际。

A：团队现在有多少人？

Q：核心成员有五六十个，她们都是跟我配合很好的代理，当然还有一些其他的零零散散的，加到一起，我们现在的大团队有几百人，都是代理。

Q：你是怎么招到她们的？

A：我觉得招代理，产品是最基础的，首先你的产品质量要可靠。还有你的模式要好，要有一个正规化的模式，这样你在做团队的时候才好招代理。最后还是我说的精神能量，物以类聚，人以群分，我团队都是积极上进的女生，没有男生，女王国际嘛。

Q：现在的流水量能做到多少？

A：因为我们做的品牌比较多，所以难以统计，每个月几十万到百万吧。

Q：在做微商的过程中有遇到过令你印象深刻的困境吗？当时是怎么解决的？

A：有，很多次我都做着做着就迷失方向了。我就会经常去看别人的朋友圈，去学习，想怎么样把自己变得更好，把自己的自媒体做起来。经过一段时间的调整和学习，就慢慢地又给自己重新定位了。但是因为每时每刻都在成长变化，我们不断地在进步，每次突破一个瓶颈，都是一个机会。

Q：你平时和其他微商联系交流多吗？通常都会交流些什么呢？

A：经常会交流，交流各自的产品、团队事情及困惑，但是我们都说的不会很深刻，毕竟都是平常性的交流，更偏重于朋友之间的聊天。我们也会经常参加一些培训，去工厂、公司参观考察，跟品牌合作商进行交流。

Q：你对微商的理解是什么？你对它未来的发展趋势有什么看法？

A：我们也算是赶上了微商的好时候吧，现在的微商正处于鱼龙混杂的时期，我觉得我们必须好好定位自己。微商不管发展多久，肯定会正规划的，会出现大吃小的情况。不要仅限于做微商，以后还是要线上线下组合，适当做一些线下的实体团队。

Q：做微商给你带来什么改变和收获吗？

A：我比以前更自信了，刚回到家乡的时候，总觉得没事可做。现在我觉得自己每天活得非常充实，虽然有时候会很累，工作到很晚，但是每天自己都在提高。我身边的朋友都知道我做得很好，很多姐妹都在跟着我一起做，这使我的价值得到了体现。家里也觉得我工作要比闲着好。

Q：你的目标和梦想是什么？

A：我最终的理想是让更多的女性可以独立，能够转化，能够有自己的一片天地，然后我们在一起共事。我上大学的时候就开始赚钱，和乐队演出，那个时候就是这个梦想，现在也是。

海乘风点评

做微商最终落地无非是渠道招商或终端零售，这时候举一反三换位思考就显得十分重要。如果对方是渠道商，潜在客户就需要用商业谈判的思路来进行营销，要知道代理商想要什么，然后告诉他品牌商或者上级代理商有什么好的扶持政策，为什么我当时会运营这个品牌或者做这个品牌的代理商。对应零售商，切入点是产品，产品能达到什么样的实际效果，能为他们带来什么好处会显得十分重要，明白了这两点就可以很好地进行营销工作了。邵星舒创立了“女王国际”微商团队，她的理想是让更多的女性可以独立，有自己的一片天地。因为她重视自媒体营销和讲师培训，现在团队里面已经有了很多讲师。不断有团队的成员接受培训成为讲师，接着再扩大自己的团队，然后诞生讲师，周而复始慢慢做大。

33 糖小妞团队：从“高投入”淘宝向“高收益”微商的转型

❑ 文 / 余敏敏

标签 85 后 宝妈 团队运作 多产品运作　微信 tangtang_418

我是糖小妞——余敏敏，糖小妞团队的创始人。我来自湖北荆州，现居杭州，一个 85 后的单身妈妈。接触微商之前，一直在公司任职，收入不高不低，兼职做着自己的淘宝小店，有一个帅帅的儿子，他快 8 岁了。

刚开始做淘宝店的时候很辛苦，货源常常要自己去跑，代理发的没利润，质量不好的差评多，囤货又没有那么多的资金和时间。对于淘宝店来说，最让人头疼的是每个人都清楚的行业潜规则——刷单，又压资金又费时间。开淘宝店还要求在线时间长，稍一离开或者回复消息不及时，就容易流失生意。兜兜转转，淘宝做了三四个月，投入了两万多，没回本还压了一堆货。不过我仍坚持经营着，慢慢也有了自己的一个小圈子，和几个同是淘宝卖家的小伙伴组成了自己的小团队。

最初接触微信，也和大多数朋友一样，只是因为微信比 QQ 聊天来得更方便，圈子和动态发布相对隐私，也就慢慢从手机 QQ 转战到微信了。后来开始慢慢在微信上更新一些自己淘宝店的活动，并做一些宣传、推广、介绍之类的。偶然一次机会，通过朋友发现朋友圈里出现了代购各类化妆品、销售家纺和衣服的。因为自己兼职淘宝，也就把自己淘宝店里的宝贝开始在微信朋友圈更新，并且同步到 QQ 空间、腾讯微博，竟然有人来向我询问，并且购买了。后来过完年，也就是到了 2014 年 3 月通过朋友介绍，我也开始了我的朋友圈代购，护肤品、化妆品、衣服、鞋包、床品等，就是一个大杂烩。可能是工作的关系，我本身从事的是与时尚相关的行业，平时自己又比较臭美，所以我起步比较容易。

早期的微商圈，是没有团队、培训这回事的，都得靠自己摸索，为了找一手货源，也跌跌撞撞了不少回，走了不少弯路，甚至还被人骗过加盟费。做奢侈品代购，消费的人群少，并且回购率低。然后卖爆款，一味地复制粘贴，根本不知道到底应该怎么做。后来慢慢地摸索出了一些经验，才真正开始结合自己之前的一些护肤知识做护肤品相关的东西，并且发任何产品前，都是要自己先拿回来试用，感觉不错以后才开始在朋友圈去发软文，并配上自己使用产品的照片。身边很多朋友看见了，购买并使用后感觉不错，也就成了我的稳定客户，甚至还会介绍自己的朋友、同事来购买我的产品。渐渐的，微商圈团队的形式开始出现了，有了培训、讲课这些模式，糖小妞团队也就在那个时候有了一个雏形。

关于如何成为一个成功的微商，我觉得**微商要以“诚”为本，其实没有捷径**可言。微商不像淘宝，可以刷单、刷信誉、刷好评、刷评论。微商基础来源于客户、朋友的口口相传，所以做事先做人，蝇头小利绝对不能成为你成功的奠基石。如何建立诚信很关键，朋友圈不仅仅是微商的商业平台，还是你生活的分享平台，如何把客户转化成朋友，如何让代理像家人一样相处，重点就在于你是否舍得分享。其实人与人交往，犹如一种磁场，每个人身上都是带有能量的，如果你身上散发出来的能量是乐观、积极、向上的，且充满热情、希望与信念，能给予对方的心灵以强大的吸引力，你交往的朋友、聊得来的客户或代理一定能感受到，和你交流的时候他们会感到快乐、向上、信任，你与他们之间的诚信便由此成功建立了。当你有了第一批客户、第一批代理时，如何维护好朋友圈和如何扩大朋友圈的影响力，便成为了你真正要做的事。经常做客户回访，包括关心代理的进展情况，解决客户以及代理对产品的问题，教授代理专业的护肤知识、营销技巧，让自己不断提升。只有自己变得更优秀，才能帮助代理同样变得越来越优秀。

糖小妞团队 2014 年 7 月份正式成立，到今天已经有近 5 个月的时间了，从第一款产品到现在，让我学到了很多，收获了很多，也成长了很多。虽然团队人数到目前为止只有 30 多个，但是我相信，一个好的团队，只要用心经营，坚持不懈，完善管理制度，成功的路会越走越顺利。我也会不断努力，因为只有不断努力才会让自己离成功越来越近，微商这条路才会走得更好、更远。最重要的是，我做微商不仅是为了实现自我价值，还因为我有一个大宝贝，我要为了他的未来去奋斗、去坚持。谁说小小的肩膀就不能给你一个大大的舞台呢？

现如今微信营销模式已经被大多数人认可，10年前的淘宝热潮我们没有赶上，在这个随时随地都能连接到移动互联网的时代，只要拥有一部手机就能创造财富，**没眼光的人看朋友圈是骚扰，有眼光的人看朋友圈是商机**。如果你想做自己，如果你想改变，就一起好好利用自身能力来创造属于你的一片天吧。

微商经验谈

Q：现在还在做淘宝吗？

A：淘宝暂时搁置了，因为本身是兼职，淘宝需要投入大量的时间和精力，实在分不开身。

Q：你觉得淘宝和微商的区别在哪里？

A：淘宝和微商最大的区别就是微商能占主导的位置，可以主动寻找客户、寻找资源、主动推广自己。微商是一种时间自由，且发展平台广泛的行业，在未来的发展中，微商所需要的是一种合理的规范化。其实可以预见，微商已从最初的个人主义发展到现在的团队合作，明年的微商一定还会有大的调整和变动。

Q：您觉得什么样的产品适合做微商？您现在在做什么产品？

A：就我个人理解，一个微商等同于一个线上移动量贩店，客户需求量大、客户消费群体多、重复购买率高的产品是最适合的。一般我选择产品我会亲自试用效果，也会看公司政策、公司代理扶持培训制度、产品售后服务保障等。目前主要在做的品牌是臻媛心品注氧面膜、天使秘籍暖手霜、太太珍珠亚诗露茶（还未正式推上线）。

Q：如何解决客源问题？

A：平时会经常通过QQ群、豆瓣小组、贴吧去做一些个人营销，也就是通过聊天、交流去建立人与人之间的熟悉度、亲密度，以及信任感。一般不会直接推销或者主动介绍自己的产品，吸引他人对自己的关注度。与其说我是在卖产品，不如先卖人品。

Q：你的团队是如何组建和管理的？

A：团队的组建，首先是要有自己的核心产品，这样才能把这么多小伙伴凝聚到一起。其实也没有什么特定的标准可言，积极向上、肯学、勤奋、坚持，这是作为一个微商最基本的要求。平时的管理一般会通过销售业绩来考核，从集体培训、一对一交流培训这些方面着手。至于奖惩制度，也都是跟销售挂钩的，表现好有奖励这是必需的，公司方面也会提供这样的一些政策支持，平时团队内也会开展一些小的活动去提高大家的积极性。

Q：平时和其他微商、微商团队有交流吗？

A：有，我们交流的东西很多，生活、产品、市场环境、营销方法、遇到的问题之类的。而且，做微商的宝妈特别多，话题自然就多了，这些完全没有限制。

Q：做微商那么久，有什么收获吗？

A：做了这么久的微商，最大的收获就是结识了一群小伙伴，**人脉圈子才是最大的资源**，有同样的价值观、生活目标，这样的人才是生活和合作上的重点。

Q：下阶段的目标是什么？

A：下一阶段的目标就是目前正在策划的与新团队模式相关的一些内容，争取尽快完成取得成功。不单单是让自己的收入能更上一层楼，最重要的是要给自己一个更大的平台，赚钱养梦，梦就是未来。

海乘风点评

淘宝是中心化的电商，而微商是去中心化的电商。淘宝本身的定位是广告商，因为它在不断地向商家销售流量，可是微商的流量都是自己找来的。淘宝买东西要看评论，但是现在刷评论已经是一个大行业——“网赚”，既然评论很多都是假的，为什么不相信身边朋友的真实的使用体验？这个时候品牌已经不重要了，这就是去品牌化。再后来这个朋友是朋友圈某一领域的权威，这个领域的产品我相信大家都会听他的，就是一个微商在经营多个产品类目，这就是去产品化。

余敏敏道出了微商的真谛，**微商要以“诚”为本，每个人的朋友圈都是有限的，每个人信誉也是有限的。当你每次伤害消费者的时候，你的信誉就会受损，人脉也会受损。**

34

田田家族：

从“北漂”到微商“大咖”，田田亲传微商修炼之道

❑ 文 / 田　田

标签　创业者　团队运作　自媒体　　　　微信　206458812

每个人都是一个故事，每个人都在谱写着自己的乐章，乐章中的每个音符都代表汗水与泪水、心酸与困难。但因为有了这一个个音符，才能演奏出悦耳的曲子。

我，一个普通得不能再普通的女孩，出生在一个小城镇里，因家穷且兄妹多，爸妈不得不选择把我送人，从邻居到姨妈到舅舅再到姥姥家，九岁前我一直过着颠沛流离的寄养生活。到了上学年龄我才被父母接回家上了户口，开始了有爸爸妈妈的日子。上学期间，我特别努力，学习名列前茅，还每天帮爸妈做饭、洗衣服、干农活。但是我一直很自卑，因为自己相貌且平凡且眼睛有问题，同学们老拿眼睛取笑我。我是那么的不甘心，想要证明自己优秀，想告诉全世界，我是最棒的。就在高中毕业季，我选择了辍学，放弃高考，亲人老师都不理解。我没有告诉任何人理由，只说不想读了。其实那时我想，如果我考不上，家人会失望，自己会失望。如果考上，高额的学费又令爸妈为难。我经过激烈的思想斗争之后才做出这个惊人的决定，放弃学业，步入社会。

我在 17 岁那年离开家乡成为了北漂一族，开始了自己的追梦旅程。刚到北京的那一刻，我震惊了，高楼大厦，车水马龙。记得当时走过一家高档饭店，我深叹一口气，自己什么时候能去这里吃顿饭呀？茫茫人海，一个人都不认识，我哭了。我不停问自己，今晚住哪？吃什么？当时我只有一套换洗衣服，还有在工地上挣的

1200 块钱。现实逼着我一下子从懵懂的少女变成了大人，我要独自面对一切。相信很多北漂都能体会到那种心情与心境吧。找房子、找工作，坎坷困难都在等着我。那时我告诉自己，因为你选择了不安逸，所以你要承担今天的挫折。都说人只有经历才会长大，但有些成长代价太大了，很多人在不该承受的年纪承受了一切。成长很重要，但代价不能太大，尤其是女孩子，一定要做最棒的自己。

一个偶然的机会，我开始创业了。我承包了一个建材公司的产品。那年我才 20 岁，什么都不懂，懵懂的我开始了艰辛的创业。我组建团队，并努力学习产品专业知识，总结产品使用后的情况，为员工做培训。我几乎每天都抱着书睡，早上抱着书醒。白天则拜访客户跑市场，抽空还要培训员工。

刚开始客户对我及我的产品不认可，说一个小丫头我能相信吗？但我用我的行动让客户相信了。每逢过节搞促销活动，我都会为重点客户准备礼品作为答谢，我还会做一些其他细节性的工作，让客户一点点认可我。终于客户从拒绝到接受，又到主动要我产品，这让我终于看到了胜利的曙光。客户开始相信我，支持我，员工也甘心追随我。所谓是凡事不会一帆风顺，我亦如此。正当我做得有声有色的时候，承包商终止了合同，我不得不放弃。

每个人都有选择生活的权利，我也是一样。我选择了北漂 5 年，因为不平凡的经历，所以造就了我不平凡的人生。我很相信一句话，上天会眷顾善良的女孩。之后，机缘巧合我认识了微信大咖背影哥和郭吉军，他们把我带进微信朋友圈，这个期间让我结识了太多的朋友，同时开始了我再一次的创业。玩微信不久，一不小心我就被冠上了一个名字——“微信大咖”，这个名字使我感受到了压力。

真心觉得自己不算什么大咖，只是和一些伙伴一样，善于努力和付出罢了，只不过我总结了一些经验并分享出来，并成立了田田家族联盟。我带了 58 位徒弟举办了微信朋友圈中最火爆的“男神女神选秀榜”。一切都是偶然，一切也都是努力。

很多朋友问过我，田田，你怎么把自己炒火的？我的回答是：其实我不火，要定义火的话应该算家喻户晓这才算火，而我只是在微信朋友圈有人知道而已。现在我的微信好友有几万人，他们都支持我、认可我，他们都是我的好朋友（也就是大家所说的粉丝，但我更认为是朋友，因为我觉得微信没有所谓的粉丝，都是强关系的朋友）。

微商经验谈

Q：很多朋友都想知道你是怎么打造个人影响力的，能否和我们分享一下？

A：其实打造个人影响力很简单。下面我分条说说吧。首先，**一个好的印象从微信名和头像开始**。每天都有很多朋友加我的微信，我会习惯性地先看看他们的头像和微信名，真是千奇百怪，各种各样的都有，有些甚至非常个性，我压根儿就看不懂，就别说记住了。比如是“英文＋字母”，有些是“字母＋图标”，各种各样的都有，真的很难识别。还有些朋友，我和他聊了几次，都无法记住他的微信名称。

Q：那你有什么建议吗？

A：对于微信名称，我的建议是**尽量简单、直接、明了一点**，比如用自己的名字（别名和英文名都可以）、品牌名、产品名、公司名都可以，最好是用“品牌名＋你的名字”，这是最好的，如美腿团团长（背影哥）、360联盟郭吉军等名称，不仅容易让人记住，还可以突出个人品牌或公司名称，感觉很真实。

Q：上边你说到微信头像，这有什么技巧吗？

A：微信头像也有几点需要注意。很多朋友的头像可谓是千奇百怪，和他的产品或者本人没有太大的关联。比如我的名字叫田田，我用的就是本人的照片，这样会给人亲切、真实的感觉。我虽然不在微信上卖东西，但微信有很多喜欢我的人，也许是因为我的故事，又或者是因为我分享的一些微信知识。比如很多想创业又没有太多资本的人，就会选择在朋友圈卖东西，那我会教他们一步步怎么做。

好的名字和头像，可以让别人快速记住你，并对你产生一种信任。

Q：除了名字和头像，是不是还有其他的？

A：我下一个要谈的是个性签名，因为个性签名是很好的自我介绍，简短明了，是个很好的展示位。通过个性签名，可省去别人加你之后你要一一介绍你是干什么的这一步。一般有心的、懂微信的人都会点击头像，看一下对方基本信息和朋友圈，所以说个性签名很省事，不光能详细介绍自己，也在对方加你的时候使他更了解你，为寻找精准客户和志同道合的朋友添砖增瓦。

同样，所在国家和城市也非常重要，在有很多朋友的介绍里，写的所在国家和城市更是有意思，如冰岛、法国、马尔代夫、以色列、阿富汗等地方，其实你就在中国的某个地方，干吗非要把自己说成外国籍的人呢？你在哪就写哪里呗。你把自己说得那么远，如何让人家对你产生信任呢？

这些都是一些基本细节，如果想玩好微信必须要注意。

Q：下边是不是要说微信内容了？

A：不错，内容自然是最重要的了。我觉得，**微信内容首先要真实**，要让人感觉到鲜活的生命。都说网络是虚拟的，但有太多的虚拟成就了奇迹，所以网络是一个平台，也是渠道，更是现在人离不开的工具之一，尤其微信。曾有人在微信朋友圈发布了一条信息，凭这一条消息就成交了十几万，而且成交前他们未曾见面。靠的是什么？靠的就是真实性，靠的就是口碑、个人魅力。那怎么能增加网络真实性？毋庸置疑，一定是在朋友圈发布信息，例如朋友同事聚餐照呀、开会学习照啊、跟知名人士合影照，这不是炫耀，只是通过这些展示自己，你不展示他人怎么知道你？几个文字说明不了什么。发布信息时图片和文字要吻合，不然牛唇不对马嘴的事久了就没人搭理你了，**这样的信息毫无意义，除非很有爆点或特别个性**。所以一定要展示自己真实的一面，让人感觉到鲜活的生命。

Q：准备工作都做好了，下边要推广了吧？

A：不错。下边我讲两个推广的小技巧。

（1）**尽量在网络上多露脸**。这个露脸指的是多出现在朋友圈，因为朋友圈是比较公开的一个圈子，只要是共同好友，都会看到你发布的信息和评论。不管你是自媒体人还是产品代理或者厂家及其他，想要人更多地了解你，最好的方法就是朋友圈，但不包括私聊，因为有的人没有太多时间私聊，但都会看朋友圈，因为朋友圈隐藏了太多商机。例如你是卖车的，有人发布一条求购车的信息，你是不是可以聊聊促成合作了？所以微信朋友圈是一座宝藏，一定要维护好自己的圈子，切记发布信息不能太单一化。所谓单一化是指除产品外什么都不发，或者压根什么都不发，过于死板没有活跃性；还有就是把朋友圈当垃圾桶，整天抱怨，负能量到处是，觉得地球人都对不起你似的。

（2）**“傍大佬”，借助外力提升自己**。我认为微信最大的特点就是平民化和扁平化，你可以关注任何人，他们也会关注你，大家都是平等的。微信里有很多各行各业的大佬，他们都在某个领域有一定的知名度和权威性，你必须要想办法结识这些大佬，争取得到他们的支持和帮助。

建议加入一些大佬比较多的群，尽量吸引这些大佬的关注，多和他们交流、沟通和分享。多参加一些行业的论坛、交流会，多向他们请教，和他们做朋友。只要与这些大佬成为朋友，就有机会让他们在微信、公众号为你宣传，为你推广，这是一个非常好的品牌宣传方式，可以马上让大家产生很强的信任感，就好像有一个人为你作担保一样。这里必须强调一点，你的人品必须够好，你的故事要够感人，你够诚实、够谦虚和够真实。

Q：你做微商的过程中，遇到的最艰难的事是什么？

A：2014 年 4 月初，这是我最艰难的时候，也是我抉择的时候。因为从我玩微信的那一天开始，我就给了自己一个定位：不在微信中做产品，不发布任何产品信息。到底我是做一个自媒体人还是商人？经过久久的思考和斟酌，我最后决定了创业。那问题来了，创业找什么样的项目或产品？这个问题应该很多朋友都遇到过，也许此刻看本书的你正面临这个问题，想创业，不知道选择什么产品。那我给你的建议是从分析自己开始，问自己四个问题：即你是谁（找准自己的位置）？你想成为谁（找一个标杆）？你能干什么（自己的能力和执行力）？你想要什么（明确目标）？当你明确这四个问题的时候，就有了开端，有了开端之后慢慢做，脚踏实地落地做好所有细节。说起我自己的创业史，在外人看来很顺利，可是每个成功的背后一定有鲜为人知的故事。

进入微商那天我只有一个人，没有团队，自己摸索研究微商。相信很多做微商的人有同感，刚开始不知道从哪下手，不知道怎么开始。那时没有老师带我，但是朋友公司的产品我用底价拿到了，然后在微信上卖，第一个月，成绩不是很理想，月纯利润 3 万多。虽然数额很小，但是获得了一些经验。

Q：能谈谈你当时都总结出什么了吗？

A：当时我得到了 4 点结论，这也是我要提醒做微商的人需要切记的几点。

（1）优质的产品。其实微商刚开始做主要用的是强关系，很简单，别人购买你的产品，第一次如果品质不能保证，他一定不会购买第二次，也就是没有复购率。做生意诚信最重要，尤其是微信上，别人购买你的产品你保证不了品质的时候，她会怀疑你的人品，会对你的口碑和信誉造成影响。所以做微商，产品的品质是命脉。还有就是货源问题，相信实操过微商的人都知道，最怕的是产品卖不出去，更怕的是断货，尤其时间周期长。这样会严重影响生意，所以解决货源问题也是至关重要的。

（2）好的模式。再好的产品，没有好的模式是成功不了的，中国有很多企业只会做好的产品，但是不会销售产品，他们没有销售模式。微商成功的案例里面，思埠集团是很成功的案例，也是不可复制的，因为他们的模式主要偏向于培训和奖励，像直销模式，但是不同于直销的是，他们没有那么多等级。除此之外，还有很多品牌具有独一无二的模式。现在，从品牌方到团队再到个人，都在找合适自己的模式，因为只有找出自己的模式方能长久，事业才越做越大，才能达到芝麻开花节节高的功效。

（3）跟对团队。都说只有最牛的团队，没有最牛的个人，事实亦是如此，一个成熟稳健的团队一定是有灵魂的，是团结一心的。那么微商团队怎么建设？我跟很多的微信大咖或者企业家都沟通过，怎么能把团队黏性做得更好，我觉得不光是要让代理商赚钱，还要让他身为这个品牌和团队的一员而感到骄傲自豪，传统企业的员工都是按时上下班的，但微商不是，他们每个人都是老板。身为团队的创始人和领导人，除了让跟随你的人赚钱之外，还要给予他们平台、机会，甚至给他们机会超越你。人永远想往高处走，一个团队的领袖，压制团队成员的成长，这是最大的弊端。另外，微商团队最重要的就是培训，如果没有了培训，就意味着这个团队没有了更大的生存和发展空间。

（4）选对合作伙伴。微商团队发展不同于传统企业，其更多地依赖于互联网在线。通过线上进行交流非常方便，可节约很多时间成本。另外，决定微商团队发展的是团队里面每个人的成长，所以要保证每个人都有收获，使之有荣誉感。

Q：相信现在很多微商人士都在讨论产品怎么选定？在质量良莠不齐的情况下，小白们怎么选择属于适合自己的品牌？还有怎么和品牌商紧密合作？

A：我只说一个观点，中国永远不缺产品，也不缺企业。那缺的是什么？缺的是良心企业，缺的是好的模式，缺的是长线产品。现在微信朋友圈中，有太多产品，但几乎都是三无产品。他们卖的是概念，忽悠的是顾客，赚的是黑心钱。真正做好品牌的、着实为代理商考虑的寥寥无几，正也是这“寥寥无几”才创造了微信朋友圈中的神话。至此，我真心希望品牌商不要为了赚钱而忽略并错过了未来的发展和收获。

品牌商最担心的是产品卖不出去，而代理商最担心的也是产品卖不出去。那这两者碰撞，一定会擦出火花，也许你会好奇为什么？我的回答是：大家知道微营销为什么火吗？那是因为在微信里面，每个人都可以是自媒体，每个人都可以是独立的，每个人都可以成为老板。所以当所有人都用老板思维做产品的时候，你们说这个结果会不会惊艳？会不会有奇迹发生？是的，面膜成就了思埠集团，魔丽彩撕拉式不掉色唇彩成就了魔芭时代和魔丽彩品牌。魔丽彩唇彩也成就了田田。这是因果关系，也是必然关系。原因只有一个，大家一起做一个品牌。这也就是魔丽彩为什么短短四个月火爆互联网，成为互联网神话，命脉就是代理商和品牌商统一战线，一起劳动，一起分羹。一个品牌成功绝非偶然，这背后有太多鲜为人知的故事和事情。最后我给品牌商一个建议，我接触了太多品牌产品，但是为长远打算的很少，也许你今天觉得田田说这话武断了，但你扪心自问，你所说的和所做的一致吗？再给代理商一个建议，选择一个品牌，坚持走下去，你做得好成就了品牌，也成就了自己，这叫做格局。

Q：微商这个话题确实很火，但是很多人不懂微商怎么做，单纯地认为只需要发发图，顾客就会来了。对于这个观点你怎么看？

A：事实不是这样的。

2013 年的微商是发产品图就会有人买单的时代，因为是朋友，强关系，但是从事的人太少。

2014 年年初，做微商的人越来越多，慢慢陌生圈子开启，微信功能的增多也方便了大家社交，至此，微信有了商业气息，有人已经在微信赚钱，并且效果还不错。

2014 年年底，微商风生水起，打开朋友圈，微商的动态占 90%，每个人都是自明星、自媒体，都为自己代言。各大小品牌一涌而来，微信犹如炸开锅一样，热腾腾一片，大家都想在微信红利期赚一笔，但事实却和很多人的想象不一样。为什么有些案例学习不了、模仿不了？那田田就想问了，有人能模仿比尔·盖茨吗？有人能模仿马云吗？

2015 年，未来还没发生，很多人已经在筹划，2015 年怎么玩？更多的传统企业都在研究琢磨，怎么让几十年的品牌在新媒体、移动互联网时代占一席之地，所以，2015 年一定是资本运作时代，一定是全新绽放的时代，同时也是很多三无产品和小品牌不好过的时代。2015，精彩期待中。

海乘风点评

田田在做微商之前做过“瞎芒”联合策划人和“男神女神榜选秀”策划执行人，她还是一个自媒体人。所以在从事微商时她已经具备了一定的优势，同时微商也再度激活了她的资源，让她在媒体人和微商中游刃有余。她也是微信社群最早的一批玩家，使用社群的力量壮大了自己的团队。通过社群，收徒弟、发红包、策划选秀活动，推动了自己的团队——“田田家族”的发展，也让自己得到了足够多的曝光。因为策划人多数是站在全局来看微商，所以田田从“道”的方面分析了如何选产品、如何选团队、如何合作，也从“术”的层面指出了朋友圈如何维护、如何营销甚至如何借力打力“傍大佬”。

现在我们对趋势有一些共同的看法，一些质量不行的爆款产品慢慢在微商渠道消失了，留下的是真正敢担当、值得深耕的品牌。有很多人说以后肯定是大品牌的天下，小品牌的红利期已经过去了，这些说辞有些以偏概全。不能把化妆品品类的惯用思维一下延续到所有微商身上，要知道我们还有母婴、营养、食品等很多品类。

35

童无忌巧遇芊纪堂，80 后月入 50 万

❑ 文 / 童无忌

标签 80 后 创业者 护肤品　　微信 T13763120802

我是童无忌，芊纪堂护肤品牌合伙人，很高兴有此机会分享我的触网经历。我今年 32 岁，标准的老男孩一枚，来自红色革命老区——湖南平江。我在外贸集团工作多年，喜欢捣鼓网络营销，自诩电商圈的“陈道明”(当然是开玩笑的)，草根出身。我是自媒体实践者——电商干货会负责人。我觉得电商圈其实也是一个需要不断学习总结和夯实的地方，做电商要学会借势营销。同时，我也是微营销落地实操者——芊纪堂护肤品牌合伙人，我是去年（2013 年）下半年开始了解微营销的，今年上半年开始接触微商，并且在这条道路上有了一定的心得体会。

因为我本身一直在玩网络营销，有新生事物我都会很敏感，所以微信和微商一出来，我就本能地嗅到了其中有趣的部分，就跟网友聊了起来，顺其自然就做起了微商，而且我是最早玩微群的人之一。

我为什么选择芊纪堂护肤品牌呢？也是缘起微社群。今年上半年我加入了一个付费微信群，认识了芊纪堂护肤品牌创始人王静雅，交流了一段时间后发现我们有很多意见相似，便觉得似乎神交已久。她热爱护肤行业，充满创业激情，在研发产品过程中将产品品质视为生命。我们还对互联网营销和微营销有很多相同的理念，比如我们都认为微信社交的强关系改善了人与人的信任状况。将近 3 个月对芊纪堂产品默默的关注与支持，让我有幸成为芊纪堂品牌的合伙人。我们的产品利用贵州本土草本植物做原料，知名台湾化妆品公司生产封装，保证了产品品质。**品质对于**

微商来说就是生命线!

当然光靠微信来推广也有资源用尽的那一天，微商发展到现在，不能局限于微信本身做营销，要跳出圈外全网推广，利用各种互联网工具（微信、微博、QQ、博客、网站、论坛等）进行品牌传播，可以举办一下线上线下活动，比如产品促销等活动，最大限度提升客户影响力。

微商经验谈

Q：我们看到你之前在外贸公司工作多年，做的是什么工作？现在还在继续吗？

A：我在家具灯饰集团做出口贸易，负责贸易部门的团队工作。现在还在挂职兼任这个职位。

Q：你是从什么时候开始接触网络营销的？

A：算是最早的一批，刚有这个概念的时候就开始接触了。

Q：你觉得微商和传统电商最大的区别在哪里？

A：传统电商经过淘宝的推广，现在已经深入人心。电商有三波创业高峰期：第一波高峰期是淘宝的初期，那时候不仅门槛低、备货成本低，而且推广的成本也很低，这是一个良好的时机，只要肯努力，肯脚踏实地，都可以成功；第二波高峰期是淘宝模式转移并开始吸引大品牌进驻的那一时期，但是此时入驻的门槛相对高了，成本也高了；第三波高峰期是引进商城模式的时期，这个时期如果没有足够的支付能力，品牌是肯定做不出来的。从中我们也可以看出来，在电商特别是传统电商这块，已经越来越难做了。而现在的微商恰巧就是十年前刚开始的淘宝，只是它搬到了移动端，里面充满了各种机会和挑战。不管是传统电商还是现在的微商，都要善于利用各种社交软件、营销软件去接近消费者，精准锁住消费者，增加消费者的黏性，学会而且要喜欢上用数据说话做事。

Q：您现在每月的流水量能达到多少？

A：目前月流水在 50 万以上。

Q：您的产品是如何营销的？又是如何招收代理的？

Q：对于推广产品品牌，我们开始时不直接宣传产品本身，而是先和人建立起信任，帮助朋友解决实际问题。我还经常在各个群里举办微营销技巧分享培训，并组织了过生日发红包、护肤养生知识交流等活动。比如最近搞了一次微商现况分析调查，列出几大可能制约微商发展的瓶颈因素，如品质良莠不齐、交易诚信低、价格混乱、囤货卖不出等等，搜集出来真实的数据，发到朋友圈和各大微群，反响强烈，很多微友都参与了调查。调查结束后，我把调查结果公布了出来，并针对几大瓶颈问题建群分享交流，愿意进群听课的都是有心想做好微商或喜欢微营销的。接着开第二堂课，慢慢把有兴趣的人往产品上拉，从品牌故事到产品介绍，到优惠政策，最终认可我和我产品的人都成了我的预备代理或渠道商。还有，要学会借力借势，那具体怎么做呢？通俗一点说就是“傍大咖抱大腿”，借助当前热点话题传播。我给一批微商界的牛人大咖们分别寄了一些体验试用装，期待他们的分享反馈和推荐。而这些前辈们也都积极配合，给我了很多帮助，并在朋友圈里推荐我。高手出马的效果果然不一样，又是一堆好友的添加请求，每天都有四五十个，而且每天有很多新的订单。

Q：您对微商以及微商未来的趋势有什么理解和看法？

A：微商两字，懂“商”比懂“微”营销重要。微商遇到瓶颈如何才能突破呢？就此有大咖总结出六个字：**舍得、时常、清空**。微商的现况确实有点令人担忧，如同我前面提到的，品牌品质不稳定，交易缺乏诚信，客源匮乏，价格混乱，朋友圈成了菜市场。其实我一直在期盼腾讯做升级调整，净化朋友圈。我更看好微商的未来，放远十年看，移动互联网还刚刚起步，慢慢来，好好玩。互联网也好，移动互联网也好，玩的都是人性。玩懂了这些我觉得其他的都不是问题。满足客户的深层心理需求，引领客户思维跟着自己走，不要被客户带着走，这样你会被客户洗脑，不仅卖不出去产品，自己的思维还会被影响。玩人性，收获的不仅仅是客户、闺密、兄弟、朋友，更多的是一种无法转移的信任。人性营销说白了就是无节操，但是也需要有一个度，跟开玩笑一样，这个就需要自己去把握了。在我的客户中，会跟我无话不谈的客户才是信任指数最高的，只要是我的产品，他们都会选择信任。

Q：做微商给你带来了什么改变和收获？

A：微商带给我最大的收获就是结识了一大批相互信任的朋友，收获了自己喜欢的一份事业。我会不断改善不足，调整升级，把这份事业坚持做下去。当然，微商也提高了我的收入，但生活依旧，还有很长的路要走，不能松懈，我要继续战战兢兢不断前行。

海乘风点评

自媒体人做微商有天然的优势，为什么这么说？因为自媒体人不但具备了自我引流的特质，也有了自我曝光的方法。现在很多人推崇从自媒体做起，然后再做自明星，然后是自品牌，这都是一脉相承的。做自媒体最重要的是做两件事：一是思维，二是身份。有了自我曝光的意识，有了“傍大咖”利己利他的想法，转型做微商是十分顺手的一件事。童无忌对社群的玩法和营销的方法有深刻的认识，因为理论是不变的，即都是为了便于传播、相互帮助，可是实际的玩法每次都会稍有不同。比如说社群的选美就和大咖分享再转发不同，社群的玩法千变万化，如果可以找到一个点形成热点事件，那么前期的推广就会顺很多。

36

丸子团队：
90 后队长教你玩转微商团队

文 / 杨蕊溪

标签 90 后 兼职 面膜　　微信 weixinxixi979

当你看到这小段文字的时候，一定觉得写这些字儿的人刚坐在椅子上数完钱吧？事实则恰恰相反，此时此刻我正抛弃那一堆还未打包完毕仰面朝天的产品箱子，坐在电脑桌前面对辐射屏敲键盘！

哈哈，玩笑罢了。我叫杨蕊溪，一个典型的摆脱校园迈入社会的 90 后小姑娘。就像大多数上班族一样，每个月到手的工资交了水电煤，买了柴米油盐，付了交通费、伙食费，再充完手机费，就会“瘦如柴骨”了。商场里那些动辄成百上千的大衣、外套真的是想也不敢想。但作为一个“剁手党”，在一个机缘巧合之下，我发现自己的微信朋友圈有人在发图卖鞋之类的，当时我就留心了。在接下来的几周里，我一直关注着朋友圈里的动态，看这人的发图、反馈、晒收入，此时做微商的种子就已经在心底里种下了。

在今年（2014 年）的 3 月份，我拿着自己平时省下的积蓄瞒着家人，心血来潮进了一些圈子里比较火爆的产品，迷迷糊糊地做起了代理。虽然还什么都不太了解，但凭着微商这个新型行业的噱头，加之自己朋友圈里的关系都还不错，我获得的利润竟然很可观。在此想插一句很重要的话，也是做微商最开始需要做的事——**在代理任何产品前一定要自己试用才可以哦**。不论前期我做的爆款，还是之后专做的两个品牌，都是在我自己试用和认可后才选择去代理的，这点真的至关重要！

安稳在微信圈发图片刷屏就轻松得到利润的场景在三个月之后变得有些困难了，当时好多微商都已经加入了进来，甚至出现了“授权”。后来了解到，在微商日渐被大家认可的同时，一些不法分子也同时看到了制造假货的机会，市面上假货渐渐涌现。甚至有些代理和一些小伙伴开始问我有没有拿授权，此时此刻我真正意识到了，做一些市场火爆的产品的确能够为自己带来可观的收入，但如果没有授权的证明，自己销售的是正品也无法得到相关保障，毕竟做好一个产品，没有授权真的会在后边的日子里吃亏！经过深思熟虑，对自己手里的品牌做了对比之后，我选择了一个更加长线的而非一夜火爆的品牌，正式拿了他们授权，成为经销商。

我特地在网络中、书籍里学习微商的营销知识，一直与能力在我之上的人交流学习经验，汲取他们的优点和长处。很快，我甚至招到了属于自己的代理，并且组建了自己的团队——丸子团队。

其实，我很想对我们团队里的小伙伴说一句感谢，如果没有他们的支持和无条件的信任，我也不会那么意志坚定地一路走下来。一个团队的精神不在于价格多少，不在于可以得到多少优惠，而是大家伙一起互帮互助，相互进步，彼此信任！

微商经验谈

Q：毕业后你从事什么工作？

A：毕业后我找了个普通的工厂，当了工厂职工，我现在还在做。

Q：做微商会影响你的工作吗？

A：不会，我业余时间比较多。

Q：你是什么时候接触微商的？

A：今年三月份，我看到我朋友圈有很多代购，包包、衣服、奢侈品等，每天都在刷屏，晒收入，我看了就很心动，跟朋友拿了货，开始了微商之路。我一开始是跟她做些爆款，现在不做了。

Q：做微商那么久，有什么令你印象深刻的事情吗？

A：因为我原来是做爆款的，我的一些代理就会过来问我说这个产品有没有授权之类的。我于是就开始反思，觉得**做产品一定要有自己的授权**，这样别人才能肯定我，知道我做的这个东西可靠，是正规途径来的，这样代理也会认可我。

Q：那你现在在做什么产品？

A：我现在在做赛博瑞雅的产品和香港千姿的凯诗特女神面膜。

Q：为什么会选择这些产品？

A：在我选择代理这些产品之前，我都会先对他们的公司和产品进行了解，了解产品的成分、效用和公司的运营模式，自己也会试用。试用完后觉得它们都是质量可靠的，所以我就做了。

Q：如果还有其他产品找你做代理，你会接受吗？

A：这要看是什么产品了，我对质量把关很严，要先试用一段时间，然后还要看我的丸子团队的人的反应，看他们对这个产品有没有兴趣。如果没有兴趣的话，他们也不会推，我就不会做。

Q：你的团队是什么时候创立的？

A：是今年6月底，现在有10多个代理，代理下面还有代理。我们的产品是针对不同的消费人群，所以其实有各种产品，不仅有面膜，还有玻尿酸、各种面霜之类的，还有洗护产品，我们主要是代理品牌。

Q：你对你代理的这些品牌有什么看法吗？

A：我觉得他们都挺好的，产品的质量都很好。我们丸子团队推得也比较好，现在都有自己的顾客和代理，丸子团队的成员也有自己的代理了。

Q：你的团队是怎么解决客源问题的？

A：我从做微商开始以来，靠朋友圈和朋友推荐，慢慢的累积了一部分顾客，然后通过QQ、微信、陌陌、易信、百度贴吧、各大论坛、微博、博客，都能吸引到一些顾客。我的老顾客也会推荐。我们还会举办一些活动促销，她们也会来参加，赢得了二次购买率。

Q：你的团队是怎么建立起来的？

A：我的团队里都是代理，有些是我原来的顾客，他们用完后觉得不错，就找我说当我的代理，有些是我原来的朋友，看到我在做并且做得挺好的，就加入了。

Q：你是怎么管理自己的团队的？

A：我觉得团队的气氛很重要，所以我会定期给大家培训有关产品的知识，以及一些经验方法。团队还要对她们有支持，所以一些业绩好的、努力的代理，我会给她们奖励。

Q：跟其他团队有交流吗？交流些什么？

A：有的，我们会交流些微商的技巧和方法，比如如何加人、如何招代理之类的，有内部培训课、交流课的时候我会邀请她们来讲一下，或者我们会招其他代理去听她们的课程，因为每个人的方法都是不一样的，所以都会学到很多东西。

Q：目前有遇到什么问题吗？

A：有时候会迷茫，因为有时候遇到管理团队或者出货有问题时，会感觉压力大，就会烦躁，不知所措。但是我还是会坚持，我觉得坚持下去，就会慢慢成长。

Q：你的家人朋友知道你在做微商吗？支持吗？

A：一开始不知道，现在都知道了，他们表示不支持也不反对，顺其自然。因为他们觉得年轻人，就要自己去闯一闯，奋斗一下，不能过一成不变的生活。

Q：有什么朋友圈营销方法和我们分享吗？

A：朋友圈刷产品时要有一定的技巧，比如我，就有很多微信小号，朋友多的那个号我就多发点自己的日常生活状态，少发一些产品，其他的号发的产品每个都不一样，然后当然我也会把自己的生活状态发出去，不会让别人觉得这个号是专门做销售、卖产品的。另外有时候还得发一些护肤心得之类的，引导大家正确护肤，吸引大家关注。

Q：你现在的目标是什么？

A：我现在的目标就是壮大自己的团队，让更多的人知道我们团队。我们想做自己的品牌，但是现在可能还没有这个能力。

Q：你对微商这个概念有什么理解和看法吗？

A：最开始接触微商的时候，就觉得微商是卖东西的。但是现在，我把微商看成自己的事业，是自己奋斗的目标和理想，是一种电子商业。我会把它发展下去。我觉得未来微商的发展趋势会很好，微商现在已经进入快速发展阶段，各大名校都已经设立了微商的课程和课题，也得到了很多肯定。我觉得微商以后甚至会超越传统的电子商务。对于微商，人们可以观望、可以怀疑、可以犹豫、但是你改变不了它取代传统商业的事实。

Q：做微商最大的收获是什么？

A：最大的收获就是认识了很多五湖四海的朋友，我们一起朝着同一目标去奋斗、去努力，我们会有很多交流，从陌生到熟悉，成为很好的朋友。

海乘风点评

社交关系是微商的核心，微商的去品牌化和去产品化的特点决定了应先把人推出去再把产品推出去，人推出去了，再去宣传产品，分享自己的使用体验，产生购买就会很简单。此时品牌和产品也就显得不是那么重要了。品牌商做爆款的初衷有很多种，但是爆款一般时间不会太久，而微商是一个长时期的工作，需要慢慢地走下去。所以只有兢兢业业经营品牌的品牌商和尽心尽力做服务的微商一起协作才能共同成长。杨蕊溪在最早的时候没有授权意识，这样只能做一个分销商，分销商相对于代理商而言利润要低，并且权限和享受的扶持优惠要少很多。团队的运营首先要求气氛好，然后才是进一步的管理、交流、分享甚至是培训。

37 大学生自组 10 人团队，90 后也可月入 6 万

❑ 文 / 于 凯

标签 90 后 学生 团队运作 面膜 化妆品 微信 632750994

我叫于凯，是一个土生土长的天津人，刚满 20 周岁，可能大多数人认为 20 岁应该还在学习。没错，2013 年高中毕业后我顺利考入天津师范大学津沽学院经济系学习国际金融与贸易专业。在我认为，大学不应该只是理论学习，还应该增加实践能力。所以，学习之余，我一直在观察和寻找机会，锻炼自己的社会实践能力。机缘巧合，我遇见了杭州施蒂芙生物科技有限公司的 CEO 王雯雯女士。通过了解与本人亲自试用我决定踏上微商这条道路。刚开始我的信心并不是很充足，但是我拥有比别人更好的条件——良心的上家，结合自己营销理论专业课所学到的知识，我一步一步走到了今天——有了自己的团队，月流水数万元。

我是一个对事比较认真负责的人，在决定做一个品牌之前都会先仔细考虑。对于品牌，在正式代理之前，所有产品我全部都会亲身试用。我个人皮肤应该属于敏感的，容易起痘，所以面膜的话，只要我用着没问题，基本就可以确认别人用着也没问题了。我代理依恩秀施蒂芙之前，连续使用了三天，感觉效果不错，两个月下来我发现自己的皮肤变得光滑水嫩，于是就开始了我的微商之路。现在仍在坚持每周做三次 3D 瘦脸面膜，所有朋友都觉得我的下巴变长了，五官显得更加立体了。好的产品，贵在坚持使用，我绝对不相信那种一夜变成美女帅哥的产品。

对于我们的团队，我们一直相信好的东西早晚会被发现，不卖假货，不违背良心，坚持创新是我们的原则。在利益和道德选择上，我们坚持把道德放在第一位，

服务好每一位买家。正是如此，我们与顾客之前变得更加默契，团队中的每个成员对产品都更加有信心，我坚信不久的将来依恩秀施蒂芙品牌一定会成为大众最喜爱的护肤彩妆品牌。

微商经验谈

Q：你是什么契机认识王雯雯女士的？

A：通过 QQ 平台认识的，认识好多年了，直到看到她创立了依恩秀施蒂芙品牌，才开始关注。

Q：你是什么时候正式做微商的？

A：今年（2014 年）一月份，到现在快一年了。

Q：做微商对你的学业有影响吗？

A：有一些影响吧，但是在写一些实践报告时可以加入自己做微商的亲身经历。平时因为是学生，空余时间比较多，所以做微商对时间这块影响不大。总的来说，做微商能让我学到很多学校里学不到的东西，比如一些营销技巧、实战方法之类的。

Q：你做微商有前期投入吗？是怎么来的？

A：这个肯定是要前期投入的，主要是靠平时节约下来的生活费和家里的支持。

Q：你家人和朋友知道你在做微商吗？同学知道吗？他们支持吗？

A：家人知道啊，我爸妈都很支持，所以我前期投入中的一部分就是他们赞助的。同学们也知道，他们看到我现在做得很好、很成功，都想要加入我的团队。

Q：你是怎么解决客源问题的？

A：最开始主要是做身边的朋友，后来才开始在微博上宣传。另外因为是学生，在人人网这些比较适合学生的平台上我比较占优势，所以我会在那边进行宣传，比如在这些平台上留下我的微信号，大家如果有兴趣就会来加我，了解我的产品。

Q：你的团队现在多大了？

A：目前的团队 10 人左右，都是我的朋友或者朋友的朋友，看到我做后觉得感兴趣才加入的。但我相信每个人都是潜力股，只要有信心，给我们时间，我们肯定能做得更好。

Q：月流水能做到多少？

A：6万左右，因为我们是一个充满活力的新团队，所以上升的空间还非常大。

Q：如何招代理？招代理有什么标准吗？

A：有兴趣的人看到我们的宣传，有兴趣的就会主动加入。我采取的是分等级制度，坚决反对空手套白狼的人。

Q：如何管理自己的团队？

A：我们有比较明确的制度，比如低分淘汰制度或者销售业绩高的奖励制度，比如公司之前送港澳双人游、苹果手机等活动。但我也会尊重大家的时间与生活规律，毕竟我的代理主要是学生，所以要给大家劳逸结合的空间，不能耽误大家的学习。

Q：有什么特殊的营销方法吗？

A：我会把自己书本上学习到的专业知识与实际情况相结合，与时俱进。专业知识例如行销战略，4P[一]、4R[二]营销知识，这些都是我们在学校学到的。

Q：如果有别的厂家和产品来找你，你会接受吗？你代理产品有什么要求吗？

A：我代理的产品都是我亲身试用过的，有效果的我才会推荐给大家。别的产品我不太了解，所以还需要时间去考证。我觉得我的厂家是一个很好的公司，产品质量很好，服务也很人性化，大家对我的产品的反馈也都不错。

Q：你对微商这个概念有什么理解和看法？你怎么看待它的未来发展趋势？

A：我觉得做微商主要是人和人之间的互相信任，我们在微信这样一个虚拟平台上交易，信任绝对是最基础的。微商未来绝对会成为一个顶端的销售平台，有很大的发展空间。微商给买方和卖方都提供了一个非常好的平台。

Q：从事微商后你的收获是什么？

A：我收获最多的应该就是变得更加善于与别人沟通了，因为微商也是服务性行业，所以需要先得到大家的信任和支持，良心和诚信在这一块显得特别重要。

㊀ 4P营销理论产生于20世纪60年代的美国，所谓4P就是指产品（Product）、价格(Price)、渠道(Place)、促销（Promotion），具体请参考其他相关图书。

㊁ 4R营销理论是以关系营销为核心，注重企业和客户关系的长期互动，重在建立顾客忠诚。它既从厂商的利益出发又兼顾消费者的需求，是一个更为实际、有效的营销制胜术。4R理论的营销四要素：关联（Relevance）、反应（Reaction）、关系（Relationship）、报酬（Reward），具体请参考其他相关图书。

Q：你的目标，团队下阶段的目标是什么？

A：我的目标就是扩充团队，将其打造成为一支顶尖的销售团队，我们要在和谐诚信的基础上把自己的销售业绩提高。

海乘风点评

做微商第一步是要有产品，有了产品再来组建团队。对于品牌商来说是运营品牌，对于运营商来说是打通渠道和售后，对于微商来说是运营自己的团队和经营渠道。选品要注意几点：选择正品；选择有品牌建设意识的供应商；选择有很好扶持政策和良好售后服务的产品；选择快消品，因为其适合微商渠道，且复购率与微商的特质相吻合；微商渠道的产品是独立的 SKU；要根据自己的定位和朋友圈来选择品类；放远眼光找到有文化建设的品牌。

微商有了一个好的上家，有了一个好的产品就已经成功一半了，另外一半就是团队建设。于凯给自己团队的定位非常准确，侧重于微商销售团队。作为品牌方要与微商分工合作，一边做好服务，一边做好销售，只有这样才能有助于双方共同发展。

38

借助 15 年珠宝从业经验，轻松组 700 人团队玩转微商

❑ 文 / 张　磊

标签　创业者　B 轮融资　珠宝业　　微信　cywx1220

我从事传统珠宝制造行业已有 15 年了，对于现代互联网造成的营销方式的改变，我个人认为是非常好的，其简化了传统制造业产品从生产到流通到客户到结算这样一个非常繁琐的过程，直接做到了制造业对接客户端。我也想利用这个机会使珠宝项目有所转变，我们立志做中国珠宝行业最大的服务商，让客户享受更多、最直接的服务。互联网最大的特点是免费，对于用户来说节约了资金，对于合作伙伴来说得到了更多的资源。同时对于传统行业的企业主来说，可及时做到资金和现金的流转。我也坚信未来中国很多的传统行业会通过移动互联网、通过微商，使客户和企业之间形成做成一种良性循环关系，那时很多原有的行业灰色交易将不复存在，也就是生产者能够安心生产了，消费者可以更加便捷、超值地购买到心仪的商品了。现在微商做的很多事情其实没有解决生产商的问题，更多的只是扩大了销售渠道。要知道，每个产品的市场大小是有限的，有新的产品进入势必会有一些产品步入死亡，可是现在很多产品是高仿、劣质的产品。

中国不缺少好的制造师，缺少的是中国创意的设计师。我们也在努力解决这个问题，我们的微商团队销售的产品首先是中国珠宝设计师的原创作品，然后所有作品都经过国家版权局进行版权认证，其次是限量全球发售。我更愿意让微商朋友销售些真正的中国制造、中国设计的产品。这样我们传统行业的设计师才能真正有设计空间、设计思维，从而更好地为消费者服务，并且能让中国设计真正的走出中国，让国外的设计师和零售业震撼。我觉得这样才是微商的真正作用，也是未来微

商走向正规化的直销队伍应该做的事情。未来的传统制造业生产的应该是中国创意的产品，微商或者销售者销售的应该是中国制造的创意产品，这些产品应该是让世界抢购的中国产品，而不是中国的廉价产品，这也是我们中金宝业人和众多传统行业的制造者最终的目标。

微商经验谈

Q：你什么时候开始接触微商的？

A：两年了。那时看到朋友在做珠宝微商，虽然只是转发朋友圈卖些小产品，规模不是很大。受此提示，我想到可以结合自己品牌在增加服务的同时提供给客户更加优质、有性价比的珠宝饰品，同时通过创意无限线下服务体验店，搭建一个合作销售、线下服务的综合性微商平台。

Q：对自己的微商平台定位是什么？

A：我从事珠宝行业已有 15 年了，对珠宝的整体产业结构非常熟悉，我们的平台定位就是，做中国人买得起的珠宝首饰，将珠宝直销做到寻常百姓家。我们希望这个平台带动喜欢珠宝的朋友能在这个平台学习珠宝知识，同时也可以进行珠宝首饰的初级经营，我们现在主要是在做产品提供商。不做零售，我们在微信端只是搭建一个平台。我们的朋友，还有我们的客户都可以成为珠宝的经营者，我们提供最优质货源，并支持我们的经营者售前、售中、售后、配送和线下服务的综合运营管理，免去了很多微商包括淘宝网的网商自己既要当客服又要当销售还要管售后的麻烦，并且利用我们的线下护理中心，真正让互联网客户能在线下享受专业的售后服务保障。

Q：您觉得珠宝首饰类产品在微商平台销售遇到的最大问题会是什么？它和其他类型的产品有什么不同？

A：我觉得可能在价格上会比其他的产品高，所以消费者购买时会更谨慎。但是这其实不会有任何问题，我们的定价跟线下比起来并不算高，并且性价比极高。我们定位的消费群体是 16 至 40 岁的年轻人，我们在款式上下足了功夫，故很适合他们。

Q：如何招代理？招代理的标准又是什么？

A：我们没有刻意加人或者宣传招代理，都是我们的朋友和朋友的朋友自己了解到我们后加入的。我们完全按照国际直销团队的标准进行人员制度管理。只要是喜欢首饰产品的朋友，想利用自己朋友圈赚钱的朋友、想快乐营销建立销售伙伴圈的朋友、想自己创业但又不知道如何操作的朋友都可以成为我们的代理。我们的平台搭建起来以后会给很多这样的朋友提供大后方保障，我们的目标就是让他们经营自己的朋友圈，并且得到产品销售收益，不用他们去跟客户讲任何专业性的东西。微信只是一个平台中介，我们觉得微商没必要成为一个专业的销售。

Q：目前的代理团队多大？

A：700多人。都是朋友或者朋友的朋友，有些是买完后感觉不错，直接来联系并成为我们的代理的。我们有一个跟直销一样的晋级体系，AB晋级制的，比如说一个朋友成为我们的代理，他的朋友圈的朋友也可以成为他的代理，但是我们总部这边不收取任何佣金和代理费，比如A端他发展了很多B级代理，这些B级代理带来的利润我们总部还是会直接给A端。

Q：如何管理庞大的代理团队？

A：我们只要管好A端就好了。未来我们会有产品培训及营销培训。所有的问题都会汇集到我们的客服中心来解决，我们所有的代理微商都只是一个传播者，不是一个销售者，传播到消费者体系后他们会得到一定销售利润，我们目前就是这样一个体系，我们并没有想让代理成为真正意义上的微商，因为成为那样的微商的难度特别大。因为第一、外行去做内行的事情，根本做不来；第二、很多销售过程中出现的问题，比如有关珠宝类、首饰类的疑问，很多的销售根本解决不了，因为他们根本就不是这个行业的。

Q：成为你们的微商代理和成为其他品牌的微商有什么区别？

A：首先是营销方式上的不同。我们的微商不用像其他的微商那样到处刷屏，我们的微商一天就只用推出两款产品。他们看到我们的信息后直接转发链接就可以了，我们系统会默认识别合作伙伴的终端号码，当产生销售后会自动分配利润。合作伙伴中也有做其他产品的微商，比如包、服装、鞋，我们只是作为一条珠宝的产品线介入而已，我相信大家慢慢就会喜欢我们的运营体系。另外在获取利润上也不一样。我们的报价体系是这样，统一按照我们的报价，不像其他微商，可能拿货五百，卖六、七百，我们是给微商佣金，我们转发到朋友圈端口的时候都是统一标价的，当然他们能有办法卖更高价钱那是他的本事，线上价格都是统一的。另外我们销售单量也没有什么最低要求，他们哪怕只有一件的销量，总部也会提供完整的服务。

Q：你们每天发布的两款产品广告内容包括什么？

A：包括产品介绍、文案、图片、价格、产品明细、包装盒、检验证书、售后服务中心位置、客户服务中心电话、合作伙伴的信息。我们给的信息非常全面，所以消费者能够放心购买，就算出现问题，我们也有非常全面的咨询体系和售后服务。

Q：作为一个珠宝行业，为什么选择微商这个平台？

A：第一，我觉得微商前景非常好，利用微商可实现我的目标，即让生产商得到利润，让消费者享受实惠，让传播者有所收益；第二，朋友之间的信任度高，所以比较容易推出去；第三，珠宝首饰的销售对人和人交流的要求非常高，要求客户与销售者之间有很高的信任度，我们线下有服务中心有实体店面，销售过程更需要团队配合；第四，能建立一个朋友圈中的珠宝圈儿，女孩子更适合做微商（微商中女性占大多数），给自己朋友、闺密推荐最好的珠宝，并且享受这种经营的快乐。

Q：你对微商的理解和看法是什么？

A：我觉得微商现在还处在刚起步阶段，整个微商行业的规范程度不高，在互联网里我觉得移动端的规范程度应该是要做到品牌化、服务化，现在的微商主要是个体户、散兵，未来肯定会出现集体化、规模化或者成为团队化的销售体系。这就跟线下的零售商一样，还没有到创立公司的地步。虽然微商对微信平台的依赖非常大，但是我们以后真正走的路线是直销，不一定限制于借助的某个平台，就算没有微信、没有 QQ，还会有其他移动端的渠道，我们还是可以持续经营的。

海乘风点评

互联网思维中有一条是流量为王，大多数人看到的创业者是从线上搜集流量然后再把流量转换到线下形成 O2O 闭环。可是我看到的珠宝行业的黑马却恰恰相反，他们通过线下专业珠宝护理中心作为入口搜集流量，然后使用微商的思维、方法为客户提供后期的销售、珠宝定制等服务。张磊是珠宝首饰品牌“创意无限”的创始人，他根据多年珠宝行业的从业经验很犀利地指出现在整个产业链上可以互联网化的部分和可以进行商业重构的方法。另外就是他对微商的理解是传播、销售和服务这三部分，而珠宝单品的价格非常高，所以采用了分销模式。

移动互联网会进一步帮助大家解决信息不对称的问题，大众市场势必会慢慢走向饱和。从“道”的层面来布局，小众市场是大多数创业者优选的产品，因为传统电子商务已经完全成熟，只有新型电商才会是创新的首选之地。另外，淘宝经过多年的发展，现在也只有精品及有特色的产品和店铺还能生存，千篇一律、毫无特色的 C 店生存空间已经变得越来越小。

39

瑾秀珠宝：和田玉熊市逆袭，经营半年月流水破百万

❑ 文 / 赵宇坤

标签 海归 创业者 奢侈品　　微信 edmond1986

我叫赵宇坤，是一名海归，著名和田玉品牌瑾秀珠宝的创始人。

瑾是美玉，秀是气质。瑾秀的业务是提供超值美玉，瑾秀的理念是传播秀外慧中的和田玉文化。2014 年，由于受国内政治风向转变和玉器主产地的地缘因素影响，和田玉产业进入了真正的寒冬，很多经营和田玉的中小企业都因此关门了。瑾秀珠宝却因质量可靠、性价比高、服务周到、善于开拓新渠道等因素逆势而上。以微商渠道为主，短短 6 个月时间做到月流水破百万元。

我是一名戴着和田玉出生的新疆汉人，从出生到 12 岁没离开过新疆，我的前 30 年人生轨迹可以用："生于西域、长于江南、游学海外、创业京畿" 16 个字来概括。因为早年家里投资了和田玉矿，所以家庭条件还不错。初中毕业以后，父母安排我留学加拿大，10 年后，大学毕业，我决定回国发展。此时，家境已不如以前，父母也老了，于是我决定自己创一番事业，让年迈的父母能好好休息一下。

我先是与人合伙成立了一家为政府和大型 IT 企业提供咨询和外包服务的公司，后来因为某些原因放弃了。接着开始考察新的项目，因为自己家里投资了和田玉矿，而且很多亲戚也在和田玉这个产业链条中，在货源上有先天的优势，既能保证质量，又能做到价格实惠，于是我开始考虑经营和田玉，希望让广大的普通老百姓不用花太大的价钱也能买到称心如意的好玉。因为 2014 年是微商元年，身边做微

商的朋友很多，经过深入调研，我们将主要销售模式确立为：线上，通过微信、微博渠道进行销售和客服；线下，我们开设体验店，感兴趣的朋友可以来实体店体验和查看货品。此外，我们还会在线下做一些拍卖会，主要以高档玉器为主。

转型微商已经 6 个月了，不能说成功，至少业务体系渐渐完善。我经常听到有人说想进行微商创业，但是总是摸不到门路，今天在这里给广大微商朋友们一些建议，希望大家能少走弯路。

（1）微商和电商，其实与传统的批发零售商业模式并没有本质的区别，只是商品的呈现形式和销售渠道改变了。任何零售行业在本质上都离不开渠道、产品、服务，微商亦如是。

（2）渠道对微商来说就是传播方式，选择适合自己客户和产品的传播方式，而不是选择最流行的传播方式。有时候 QQ 空间的引流效果不一定比微博差。

（3）产品定位太重要了，微商的产品定位一定要以自己的客户为核心，产品需求再刚，你朋友圈里没匹配的客户，到最后也得软。

（4）高机动性的服务是微信的优势，如果客户跟你说句话你半天不搭理他，那他冲动购买欲过了，就回家上淘宝比价去了。

（5）最后微商做久了，业务遇到瓶颈了，可以想想线下，说不定能找到突破口。

微商经验谈

Q：你是什么时候开始接触微商的？

A：要谈接触微商，那可是很早的事了，只不过那时候没有正式介入。从正式转型微商到现在大概 6 个月了。

Q：你现在的月流水能达到多少？

A：现在已经破百万了。

Q：你做得这么成功，有什么秘诀吗？

A：秘诀谈不上，但是确实有些体会。我认为，做微商，产品选型非常重要，也就是说，从一开始，你就要想好要卖什么，如果方向错了，失败的可能性就会很大。

Q：能具体谈一谈吗？

A：进行产品选型时，我认为有 3 点是必须要考虑的。就拿我来说吧，我为什么会选择和田玉呢？我主要有如下几点考虑。

第一，潜在客户资源。既然做微商，第一批种子用户肯定是要从自己现有的人脉资源中去挖掘。我在国外生活多年，国内朋友较少，但是因为家族的关系、求学的经历，以及第一次创业的经历，我的“朋友圈”普遍属于高消费人群，因此选择了以客单价为首要考虑因素，而非销量。

第二，供应链。我的家乡新疆是和田玉的主产地，家里早年投资了一个年产5吨的和田玉矿，家族里很多人经营和田玉多年，可以充分保障供应链的稳定。时下比较火的母婴、土特产、面膜等，我不懂这些行业，所以无法触及产业链的上游，若我选择这些产品，会导致产品利润率不足和供应链不稳定。

第三，大形势。大形势方面，经过分析，传统和田玉行业主要依赖商务送礼和旅游产业推动，今年政治风向的转变和新疆当地稳定性等问题，导致和田玉市场进入调整期，这正是我们进入这个行业最佳的契机，我们放弃商务送礼和旅游购物这两块需求，主做个人爱好和私人送礼这两块需求，通过公众号的文章持续更新和田玉知识以培养客户爱好，通过精准产品定价和优化服务体验满足私人送礼需求。

Q：除了产品选型方面的考虑，你还有什么需要提醒新入行的微商创业者的吗？

A：我自己曾经犯过一些错误，我也听到过别人犯过一些错误。我自己私下总结过，在这里谈一谈吧，希望能帮助大家跳过这些坑。我总结出的错误主要有3个。

第一个错误：市场定位不准。产品定位决定了电商、微商起步是否成功，失之毫厘，差之千里。做代理的微商可能体会不太深刻，代理品牌的定位是固定的，不需要微商们自己去调整。而自己独立做产品的微商们，对此应该深有体会，产品定位并非靠前期的数据分析就可以准确完成的，而是要在试错中不断调整。

创业之初，为了与传统玉器行业暴利、昂贵、奢侈等特性区分开，我们定位中低端市场，以价格为卖点，但是因此造成客单价与目标客户不匹配。比如，有一次一位客户看上了一块平安无事牌，都准备付款了，我们告之这款产品的价格为2980后，她反而决定不买了：这么便宜不会是假的吧？这是她当时的反应，很明显我们产品的市场定位与我们周边客户的需求不符。

而且这对二次传播也不利，因为客户不会愿意在朋友圈里转发一家以便宜为卖点的和田玉广告，这无疑是在告诉朋友自己是贪便宜的人。发现这个问题后我们调整了产品选型策略，拓展中高端市场，提升品质的同时适当降低毛利率，将卖点变为会升值的和田玉。

第二个错误是：产品定价不准。在产品上线初期定价一定要精准，如果摸不清准确的定价方式，那就往低定，买涨不买跌是客户永远不变的心态，尤其是高客单价产品。定低了可以涨价，以前没购买的客户可能会下手，因为怕过几天还涨；定高了再降价，新客户不一定会买账，老客户一定会找麻烦，而且会永远流失这些老客户。在经历了第一个产品定位坑后，我们又跌入了产品定价的坑，这次我们定价偏高，让不少潜在客户流失，但是又不敢降价，着实难受。

最终我们设计了价格采集机制，每个月会去商场、珠宝城等线下实体店采集同类产品的价格，最终将价格定位于商场售价的五分之一，珠宝城售价的三分之一。这样有了对比，客户购买了我们产品后，我们也会建议他去比价。如果他们在其他地方发现比我们价格低的产品，把它买下来然后拿给我们看，我们可以立刻退货。这种定价机制建立了我们在客户心中的信任。

第三个错误：盲目扩张。前四个月我们经历了过山车般的体验，首月销售额23万，第二个月销售额40万，第三个月70万，按照这个增长率业务破百就在下个月，因此我在第三个月扩充了销售团队，装修了展厅，并且囤积了大量的高端产品，将流动资金全部押入，但第四个月我们销售额只有10万，第五个月也只有20万，利润远不足以覆盖我们的运营成本。我们忽略了市场周期，10月份是珠宝行业最淡的季节，经历了8月和9月两个月的中秋节、母亲节和十一长假，客户的消费基本透支，所以10月和11月珠宝行业正式进入淡季。

经历这次我们体会到，**在扩张上，微商一定要谨慎为之，因为微商吃的是人情饭，这种模式本身就不具备完全复制性，我卖得好，同样的方式培训给销售人员，他不一定能卖出去东西，因为我们的朋友圈人群、个人性格都不一样。因此作为微商，销售端只能以自己为核心，如果要扩充团队，也应该以产品和营销为首。**

最后我们还发现一个致命的问题，这个问题如果不及时解决，可能会直接导致我们的业务夭折。那两个月销售额的下滑，一方面是因为行业淡季，另一方面是因为朋友资源的消费饱和。玉器的重复购买周期本来就很长，我们只是单一地通过朋友圈去营销，那么朋友们都消费过了，新客户又没跟上，销售额必然下滑。经过这次打击，我们迅速裁撤销售团队，集中资金在12月初筹办了线下的品牌发布会和品鉴会以聚集人气，加上圣诞节和元旦的接踵而至，12月销售额达到105万元。

Q：要想做好微商，获得足够的流量是必需的，能谈谈在这方面您是怎么做的吗？

A：我们前期的流量主要依靠朋友圈转发和微博转发。我们是以朋友圈为主、微博为辅进行营销推广和流量导入的。

Q：能具体谈谈吗？

A：其实可以归结为5大步骤。

第一步：建立新的个人微信号。建立好以后，先将老微信号上对和田玉感兴趣的朋友引入新建的微信号，同时设计两张宣传图加一张新微信号的截图发给所有朋友，让他们帮忙转发，这样这个新微信号有了第一批种子客户。我和合伙人两个人的个人微信号朋友总数大概600人，第一周引至新号上的朋友数量约300人，通过朋友转发硬广告引来的客户大概500人，这800人都是对玉器感兴趣的精准流量。

特别提醒大家，不要找推广公司刷粉。我们一开始不懂，找了一个人花了100块钱给刷了500个粉，因为这些基本都是无关用户，不得不删，到后面删了1个多月才删完。第一步引流完成后，开始完善个人微信号，这个新号的定位是商铺加客服。商铺就是让想浏览产品的人能在这里找到所有产品，但是避免刷屏给客户造成烦扰，因此我们每天午夜没人看朋友圈时将所有产品图片更新进去。客服就是有客户感兴趣询价时要保证能立刻回复。

第二步：建立公众号。我们建的是服务号，当初考虑是为了开微商城，但是现在看来微商城短期内不可能产生自然流量和线上成交，所以建议建立订阅号。这个订阅号的作用是建立专业形象和口碑传播，而不是销售，所以千万别在这里发硬广告，不然不会有人转，只会有人取消关注。在公众号建立完成后，我们首先在里面更新了十几篇玉器专业知识的软文，避免客户关注进来后看到的是个空白的公众号。之后我们每天在早、中、晚高峰期持续更新和转发有意思和有价值的玉器文章，树立玉器行业专业形象，同时定期通过赠送小礼品的方式吸引朋友转发，上线1个月关注数400左右。

第三步：线下推广。在我们体验中心消费的客户，只要现场佩戴拍照然后发朋友圈做买家秀，立减100元。通过这种方式我们平均每个买家秀能吸引两名新客户，也就是说每个新客户的获取成本为50元，这对于我们这种高客单价的行业来说很廉价了。

第四步：线上活动推广。活动推广的目的是为了提升转化，因为活动软文一般很少有人转发，所以引流效果不好，但是只要活动做得有吸引力，至少微信里现有的客户可以转化一部分消费。我们做线上活动推广的平均周期为1个月，主要以大的节日作为切合点，平均月销售额的三分之一来自线上活动。

第五步：线下活动，也就是地推。地推的成本较高，但是引流效率明显高于线上。我们通过举办200人规模的线下发布会，投入10万元，为我们的个人号和公众号在两天之内引来了2000人，一周内交易额50万。

Q：前面您主要讲的是如何通过微信来引流，对于微博引流您怎么看？

A：根据实际效果，我觉得微博引流现在有点鸡肋，因为微博的媒体属性偏重，加上我们的客户大部分是40岁以上的，使用微博频率一般，所以微博引流的效果远不如微信，但是微博的关键字搜索可以有一些免费流量，所以也不能放弃。微博主要以关键字搜索为核心去操作，比如我们的关键字是和田玉，那么我们每一篇博文里必须包含这三个字，才能保证主动搜索的用户可以看到我们。我们的微博和微信的发布内容基本同步，就是产品图文和玉器知识，但是产品图文的发布不在午夜而是在早、中、晚高峰期。运营6个月精准粉丝4000，引入微信200，成交客户数量20。

Q：做微商的都知道，引流只是开始，转化才是重点。在转化方面您是怎么做的？

A：流量引入后的转化确实是我们的核心工作。抛开朋友圈，微信就是一个客服工具，我们一直贯彻的思想就是将微信的客服工作优化到极致。**首先早9点到晚12点手机不离身，客户询问1分钟之内必须回应**。

同时我们建立了玉器鉴定微信号，专门为有玉器鉴定需求的客户提供免费鉴定、估价服务。线下方面我们为北京本地客户提供微信预约专车接送服务，任何时间，只要客户需要看货，我们都派车送货上门或者去接客户来体验中心。之前南京的同学通过微信转发为我介绍了一个对和田玉感兴趣的老大哥，偶尔在微信上发一些和田玉的图片让我们帮他鉴定估价，但是从来没有提过购买产品的需求。有一天晚上8点多突然微信跟我说他在廊坊出差，明天一早要回南京，说想看看我们的货，由于之前在微信上接触了有一个月左右所以没多想到公司提上货就往廊坊开。那天刚好下大雨，到了廊坊他住的酒店都11点多了，这位老哥都洗完澡准备睡觉了。看到我风尘仆仆地提着货进屋，他跟我说小伙子有胆量，大半夜提着上百万的货见生人也不怕给劫了。我说这不是，在微信上聊了那么久不算生人，而且喜欢玉的人不会是坏人。最后这位老哥一次消费了12万，这是我们做和田玉以来首次单次成交额超过10万。

极致客服创造的潜在价值是远远高于投入的，**做微商勤回复、勤问候、勤服务是成功的核心要素**。

Q：谈了这么多，能最后总结一下你的微商的运营心得吗？

A：如果要我总结微商的运营心得，我把它总结为：**商道筹信，天道酬勤**。这并非是纸上谈兵的空话，**信指的是口碑传播，勤指的是极致服务**。微信和电商其实万变不离其宗，**流量和转化是命门，流量靠传播，转化靠客服**。

海乘风点评

珠宝类产品属于高端奢侈品范畴，因为它极高的价格让产品受众范畴变得非常窄。受众人群少的时候如何推广、如何找到精准客户就显得尤为重要，而当人群锁定后，若后续的服务也能跟得上，成交就是自然而然的事情了。在推广层面赵宇坤不只是做线上推广，他还敢于尝试O2O线下会议引流，线上销售。看得出赵宇坤在微商中扮演的是品牌商的角色，产品销售以弱营销、强服务为主。各品类的品牌商在选择进入微商渠道的时候需要非常谨慎，要想清楚微商可以帮助你做哪些方面的事情，是传播层面、是终端销售、是渠道招商，还是只能把产业链的一部分互联网化。品牌商一旦决定进入微商，就要把各个环节尽快完善，因为微商讲的就是一个“快”字，不同品类的品牌进入微商的战略也是不一样的，比如珠宝类以一级分销为主，甚至可以直接多渠道销售。而大多数化妆品类目前只能以代理商为主，食品类也可以以一级分销为主，母婴和营养品需要以服务为主。微商不但要卖出去产品，还要给出专业性的指导建议。

推荐阅读

“微商”系列图书：为各个阶段、各种形式的微商提供最佳指导方案

推荐阅读

O2O
移动互联网时代的商业革命
张波◎著

O2O
实战
二维码全渠道营销

O2O
落地

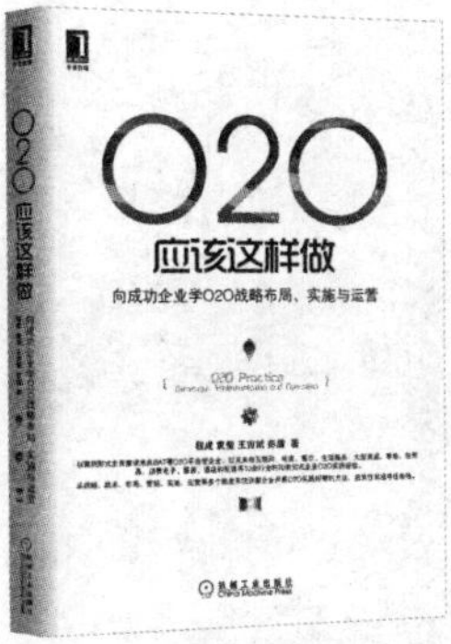
O2O
应该这样做
向成功企业学O2O战略布局、实施与运营

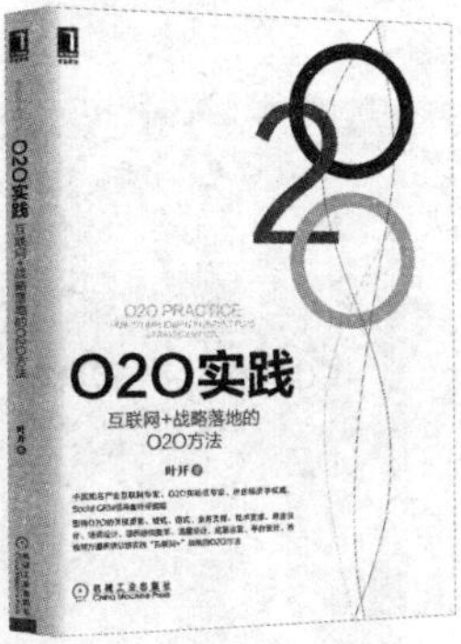
O2O PRACTICE
O2O实践
互联网+战略落地的
O2O方法
叶开◎著

移动互联网商规28条
思维重构与生存新法则
王吉斌 彭盾 程成◎著
Mobile Internet
Survival
28
Business Rules

互联网+
INTERNET+

互联网+
兵法

引爆社群
移动互联网时代的
新4C法则
Ignite Community
唐兴通◎著

推荐阅读

微信系列图书：从营销、运营到二次开发，我们为企业提供系统性解决方案

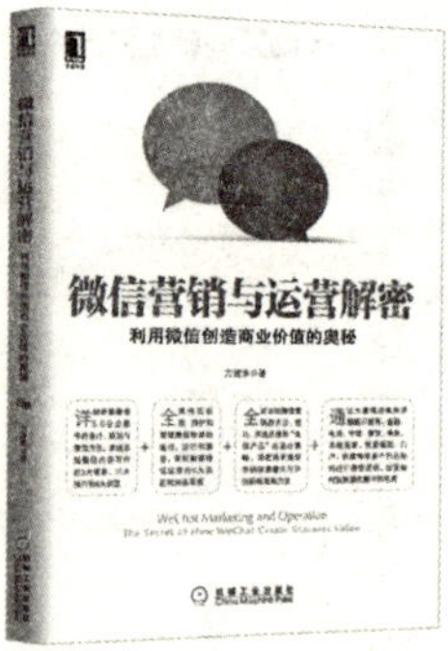

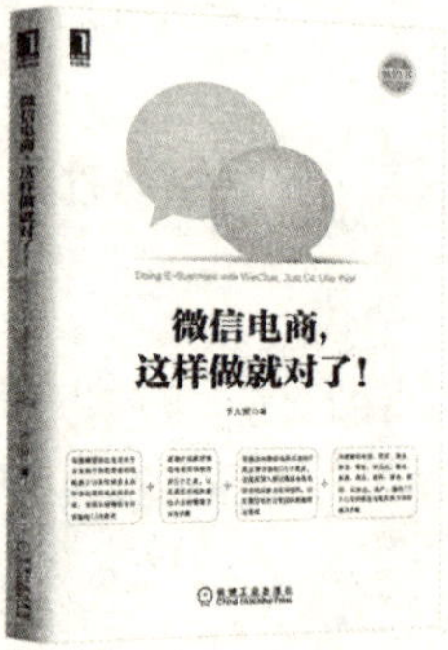